# 雄丽南都

## 南京历代城池格局演变

南京城墙保护管理中心 组织编写

江苏科普创作出版扶持计划项目

东南大学出版社 南京

## 内容简介

南京是中国四大古都之一，南京城墙是中国古代城垣营造史上的珍贵实物标本、中国都城发展史上的重要物证，是属于全人类的物质文化遗产。本书梳理了南京主城的城市格局演变史，并结合地质、水文、气候、历史、考古等多学科研究成果予以科学复原，首次勾勒出南京地区2000多年来长江水道、秦淮河、玄武湖及其他主城水系演变历程。长江水道两千多年来一直在西移、变窄，秦淮河及城内河道长期受人工影响而变迁，玄武湖从大到小，莫愁湖从无到有，燕雀湖基本消失，石头城从临江到临淮，长干里由沿江高地变为城内平地，河西地区逐渐形成，江内沙洲变幻不一。各时代南京城池格局皆与不同时代地理环境演变相适应。本书系融媒体图书，结合三维扫描技术、三维建模与虚拟展示技术，对历代南京城予以数字化、精细化复原与展示，以实现纸质内容与数字内容相得益彰。

### 图书在版编目（CIP）数据

雄丽南都：南京历代城池格局演变/南京城墙保护管理中心组织编写. —南京：东南大学出版社，2022.11
　　ISBN 978-7-5766-0324-8

Ⅰ.①雄… Ⅱ.①南… Ⅲ.①古城遗址（考古）–研究–南京 Ⅳ.①K878.34

中国版本图书馆CIP数据核字（2022）第207881号

责任编辑：戴丽　宋华莉　　责任校对：子雪莲　　封面设计：柳轩　　责任印刷：周荣虎

### 雄丽南都：南京历代城池格局演变
Xiongli Nandu: Nanjing Lidai Chengchi Geju Yanbian

| | |
|---|---|
| 组织编写 | 南京城墙保护管理中心 |
| 出版发行 | 东南大学出版社 |
| 社　　址 | 南京市四牌楼2号（邮编：210096，电话：025-83793330） |
| 网　　址 | http://www.seupress.com |
| 电子邮箱 | press@seupress.com |
| 经　　销 | 全国各地新华书店 |
| 印　　刷 | 上海雅昌艺术印刷有限公司 |
| 开　　本 | 700 mm × 1 000 mm　1/16 |
| 印　　张 | 20.5 |
| 字　　数 | 283千字 |
| 版　　次 | 2022年11月第1版 |
| 印　　次 | 2022年11月第1次印刷 |
| 书　　号 | ISBN 978-7-5766-0324-8 |
| 定　　价 | 198.00元 |

本社图书若有印装质量问题，请直接与营销部联系，电话：025-83791830。

# 编委会

**主　　编**　马　麟
**副 主 编**　周　源　赵梦薇
**编　　务**　沈玉云　周　萌　张妙蝶　高柳雪　夏　慧　肖　璇
　　　　　　考　薇　王　腾　李昕桐　柏云俊　刘伟楠　李笑榕
**支持单位**　国家新闻出版业科技与标准重点实验室——内容呈现与表达智媒体实验室
　　　　　　中国城墙研究院
　　　　　　南京城墙研究会
　　　　　　南京古都城墙保护基金会

# 序

南京,一座历史悠长、人文荟萃的"六朝古都""十朝都会"。在通江达海优越地理环境的孕育下,成了中华文明南北交融的集大成者,海上丝绸之路上的一颗璀璨的明珠。

雄踞长江中下游的南京被三山两盆地环抱,雄伟秀丽的江山,是这座城市的肌底。传说诸葛亮论及金陵形胜,曾赞"钟山龙蟠,石头虎踞,此乃帝王之宅也";南北朝谢朓入朝,亦称颂"江南佳丽地,金陵帝王州"。如此江山形胜,引无数英雄竞折腰。范蠡、楚威王、秦始皇、孙权、李昪、朱元璋等历史风云人物,在这座舞台上轮番唱罢登场。

南京是一座因江而生、通江而兴的城市,奔腾不息的长江是这座城市的母亲。长江沿岸诞生的古人类、古聚落,为南京地域文明的诞生播撒下种子;随后数个王朝政权以长江为天堑,筑起一座座城池,在长江的哺育下,南京逐步从江左小邑崛起为南方雄都,成为万里长江文化带上最具影响力的城市之一;通江达海的南京,也是海上丝绸之路的重要决策地、出发地,条条宝船从这里建成起锚,促进了世界文化的交流与传播。来自中原和南方,长江、运河和海派的多元的文化在这里激荡演化,碰撞交融,塑造了南京开放豁达的独特气质。

城市,是人们居住和生活的聚落,是人类历史文明发展到一定程度的重要体现。城墙,是一座城市的边界,构筑起了城市的地域空间。自古以来,城市和城墙就是相伴而生、相辅相成的。自南京建城以来,南京的历代统治者们象天法地,以城墙为笔,勾勒出南京城市版图;又以城墙为盾,守卫一方繁华景象。这座城市何其伟大!在她广阔的地域空间、繁盛的政治经济以及深厚的文化底蕴背后,我们也应看到城墙所无声扮演的重要角色。

清康熙二十三年(1684年),康熙皇帝首次南巡至南京,扈从圣驾的著名词人纳兰性德写下《梦江南》一词,记录下"城阙尚嵯峨""雄丽却高寒"的印象；明末意大利传教士利玛窦在其著作《利玛窦中国札记》中也记载道："论秀丽和雄伟，这座城市超过世上所有其他的城市。"给予他们这种"巍峨雄伟"深刻印象的，正是"高坚甲于海内"的南京城墙。

提到雄伟的南京城墙，第一印象当属明代都城四重城垣中的京城城墙。然而近年来随着基础研究工作的深入，"南京城墙"的概念已经逐渐扩大到南京有建城史以来的建造的历代城墙。这一概念和研究范围的扩大意味着南京正在以更深度的层次探索城市文明之源，挖掘城市历史文脉。如今的南京城墙不仅是南京市的文化地标，更是南京对外交流的文化窗口，有着不可估量的文化遗产价值，对传承和发扬"长江文化"也具有重要意义。

近年来，关于南京城市史和南京城墙的相关研究已经取得了丰硕的成果，随着考古工作的深入，南京城市文明探源工作也捷报频传，建城历史不断提前。在传承"长江文化"的时代号召下，弘扬和传播南京城市历史文化，提升文化自信力和内驱力就显得尤为重要。目前，以南京为牵头城市的中国明清城墙联合申遗项目也进入关键时期。随着《南京城墙保护发展事业"十四五"规划》的制定，南京城墙未来将从全面保护、合理利用、机制创新、永续传承等方面被打造成具有国际影响力的文化名片。这意味着作为各项工作基础的学术研究工作必须跟上时代的步伐，快马加鞭，加大力度，持续深入挖掘并向世界传播南京城墙的文化遗产价值，为南京城墙申遗助力。

在南京城墙保护管理中心多年的努力下，南京城墙在南京城市历史文化传播的过程中发挥了巨大作用，基础研究水平和自身知名度和影响力也显著提升。但在广大公众的认知中，他们对南京城和南京城墙的理解大多还处于较为表面化和碎片化的范畴，缺乏系统性和传承性。例如人们大多已经知晓环城约70里的是高大雄伟的明代都城城墙，是珍贵的历史文化遗产，但对于其沿用前代城墙和其创新之处的情况却不甚了解。因此，更广泛、有效地科普社教工作就显得愈发重要。

为此，南京城墙保护管理中心于 2021 年着力开展"南京城墙历史演变研究与复原展示"课题。课题从扎实的基础研究工作着手，在得出科学结论的前提下，运用数字化手段，对城墙影响下的南京历代城池演变进程进行了复原。该课题有着较高的理论研究价值及社会效益，为保护文物古迹，宣传利用南京城墙，扩大南京城墙全球知名度、美誉度做出贡献。为促进课题成果推广共享，课题组特将研究成果辅以数字化复原视频，制作成这本融媒体图书，将研究成果回馈社会公众。在课题组的积极努力和推动下，该书于 2022 年 7 月被列入江苏省科学技术协会主持的"江苏科普创作出版扶持计划"。

如今，在首位度意识的引领下，江苏省正积极实施地域文明探源工程，建设长江国家文化公园建设的典范。值此之际，希望本书的付梓能深刻阐释、传播南京城墙的文化遗产内涵，赓续南京的城市文脉，为提升南京这座城市的文化内驱力添砖加瓦，为将南京建设成为长江文化带上有独特地域特色的新时代魅力古都，为南京市牵头的"中国明清城墙"项目成功申遗作出贡献。

是为序。

本书编委会<br>
2022 年 10 月

# 目录

| | | |
|---|---|---|
| 第1章 | 绪论 | 001 |
| 第2章 | 龙盘虎踞 | 007 |
| | 2.1 山水胜境 诗文传薪 | 008 |
| | 2.2 王气所钟 帝王之宅 | 011 |
| | 2.3 山形水势 天材地利 | 014 |
| 第3章 | 建城之始 | 025 |
| | 3.1 吴头楚尾 交锋前沿 | 028 |
| | 3.2 越王称霸 江左筑邑 | 031 |
| | 3.3 西街考古 越城探源 | 035 |
| 第4章 | 金陵得名 | 041 |
| | 4.1 因山立号 楚置金陵 | 043 |
| | 4.2 众说纷纭 金陵真意 | 046 |
| | 4.3 扼江凭淮 功在后世 | 048 |
| 第5章 | 始皇临江 | 051 |
| | 5.1 设县封侯 秦汉棠邑 | 053 |
| | 5.2 天子觅渡 江乘始置 | 055 |
| | 5.3 深藏功名 边地秣陵 | 060 |
| | 5.4 县城裂变 侯国云集 | 064 |

| | | |
|---|---|---|
| 5.4.1 | 从溧阳到高淳 | 064 |
| 5.4.2 | 自丹阳至胡孰 | 067 |
| 5.4.3 | 散点分布 蓄势待发 | 069 |

## 第6章　六代繁华 … 071

| | | |
|---|---|---|
| 6.1 | 南京为都 始于六朝 | 072 |
| 6.2 | 东吴奠基 天选建业 | 075 |
| 6.3 | 双垣之城 多宫之制 | 079 |
| 6.3.1 | 太初宫 | 082 |
| 6.3.2 | 南宫与西苑 | 084 |
| 6.3.3 | 昭明宫 | 085 |
| 6.3.4 | 苑城 | 086 |
| 6.3.5 | 石头城 | 086 |
| 6.4 | 建康都城 沿袭有道 | 090 |
| 6.4.1 | 从建业到建康 | 090 |
| 6.4.2 | 中轴线初探 | 091 |
| 6.4.3 | 寻迹台城 | 092 |
| 6.5 | 六朝金粉 踵事增华 | 097 |
| 6.5.1 | 元帝袭旧 王导创新 | 097 |
| 6.5.2 | 新作六门 | 099 |
| 6.5.3 | 建康宫 | 100 |
| 6.5.4 | 朱雀浮航 | 101 |

|     |       |                                  |     |
| --- | ----- | -------------------------------- | --- |
|     | 6.5.5 | 乐游苑与华林园 | 103 |
|     | 6.5.6 | 改筑城墙 | 103 |
|     | 6.5.7 | 武帝极盛 | 104 |
|     | 6.5.8 | 卫星城垒 | 107 |

## 第 7 章　怀古胜地 ……………………………………………………… 113

|     |       |                                  |     |
| --- | ----- | -------------------------------- | --- |
| 7.1 | 建置沉降 称谓繁复 | | 116 |
|     | 7.1.1 | 隋：蒋州、丹阳 | 116 |
|     | 7.1.2 | 盛唐之前：归化、金陵、扬州、白下 | 118 |
|     | 7.1.3 | 安史之乱后：江宁、昇州 | 120 |
| 7.2 | 平荡耕垦 不事兴筑 | | 121 |
| 7.3 | 石头为治 故垒兴废 | | 125 |
| 7.4 | 江宁小邑 文脉巨擘 | | 127 |

## 第 8 章　五代名都 ……………………………………………………… 135

|     |       |                                  |     |
| --- | ----- | -------------------------------- | --- |
| 8.1 | 乱世有治 五筑金陵 | | 137 |
|     | 8.1.1 | 经济基础 | 137 |
|     | 8.1.2 | 上层建筑 | 140 |
| 8.2 | 城跨淮水 宫城居中 | | 145 |
|     | 8.2.1 | 破六朝旧制 | 145 |
|     | 8.2.2 | 拓全新城域 | 146 |

|   |   |   |
|---|---|---|
| 8.2.3 | 创宫城新局 | 148 |
| 8.3 | 杨吴城壕 南唐水系 | 149 |
| 8.4 | 城市空间 有迹可循 | 151 |
| 8.4.1 | 伏龟楼 | 151 |
| 8.4.2 | 护龙河 | 153 |

## 第9章 东南要郡 157

| | | |
|---|---|---|
| 9.1 | 节度州府 江南根本 | 158 |
| 9.1.1 | 龙兴昇州 | 158 |
| 9.1.2 | 府治江宁 | 159 |
| 9.1.3 | 两修其城 | 160 |
| 9.2 | 陪都大镇 抗金前沿 | 161 |
| 9.2.1 | 择都之争 | 162 |
| 9.2.2 | 两迁府治 | 166 |
| 9.2.3 | 累修其城 | 167 |
| 9.3 | 军政中心 领袖东南 | 174 |
| 9.3.1 | 宋元易代 | 174 |
| 9.3.2 | 经略建康 | 175 |
| 9.3.3 | 改称集庆 | 178 |
| 9.3.4 | 城建低潮 | 181 |
| 9.3.5 | 偶有缮治 | 182 |

第 10 章　大明帝都 ·········· 187

    10.1　审时度势 应天而为 ·········· 189

    10.1.1　拔城之初 ·········· 190

    10.1.2　问鼎之后 ·········· 192

    10.1.3　起讫年代 ·········· 193

    10.1.4　营建时序 ·········· 196

    10.2　相天卜地 稽古革新 ·········· 202

    10.3　四城环抱 空前绝后 ·········· 206

    10.3.1　宫城 ·········· 206

    10.3.2　皇城 ·········· 216

    10.3.3　京城 ·········· 225

    10.3.3　外郭 ·········· 251

    10.4　天工人力 功能卓著 ·········· 258

第 11 章　两江首府 ·········· 267

    11.1　满城改制 故宫湮废 ·········· 270

    11.1.1　三修满城 ·········· 270

    11.1.2　故宫劫难 ·········· 272

    11.2　江宁府治 毁建无常 ·········· 275

    11.3　旧垣沧桑 改良革新 ·········· 278

第 12 章 民国首都 ·········· 283

    12.1 民国肇基 经略伊始 ·········· 286

    12.2 拆保之争 城门启闭 ·········· 289

    12.3 首都计划 咸与维新 ·········· 295

第 13 章 古都新貌 ·········· 301

后记 ·········· 310

历史地图：南京（金陵）古城图，标注众多地名。主要地名包括：

北部山区：幕府山、直渎山、覆舟山、鸡笼山、北观山、甘露亭、刘宋亲蚕宫

城墙诸门及楼：钟阜门、钟楼、金川门、神策门、今湮胜门、晋怀德城、仪凤门、石头城、三山门、聚宝门、长干桥、长干里、国门、丹阳郡城

宫殿寺庙：元学、国子监、上林苑、总督部院、提督军门、华林园、史宫、胭脂井、太宫、大司马门、南朝宫、晋宫、宝阳门、元圃、乐游苑、清凉寺、鸡鸣寺、楚金陵邑城、秦郡、隋蒋州城、唐县城、宋江宁、唐昇州、宋行宫、南唐宫、伏龙河、相国寺、宋上元、明上元、今上元、江总宅、江宁府、建康府、建康路、今江宁、应天府、今布政使司、今按察使司、集庆路、明江宁、今江宁、御街、丽楼、长乐渡、武定桥、朱省门、桃叶渡、今利涉桥、伏龟楼、镇淮桥、折柳亭、赏心亭、台城、下蒿墓、鼎新桥、太平桥、北门桥、古清芬寺、铁塔寺、千河、苑林、珍珠河、仓城

其他：马鞍山、白鹭洲、李白酒楼、杏花村、瓦官寺、唐上元、新亭、劳劳亭、越城、元江宁、雨花台、韩熙载宅、梅冈、南朝诸陵、聚宝山、竹桥、小教场、西苑、周处台

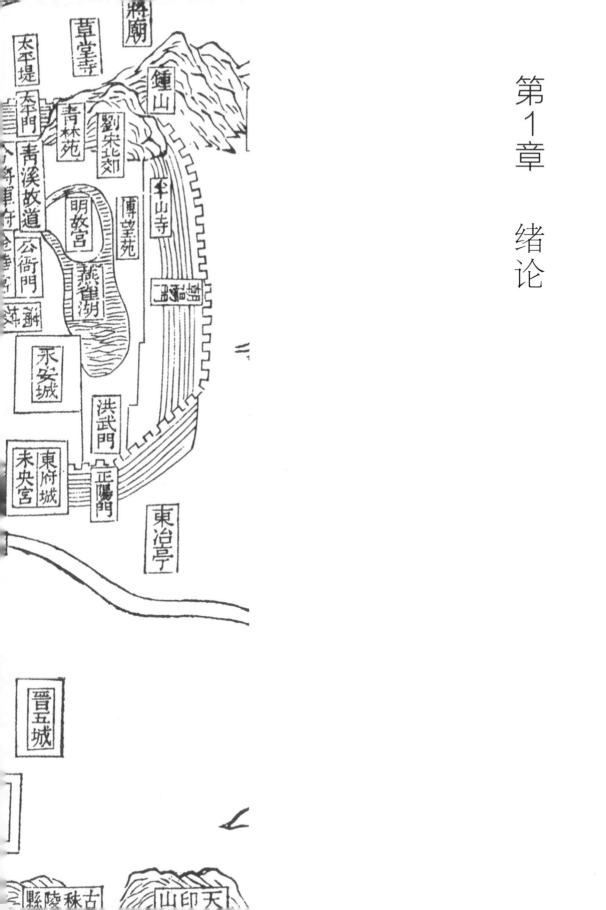

# 第1章 绪论

南京，长江文明沿线的璀璨明珠，中国南方建都时间最长的古都，中华历史时空中尤其坚韧而伟大的一座城市。

上迄东周春秋时代，诸侯相争，楚国一度占据吴国领地，率先在江北地区设棠邑，开南京辖域内行政建置之先河，下至1927年国民政府奠都南京，草拟计划，兴起营建，大致划定现代南京基本城市格局。

历史上曾有东吴、东晋、南朝宋、南朝齐、南朝梁、南朝陈、南唐、明、太平天国以及中华民国十个王朝或政权在南京建都，是谓"十朝"。十朝之中，首自孙吴东晋，接续宋齐梁陈，三百余载，都于金陵，雄踞半壁江山，统称"六朝"。因此，南京又有"六朝古都""十朝都会"之美誉。

历代华夏古都此消彼长，大体沿着东西、南北两条轴线移动，以北宋为界，此前东西迁移是主流，大致在长安、洛阳、开封一线巡回。之后南北位移是常态，总体以南北两京为基准，兼有杭州等城市加入。

都城的位移本无标准答案，往往是自然环境、政治时局、经济条件、交通位置、民族关系、生产结构、人口数量、文化面貌等多重因素博弈后的结果，不以统治者一时一地的意志为转移。

吕思勉先生曾说："两汉以前，北方的文化本高于南方，富力亦然。自孙吴至陈，金陵为帝王都者三百六十年。五胡乱后，北方衣冠之族，纷纷南渡。南方的文化遂日益增高，浸至驾北方而上之，而富力亦然。试看隋唐以后，江淮成为全国财富之区，自隋至清，帝都所在，恒藉（借）江淮的转漕以自给，就可明白了。"[1] 南京就是在南北位移的过程中崛起的光荣之城、财赋之域、艺文之枢。

古代中国的政治文化中心皆在黄河流域，我们的"四大古都"只有南京来自长江流域。她的肇兴、发展与壮大，改写了长久以来中国南方鲜有政治渊源与建都传统的面貌，长江流域文明逐渐成为传统中国文化的典型。

---

1 吕思勉. 中国通史 [M]. 北京：中华书局, 2020.

在此过程中，南京不止一次在家国危难的关头挺身而出，救亡图存，担负维护华夏正朔、促进南北融合、引领民族传承的历史使命，屡废屡兴，百折不挠，终由江左小邑发展成为南方雄都。

我们这个古老的国度有很多"帝王州"，历代列国首都多达180处，但唯有南京既是"帝王州"又是"佳丽地"。她有大江眷顾，群山拥护；她是天下文枢，艺文儒术，代有建树；她有山水城林，交融南北；她有遗珍遍地，丰碑迭树。凡此种种，共同构成了今日南京作为古都的广阔意象与丰富内涵。

古往今来，南京城的演变深刻演绎着"城头变幻大王旗"[2]的奥义。在有着集权传统的中国，一座城市的命运——特别是一座重要城市地位的升降，总是关乎朝代递嬗与政权鼎革，受此影响的城池何可胜数？南京城的时运尤其跌宕，个中兴替变迁尤其发人警醒。

两千多年来，南京收获了越城、冶城、金陵、秣陵、扬州、丹阳（杨）、建业、江宁、建邺、建康、白下、蒋州、昇州、上元、归化、集庆、应天、天京等一众名号。称谓的频繁变动折射出其行政地位的剧烈起伏，或为一国之都，或为州治、府治、郡治甚至县治，城内的建设也是几度辉煌、几番毁圮。

现代中国的版图上，名字里带"京"字的城市只有北京和南京，在国务院关于城市总体规划的批复中，区别于西安、洛阳、杭州、开封、成都、武汉的"历史文化名城"之头衔，于名城基础上被定义为"著名古都"的也只有北京和南京。北京的"京"兼摄过去、现在与未来，南京的"京"更多是铭记与纪念的表达，以彰显她贮存历史、流传文化、创造财富的永恒使命。

---

2　鲁迅. 鲁迅全集[M]. 北京：人民文学出版社，1993.

"一个城是不断随着政治经济的变动而发展改变着的"[3]，这块江山怀抱的土地在历史上隶属于不同的建置，有着大致类似但究竟不同的境域，有着截然不同的称谓。各个时代的南京都不等同于今日之南京，但它们毫无疑问共同凝结、缔造了当下蓬勃进取的南京。

在积极响应《中国明清城墙联合申遗总体工作计划》《关于进一步做好南京城墙保护利用和申遗工作的实施意见》，且遵循《南京城墙保护条例》相关规定的前提下，由南京城墙保护管理中心主持开展的"南京城墙历史演变研究与复原展示"课题于2021年秋天正式启动。

时值"中国明清城墙联合申报世界文化遗产项目"推进的关键期，联合申遗的八座城市南京、西安、荆州、兴城、襄阳、临海、寿县、凤阳之中，独有京城城墙规制的南京是申遗的牵头城市和中心城市。南京城墙是中国古代城垣营造史上的珍贵实物标本、中国都城发展史上的重要物证，是属于全人类的物质文化遗产。

在当下以独特地域文化作为城市软实力的潮流驱动下，南京城墙的研究与展示对于加强南京城市文化建设、维护文化多样性、挖掘地域文化的内涵与外延，有着特殊价值。如何超脱传统展示的窠臼，在以往研究的基础上，探索对南京城墙遗产价值的多元化阐释、精细化复原和数字化展示的新路径，是一项富于挑战的工作。

"南京城墙历史演变研究与复原展示"课题内容分为四项："专题研究与书稿撰写""历代南京城墙三维数字复原""纪录影片制作"和"融媒体图书出版"。本报告为最先开始的基础研究与阐释部分，将以历史文献、科学研究、实际调研为依据，梳理素材、形成观点、诉诸文字，回溯历代南京城市的成长、变迁历程，梳理其规律和特点，探讨古都格局的形成与发展，以便配合接下来的影像拍摄、三维扫描与建模和虚拟展示，

---

3　梁思成. 梁思成全集（第五卷）[M]. 北京：中国建筑工业出版社，2001.

实现对历代南京城的数字化、精细化复原与展示，寄望能够为助力申遗、普惠大众与科技展陈尽绵薄之力。

在探讨和分析南京城墙历史演变这一课题上，课题组坚持辩证唯物主义和历史唯物主义的原则，广泛汲取史书、政书、笔记、方志、文集等文献材料，结合金石资料、考古成果，搜集、统计史料，对其进行分析、梳理；另外采用历史比较法，从长时段与广角度对其进行考察，而不局限于狭隘的时空地理范围，理性分析，清晰归纳，竭尽所能达成课题目标。

# 第 2 章　龙盘虎踞

南京的山水环境

南京不是一天建成的。她是创新多变的现代化城市，也是"一成不变"的叠压型古都。自商周到民国，关乎城市空间的一切演变，典籍史册里所有载录与错失，都在此草蛇灰线，伏延千里。

不同的历史时期，南京归属不同的政权，境域变迁频繁，城池损益无常，称谓迭有变更。回溯南京约 2500 年的城市演变史，不难发现，人类文明的影响力胜在风流激荡，惜于剧烈短促，相比之下，自然地理环境对城市格局的塑造才是长久而深远的。

作为长江下游平原上最重要的城市，南京北倚江淮，南邻太湖，东向大海，境域之内，山川交错，地势险要，气候温暖湿润，经济腹地宽广，人员物资交流频密，是通达东西、兼摄南北的水陆要津，具备宜耕、宜居、宜城、宜都的诸多天然条件。南京的兴起与演变，雄辩地证明了自然环境对建城营都的先决作用，亦反鉴出我国城市兴衰、嬗递之潮汐。故而，南京城钟灵毓秀的风貌、臻为独特的形势，历来为各类名家所推崇。

## 2.1 山水胜境 诗文传薪

金陵形胜，首先在于其龙盘虎踞的山形水势。

"虎踞龙盘今胜昔，天翻地覆慨而慷"[4] 是 1949 年共和国鼎革之际，毛泽东同志写给新南京的寄语；在 1919 年发表的《建国方略》中，孙中山先生不舍它的美与善，赞道："其地有高山、有深水、有平原，此三种天工，钟毓一处，在世界中之大都市，诚难觅如此佳境也……南京将来之

---

4　毛泽东. 毛泽东诗词选 [M]. 北京：人民文学出版社，1986.

发达，未可限量也。"⁵ 两位伟人分立时代潮头看南京，寄望之切，溢于言表。

明清易代，顾祖禹身处乱世坚持撰写兵要地志《读史方舆纪要》，以图民族光复。观大局时，他充分肯定前朝旧京南京的战略地位与经济条件："以东南之形势，而能与天下相权衡者，南直而已……自古未有不事民生而可以立国者……今鱼盐谷粟布帛丝絮之饶，商贾百工技艺之众，及陂塘堤堰耕屯种植之宜，于古未有改也。"⁶ 于细节处，亦奉上至高评价："前据大江，南连重岭，凭高据深，形势独胜……盖舟车便利，则无艰阻之虞，田野沃饶，则有展舒之藉，金陵在东南，言地利者，自不能舍此而他及也。"⁷ 一部《读史方舆纪要》，皇皇约二百八十万言，顾祖禹独独对南京厚爱备至。他灿然如金的描述，或许出于难以消解的亡国之痛，或许源自江南人士对"南都"格外的偏爱，但到底道出了南京物阜形胜的繁华、领袖东南的地位。

向前再推大约三百年，公元 1368 年，从元末农民起义混战中胜出的朱元璋，在应天府（南京）建元洪武，奠立明朝，南京首次成为大一统王朝的京师。1395 年，当举世瞩目的四重城垣告竣之时，礼部奉敕命撰修《洪武京城图志》，诸如"金陵扼控吴楚，天堑绕其西北，连山拱其东南""龙盘虎踞之势，长江卫护之雄，群山拱翼之严，此天地之所造设也"⁸ 之类的官方认证即被写进书中，颁行天下。

明朝开国后，"龙盘虎踞"便成特指南京地理形势的专有词汇。洪武年间，官至翰林院国史编修的苏州人高启曾因在《郡治上梁文》中僭用"龙蟠虎踞"形容苏州，被疑心怀异志，追颂张士诚而惨遭腰斩极刑——众所

---

5　孙文.建国方略[M].北京：中华书局，2011.
6　（清）顾祖禹.读史方舆纪要[M].施和金，贺次君，点校.北京：中华书局，2005.
7　（清）顾祖禹.读史方舆纪要[M].施和金，贺次君，点校.北京：中华书局，2005.
8　（明）礼部，纂修；（明）陈沂，撰.洪武京城图志 金陵古今图考[M].南京：南京出版社，2006.

周知，姑苏城是朱元璋称帝前的死敌张士诚的大本营。成王败寇本是时势使然，所谓青史，其实血迹斑斑，但古往今来，世人对南京的赞美与喟叹始终不绝于耳。

所谓"龙盘虎踞"，狭义上是指钟山如龙首蟠伏于城东，向西绵延，引领富贵山、覆舟山、鸡笼山（北极阁）、鼓楼岗、五台山一众山陵直至长江之滨，收尾于如猛虎雄踞江畔的清凉山（石头山）；广义上就是南京山川环列、气象宏伟的生动概括。宋人周应合所撰《景定建康志》有云，"钟山来自建邺之东北而向乎西南，大江来自建邺之西南而朝于东北……山行不联而骨脉在地，隐然相属……两山可望而挹大江之水横其前……元（玄）武湖注其北，秦淮水绕其南，青溪萦其东，大江环其右……形势若此，帝王之宅宜哉"[9]。

如此山水格局，引历代文人墨客流连、挥毫，激昂进取的有"江南佳丽地，金陵帝王州。逶迤带绿水，迢递起朱楼"[10]；直抒胸臆的有"金陵旧都，地称天险，龙盘虎踞，开局自然，六代皇居，五福斯在，雄图霸迹，隐轸由存，咽喉控带，萦错如绣"[11]；壮阔豪迈的有"钟山如龙独西上，欲破巨浪乘长风。江山相雄不相让，形胜争夸天下壮"[12]；追昔抚今的还有"虎踞龙盘犹有梦，摩挲翁仲立蜗头"[13]。

世人争相着墨金陵，叹兴废忆得失，千年不绝，然而无论是褒扬还是追抚，却总不免将她的山川形势与王气所钟、风水集萃的思潮相勾连。特定历史时代之中，人总有局限，却也似无形之手推动着这座城市向前。

---

9　（南宋）周应合. 景定建康志 [M]. 南京：南京出版社，2009.
10　（南朝齐）谢朓. 谢宣城集校注 [M]. 曹融南，校注集说. 上海：上海古籍出版社，1991.
11　（唐）李白. 李太白全集 [M].（清）王琦 注. 北京：中华书局，2011.
12　（明）高启. 高青丘集 [M]. 金檀，辑注. 上海：上海古籍出版社，1985.
13　（清）康有为. 康有为全集 [M]. 北京：中国人民大学出版社，2007.

## 2.2 王气所钟 帝王之宅

"金陵有天子气"一说盛传于民间，历朝历代亦受到官方相当的瞩目。永嘉[14]之乱后，该传闻更成为南渡偏安的东晋皇室为标榜正统、稳定统治而大加渲染的政治宣传。《晋书·元帝纪》有云："始皇时，望气者云'五百年后，金陵有天子气'。故始皇东游以厌之，改其地曰秣陵，堑北山以绝其势。"[15] 故事引入千古一帝秦始皇壮声势——此处须当注意，东晋定都建康（南京）是在公元317年，距离秦灭六国最终完成统一的公元前221年，已过五百年。所谓王气，到底是当权者苦心孤诣营造的舆论，还是当真天命所归，其实一目了然。

《晋书》编纂于唐贞观年间，唐太宗敕命房玄龄等人重修这段历史时，距离衣冠南渡、晋室迁都建康（南京）至少已过去三百年，传闻如"金陵有天子气"照旧被皇家史官郑重其事地录入史册，足见其影响之大，传播之远。

聚"王气"之地自然是开基拓业的"帝王宅"，第一个将南京城"虎踞龙盘"之势喻为"帝王宅"，并令其名垂后世的人是诸葛亮。西晋张勃《吴录》记载，东汉末年建安中，诸葛亮奉主公刘备之命出使孙吴，来到时名秣陵的南京，登高望远，周观地形，有感于当地山川形势之壮美险要，发出过"钟阜龙蟠，石头虎踞，真帝王之宅"[16]的感慨，并劝说孙权在此建都。

南京城西清凉山附近，龙蟠里、虎踞关等地名沿用至今，周遭山势险

---

14 晋怀帝司马炽年号，公元307—312年，永嘉五年，西晋京师洛阳被匈奴军队攻陷，怀帝被俘、王公士民十万余人被杀，史称"永嘉之乱"。
15 （唐）房玄龄，等.晋书[M].北京：中华书局，1996.
16 （南朝陈）顾野王.舆地志辑注[M].顾恒一，顾德明，顾久雄，辑注.上海：上海古籍出版社，2012.

峻可见一斑。清凉山公园内现有景点"驻马坡",乌龙潭旁亦有"饮马处",相传为武侯当年造访金陵、挽缰驻马的遗迹,后人寄情山水,修亭竖碑,只为纪念这段千古佳话。

不过,正史从未留下过诸葛亮到访南京的记载,《三国志》《蜀书·诸葛亮传》也只是说,"先主(刘备)至于夏口,亮曰:事急矣,请奉命求救于孙将军。时权拥军在柴桑,观望成败,亮说权曰:海内大乱……今将军外托服从之名,而内怀犹豫之计,事急而不断,祸至无日矣!……权大悦,即遣周瑜、程普、鲁肃等水军三万,随亮诣先主,并力拒曹公"。[17] 据此可知,赤壁之战前曹操大军向荆州星夜集结之际,刘备人在今湖北武汉汉阳一带,该地时名夏口,孙权驻军的柴桑位于今江西九江。诸葛亮作为刘备麾下的谋臣,倘若当时当真受命游说孙权联刘抗曹,战事一触即发之际,他当直奔柴桑(九江),绝非秣陵(南京)。

况且赤壁之战打响的建安十三年(208年),孙吴大本营尚在京口(江苏镇江),徙治秣陵(南京)是三年后的事(在此期间,孙权谋臣张纮也曾力劝孙权移治秣陵),真正奠都建业(南京)更要等到二十年后的黄龙元年(229年)。彼时,夷陵之战收官,三国鼎立局势确立,孙吴的战略重心转向巩固江北防线,前依长江巨防,背靠江浙腹地,以南京为中心更便于经营长江下游的大片领土,孙权才最终将都城从武昌(今湖北鄂州)迁到建业。

虽然诸葛亮来过南京的可能性不大,但值得注意的是,刘备本人是在建安十四年(209年)到京口与孙权碰过面的。据裴松之注解《三国志》时引《江表传》的说法:"刘备之东,宿于秣陵,周观地形,亦劝权都之。权曰:'智者意同。'遂都焉。"[18] 许是这次东游让刘玄德有过一次走马

---

17 (西晋)陈寿. 三国志[M]. 裴松之,注. 上海:上海古籍出版社,2016.
18 (西晋)陈寿. 三国志[M]. 裴松之,注. 上海:上海古籍出版社,2016.

观花看秣陵的机会。故而继谋臣张纮之后，曾与孙权讨论过徙治、建都事宜者，只有刘备，非诸葛亮。

即便史实如此，后世典籍、笔记里每每写到南京的地理形势，照旧必提武侯。无论是南北朝的《舆地志》、唐代的《建康实录》，还有宋代的《六朝事迹编类》《太平御览》，都无一例外地注引西晋张勃《吴录》的著述，特别言及诸葛亮驻马金陵一事。当诸葛亮已成三国时代乃至整个古代中国社会德才兼备的典范，南京的城市命运能与之产生关联，无疑更引人注目。时至如今，不管诸葛亮是否曾往，有无发声，这则奇闻都已千古流传，"龙盘虎踞"也几成独属南京的专有词汇。往事已矣，所幸这座城市的山与水之于龙盘虎踞，是当之无愧的。

## 2.3 山形水势 天材地利

现代地球科学论证表明,南京地区的地质构造与地貌轮廓是由印支运动与燕山运动共同作用的结果。约一亿年前,南京地区地壳断裂、抬升,最终露出海面,形成新生的大陆,宁镇山脉的构架初显,雏形奠定。距今一千万年前,长江南京段河道发育成熟,秦淮河、滁河相继诞育,今天南京江岸那些陡峭的山崖也已塑造完毕。

南京是长江文明沿线的明珠城市,自古据山而建,因江而兴,数千年来与长江荣衰一体,休戚与共。五六千年前,古长江入海口位于南京以东约 50 千米处的镇江,也就是说,如今中国版图上江苏东部直到上海的广阔土地当时尚是一片汪洋。彼时南京地处海湾前沿,浅滩处沼泽遍布,高地上森林茂密,一片洪荒之态。

距今三千年左右,泥沙不断淤积成陆,长江入海口缓慢向东收窄,但流经南京的大江,江面依然足够宽阔,幕府山前、石头山下必然是"惊涛拍岸,卷起千堆雪"[19]的壮阔景象;秦汉以降,长江干流明显西移,南京周边江滩面积增大,江中沙洲不断涌现,江面日渐狭促。到唐朝时,石头城下已从浩浩荡荡的天险逐渐转为滩涂与水塘,李白游历金陵挥毫写下"三山半落青天外,二水中分白鹭洲"[20]时,三山矶尚且呈现"滨于大江,三峰并列,南北相连"[21]的姿态,尚能为站在凤凰台上的大诗人所见,白鹭洲也还是能将江水一分为二的狭长沙洲,未曾与东岸陆地相连。而今日我们所见的江心洲、八卦洲都是在岁月淘洗下积淀而成,是沧海桑田留下的

---

19　(北宋)苏轼. 苏东坡全集 [M]. 曾枣庄, 舒大刚, 主编. 北京: 中华书局, 2021.
20　(唐)李白. 李太白全集 [M]. (清)王琦, 注. 北京: 中华书局, 2011.
21　(南宋)周应合. 景定建康志 [M]. 南京: 南京出版社, 2009.

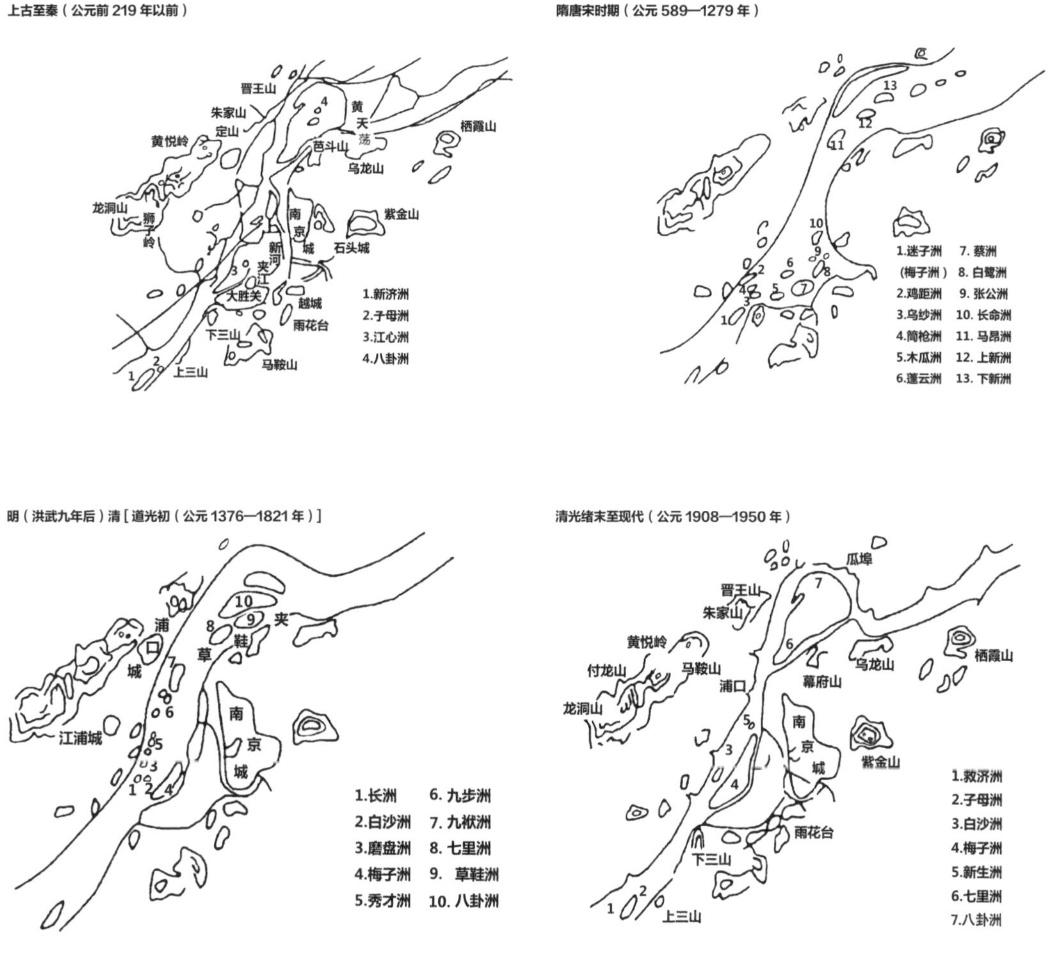

图 2-1　长江南京段河道变迁图（引自《帝都王城——从良渚王城到大明帝都》）

遗存，均远非当年旧观。长江下游水系复杂，变化繁复，不止这些日益扩大的江中洲岛，南京城的成长也从来都与长江的变化共振。

在长江中下游平原的大背景之上，宁镇山脉自东向西绵延 150 千米，沿长江南岸入南京城一路向西，直抵长江之滨，造就了这座城市显著的丘陵城市特质，以及东西间距稍窄而南北狭长的独特样貌。

南京境内山陵广布，北面沿长江一带、东郊、南郊均有岗阜连绵，对市区形成三面环抱之势，南京城就坐落其间。切近市区边缘或干脆楔入城中的山陵大致分为三支：

最北一支邻江而立，由东而西依次为宝华山、栖霞山、乌龙山、幕府山，经狮子山向南直至四望山、马鞍山、清凉山，海拔从 130 米到 300 米不等；

中支东起钟山，向西接九华山、鸡笼山、鼓楼岗、五台山至清凉山与北支交汇，起伏如虎踞直抵江边。这一线以钟山头陀岭的 425 米为最高点，余下平均海拔约 40 米；

南支岗阜绕城东南部，高程介于 95 米至 382 米之间，依次为青龙山、方山、雨花台、将军山、牛首山、岱山至三山矶入江。

这些占据全城六成以上土地的低岗、丘陵，清晰勾勒出南京城的骨相，营造出显著的"三山夹两盆"城市构架，历经沧海桑田，格局基本未变。散落盆地上的，是对周边生态起着至为关键调节作用的玄武湖、燕雀湖、莫愁湖等湖泊。文明开化之后，这些天然水体经人工改造与疏浚后，除具备蓄水、排涝等基本功能，还经历朝历代或修洲渚长堤，或筑亭台楼阁，不断被赋予文化意义，成为城市园林景观的重要载体，见证重大历史事件，最终融入南京城市发展历程。

玄武湖

透过南京负山带江之地缘大格局，金川、秦淮这两条"小"河流屡受瞩目，它们流经市井，促成交通，带动经济，串起风景，真正涌动起一城一地的脉搏。

同为长江支流，金川河与秦淮河并不相交，而是以三山中支为分水岭

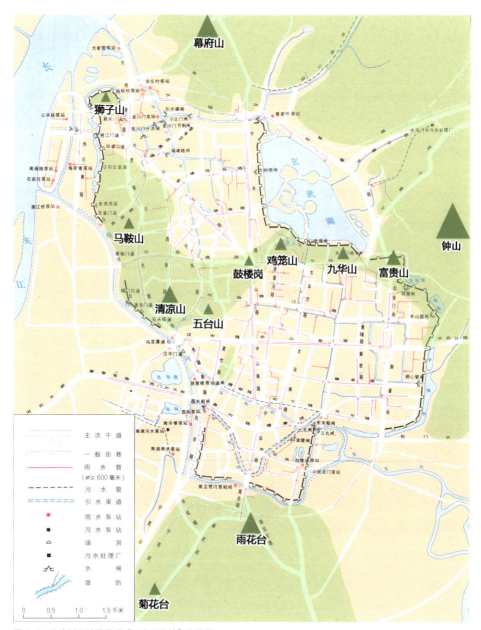

图 2-2 南京城区地貌呈现"三山两盆地"的格局

各行其道。金川河水系在北,发源于城中鼓楼岗、清凉山北麓,连通玄武湖,向北入长江。秦淮河水系在南,上游源头有二,东源出自句容境内的宝华山,称句容河,过赤山湖向西南流,经湖熟入江宁界;南源起于溧水东庐山北,经王家渡,过石臼湖向北,也称溧水河。两条河在今江宁区境内方山埭西北村汇合。秦淮河干流自此北趋过上坊门入城,回环曲折110千米,在城内又一分为二,内河由东水关入城,先后与杨吴城壕、青溪交汇,趋西南过武定桥、长乐渡折向西北,最后出西水关与外秦淮合一;外河自通济门向南,绕城东南角向西,过长干桥,在西水关外与内河相携,沿石头城下,最终在城西北一带入江。

秦淮河是南京的母亲河,沿途屡有分叉,历史上几度改道,始终与南京相依相伴,是这座城市所有空间记忆里最生动的坐标。秦淮河古称龙藏浦,一名淮水,后得名秦淮。相传秦始皇东巡会稽山,途经秣陵(南京),听信方士进言江东有王气,于是不惜动用人力物力,凿山断陇,迫使淮水改道,以断其龙脉,泻其王气。这则传说历代多有附会,在民间广泛流传,方志、笔记中多有记载。《舆地志》称:"秦始皇巡会稽,凿断山阜。此淮即所凿也。亦名秦淮……今方山石硊,是其所断之处。淮水之流,经其下焉。"[22]《景定建康志》也猜测说:"方山西渎直属土山三十里是秦开,又凿石硊山西,而疏决此浦,因名秦淮。盖未详也。"[23]

然而,不仅现代科学勘探足以证明秦淮之水源自天然,即便在古代,对上述穿凿附会之说存疑亦是不在少数。早在东晋初,一向据理求是的学者孙盛沿河览胜时便觉得"以地形论,发源诘屈,不类人功"[24]。宋人张敦颐在《六朝事迹编类》中也表示:"(秦淮)其分派屈曲,不类人功,

---

22　(南朝陈)顾野王. 舆地志辑注 [M]. 顾恒一,顾德明,顾久雄,辑注. 上海:上海古籍出版社,2012.
23　(南宋)周应合. 景定建康志 [M]. 南京:南京出版社,2009.
24　(清)严可均,辑. 全晋文 [M]. 北京:商务印书馆,1999.

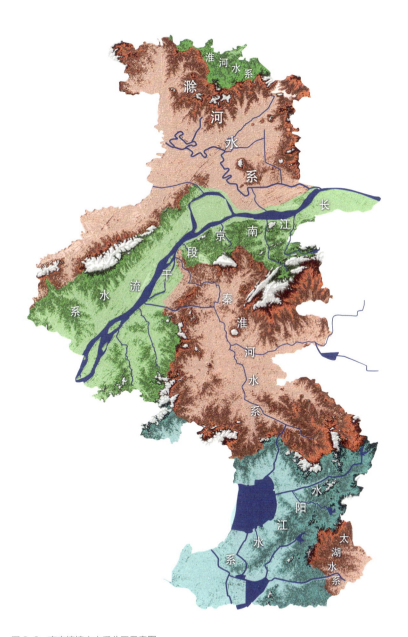

图 2-3 南京辖境内水系分区示意图

图 2-4 南京城西，外秦淮河蜿蜒流过

疑非秦皇所开。而后人因名秦淮者，以凿方山言之。"[25]

秦淮河的流域面积超过 2600 平方千米，所到之处都是南京自然环境最宝贵的地带。土质肥沃，植被葱茏，得宜的日照和降水带来丰饶的物产，另有水路四通八达。人工运河开通后，秦淮河更与太湖水系取得沟通，运力更加便捷，上游的稻米山珍等支撑一座城池的诸多重要物资都经水道源源不断输送进城，"曲屈秦淮济万家"的盛况在当地自古便有。因此，南京地区虽非沃野千里，却具备发展农耕的诸多有利条件，三十五万年以来，一直有人类活动。这些攒拥在连绵岗阜间的河谷平原与洲地，后来也的确演变成宁镇扬一带重要的人口聚居地与农业区。

距今大约六千年，南京境域内出现了以渔猎、采集和粗放的原始农业维持生活的原始聚落，其中，发现于金川河东岸的北阴阳营遗址最为知名。它介于鼓楼岗、傅厚岗、北极阁山之间，具备沿河台形遗址的典型特征，无论是布局还是选址，都与长江—太湖流域其他氏族聚落有明显的共通之处，耕地、灶坑、宅基、墓葬一应俱全，另有大批形制多样的玉器、石器、陶器出土。北阴阳营遗址是南京主城区内发现的新石器时代氏族文化遗存代表，与城市周边的高淳薛城遗址、浦口营盘山遗址、大厂卸甲甸遗址遥相呼应。

近年来，类似的新石器时代遗址在南京周边地区累计发现有 200 多个，上起城东北沿江地带，下至城西南宁芜铁路沿线，都不乏史前文化遗存，秦淮河上游湖熟一带更是密集，若非囿于城市中再无可能移动与考察的街区、建筑，这个数量必然还将增长。当地先民以勇气与智慧拓展生存空间，开南京史前文明之先河。

"一年而所居成聚，二年成邑，三年成都。"[26]，按照前秦时代的传

---

25 （南宋）张敦颐. 六朝事迹编类 [M]. 王进珊，校点. 南京：南京出版社，1989.
26 （西汉）司马迁. 史记全译 [M]. 陶新华，译. 北京：线装书局，2016.

统解释，"聚"和"邑"分别是一个族群或多个氏族联盟定居点的代称，确乎具备地域性政治经济中心功能的地点，才有资格称"都"。此时的南京，在禹分天下为九州的冀、兖、青、徐、扬、荆、豫、梁、雍之中隶属于扬州，按照当时地域文化分野之判定，处于明显的边缘地位。"厥土惟涂泥，地泉湿。厥田惟下下"[27]，"其土涂泥，田下下"[28]，《尚书》《史记》大抵都说扬州域内土质卑湿，等级低下，这确是当时社会认知的反映。

在华夏民族日益开化的过程中，相当长一段时间内，江南即等同于荒蛮的未垦之地，地瘦土薄，旱涝无常，生活在那里的人都是黥面覆发、火耕水耨的蛮夷。甚至到两汉之后的曹魏时代，袁淮建议曹爽将淮、汉两水南岸的民众迁到远离水域的北方，以降低孙吴擅长水战的优势时竟还曾说："吴楚之民，脆弱寡能；英才大贤，不出其土；比技量力，不足与中国相抗。然自上世以来，常为中国患者，盖以江汉为池，舟楫为用，利则陆钞，不利则入水；攻之道远，中国之长技，无所用之也。"[29] 至少魏晋时代，世人仍认为"中国"只在黄河流域中原地带，江淮以南仍是化外边民据有的化外之地。

这样的江南，罕有礼乐教化，这样的金陵，谈何建邑营都，距后来天下称羡的"鱼盐杞梓之利，充仞八方，丝绵布帛之饶，覆衣天下"[30]，更是道阻且长。

时代的潮汐终将抵达，南京所在的江南川泽沃衍，本是肥美的膏腴之地，不过古时人烟稀少，生产力低下，未被人识，一旦人口增长，民勤本业，地沃物阜的优势便当显现。一代代先民因天材就地利的不懈开发，加之其

---

27　顾迁，译注．尚书[M]．北京：中华书局，2016.
28　（西汉）司马迁．史记全译[M]．陶新华，译．北京：线装书局，2016.
29　（清）严可均，辑．全晋文[M]．北京：商务印书馆，1999.
30　（南朝梁）沈约．宋书[M]．北京：中华书局，2018.

本身独树一帜的交通、战略地位，不名一文的江左小邑注定将要走上安邦定国的道路。

# 第 3 章 建城之始

现代汉语里的"文明"一词，通常指"在国家管理下创造出的物质的、精神的和制度方面的发明创造的总和"。这个舶来的词译自英文 civilization，与拉丁语里表示城市化的 civelisatio 同源。而它们又与拉丁语单词 civitas（城邦、国家）一样，都以拉丁语 civis（市民）为词根。城市与文明从来息息相关。

尽管文字、金属和城市被视为文明起源的三要素，但学界也不乏有人认为城市足以涵纳其他诸多元素，实可称为考察文明体程度的唯一标准。

人类学、考古学泰斗张光直先生就曾说："国家、文明和城市化不仅从一开始就同时出现，而且在任何情况下，它们互相影响，从而导致了它们的出现。"[31] 中国社会科学院考古研究所夏商周考古研究室主任，二里头考古队队长许宏甚至认为"城市是国家出现、文明时代到来的唯一标志"[32]，"以谷物农耕与定居生活为基础的文明社会中，没有城市的文明是不存在的"[33]。的确，大江大河孕育了农耕文明，也滋养着代表人类文明的城市。从城邦都邑到领土国家，传统的中国城市或以险要著称，或以富庶延誉，或始创有功，或因袭有度，都是在制度演变、朝代更迭、社会经济发展的共同影响下完成的。

二十世纪二十年代，现代考古发掘作为一门科学刚在中国落地之时，西安、洛阳、北京、南京、开封这五个城市，因在不同历史时期做过全国性政权的首都，被当时文化界并列为"五大古都"。杭州是后来入席的，按照谭其骧先生的说法，"杭州尽管只做过半个中国的都城，其城市的繁荣昌盛程度，却不亚于甚或又过于全国性的五大古都，到今天还是一个大

---

31 张光直. 商文明 [M]. 北京：生活·读书·新知三联书店，2019.
32 许宏. 再论城市（都邑）是文明时代到来的惟一标志——对早期文明探索中聚落研究方法的提倡 [J]. 中国历史文物，2009（4）：9–11.
33 许宏. 先秦城市考古学研究 [M]. 北京：北京燕山出版社，2000.

城市"[34]，"六大古都"之说得到普遍认可。直到八十年代，学术界倡导着重审视一地一城确切的历史地位，安阳以殷商、曹魏、后赵、冉燕、前燕、东魏、北齐七朝首都之姿重磅入选，"七大古都"一说遂沿用至今。后来又有多种提法出炉，皆难出其右。

中华古都榜单的演变或多或少折射出后人对古代城市的认识与总结的确经历了一个漫长的过程。时至今日，当我们从建置沿革、政治影响、文化辐射、历史传承等诸多方面重新梳理中国著名古都，不难发现，无论是四大古都（西安、洛阳、北京、南京）还是七大古都（安阳、西安、洛阳、南京、北京、开封、杭州），南京都不遑多让。

作为古都列阵中唯一具备"通江达海"地理优势的城市、唯一代表长江文明的都会，南京从兴起之初即遵从拥江缘河的发展策略，起步虽晚，但厚积薄发，虽屡踞半壁江山，却常怀经略天下之壮志，一面长期保持着经济领先与文化辉煌，一面依然能够在保有传统与应对新潮之间游刃有余。南京的复杂与多元，从一开始就写进了这座城市的命运。

---

34　陈桥驿. 中国七大古都 [M]. 北京：中国青年出版社，1991.

## 3.1 吴头楚尾 交锋前沿

南京有城，始于春秋。

在没有更确切与完备的考古成果面世之前，南京的建城史仍当从越城始筑之年——公元前 472 年算起。

此前七年，鲁国人孔子去世，他编纂的《春秋》被视为中国第一部编年史，后人从善如流，以该书之名将这一时期命名为"春秋时代"；这个时代，周天子势力逐渐衰微，王命不行，列国纷争不休。

泰伯奔吴与早期城邑

值此乱世，越王勾践以"三千越甲"打败宿敌吴国，盟会诸侯，致贡周天子，成为最后一位春秋霸主。两国长达七十年的攻伐在公元前 473 年尘埃落定，大片江南吴国故地尽归越人所有，今天的南京地区成为越国与西邻楚国、北面齐国对峙的前哨阵地。

南京本为吴地，在楚国自长江中游往下游扩张的过程中，一直地处几国对抗的前沿。公元前六世纪上半叶，楚吴两国多有干戈，攻伐不止。楚军一度进攻到吴地的鸠兹（今安徽芜湖）、皋舟（今南京江北六合）一带，却屡为大江、横山（今南京江宁区与马鞍山博望区交界处的横山丘陵）所阻，始终未能尽得长江天险，也从未取得南京全域。整个春秋中叶，吴楚两国都在今南京江北与南部地区反复拉锯，今市区所在范围则较少涉及或罕见于史料。

周灵王十三年（前 559 年），楚一面在南面横山与吴军大战，一面在先期占领的江北吴地上设置"棠邑"，强势谋求行政管辖权。

该邑具体位置与规模今已不可考，大致应位于今六合雄州滁河下游。其最早记载出自《左传·襄公十四年》："楚子为庸浦之役故，子囊师于棠以伐吴。"[35] 文中的"棠君"则是管理棠邑的官员，伍子胥之兄伍尚被

---

35 （战国）左丘明. 左传 [M].（西晋）杜预, 集解. 上海：上海古籍出版社, 2016.

任命为棠邑大夫，他是南京辖区内最早见于历史的地方行政长官。之后的两百年间，棠邑在吴、楚、越三国间屡易其手，见证了三国势力的消长，生动写照了所谓的"春秋无义战"[36]。混乱的局面一直持续到楚亡于秦的公元前223年，后秦始皇废分封设郡县，推及全国，棠邑城遂改制为棠邑县。六合建县即以此为始。

周景王四年（前541年），南京城南"溧水县南九十里"矗立起一座城邑，制式为两重夯土城垣，是吴国人为抵御楚军的频繁进犯而筑的边城，开南京江南地区城邑修筑之先河，因建于濑水之滨而得名濑渚邑。后世屡事增筑，坚固异常，故又称固城，规模亦进一步扩大，城周边除开辟有围垦种植的圩滨，以资当地农人"筑土御水而耕其中"[37]，还一度建有楚平王的行宫。比起隔江而望的棠邑，濑渚邑的命运之跌宕有过之而无不及。

图3-1　春秋时代，江南地区远未开发，后来的通都大邑南京此时一片"荒蛮"景象

---

36　（春秋）孟轲. 孟子 [M]. 方勇，译注. 北京：中华书局，2015.
37　（清）陈作霖. 金陵全书. 上元江宁乡土合志 [M]. 南京：南京出版社，2013.

公元前 506 年，在吴王阖闾的授意下，石臼湖、固城湖一线虽由孙武带兵收复，濑渚邑惜毁于兵火，"固城宫殿烟焰逾月不灭，其城遂废"[38]。我们如今能够了解到的古城规模数据，如罗城"高一丈五尺……周回七里二百三十步"，子城"一里九十步"[39]，来自《万历溧水县志》引宋孝宗乾道五年(1169 年)的建康府志《乾道建康志》，这似乎从侧面说明直到南宋时代，固城残垣仍在，内外两重城垣不仅尚可分辨，而且当时的人们甚至能够将城高与周长测量出来，写进官修府志中。参照考古发掘推测，上述数据应当为汉代增筑后城邑的尺寸，而非始筑。因为编钟、箭镞、青铜剑、楚国钱币郢爰等一系列珍贵的春秋战国时期文物都是在内重子城以西发现的，东面尚无两汉以前的遗物出土。

---

38　（南宋）周应合. 景定建康志 [M]. 南京：南京出版社，2009.
39　（明）黄汝金，纂. 吴仕诠，修. 万历溧水县志 [M]. 傅章伟，点校. 南京：凤凰出版社，2019.

## 3.2 越王称霸 江左筑邑

吴楚两国操戈相向,高下难决之时,越国竟后来崛起,取代吴国成为东南霸主,吴王夫差伏剑自刎后,"吴头楚尾"的南京自此划归越国版图。

越国原本实力不济,东临大海,西北两面又有楚、吴两强邻环伺,几乎蹉跎了整个春秋时代。"十年生聚,十年教训"[40],新霸主勾践固然胸怀图谋中原之心,客观上仍需攻防领土广阔且离自己最近的强敌楚国。这片后来声名显赫而当时籍籍无名的土地,濒江临淮,形势险峻,扼交通咽喉,必将继续为楚国所垂涎,越国亟须在此巩固实力。

公元前472年,灭吴第二年,越王勾践即命上将军范蠡在今中华门外长干里一带修筑城邑,史称"越城",又名"越台""范蠡城"。

关于"干"的释义,晋代左思在《吴都赋》中歌颂过"长干延属,飞甍舛互"[41],依据宋人刘逵所作注解"江东谓山冈间为'干'。建邺之南有山,其间平地,吏民居之,故号为'干'。中有大长干、小长干,皆相属"[42]可知,古时山岗间之地称"干",越城筑于长干里,位置之重,实可想见。至于范蠡是否像史家所说的那样,在灭吴后即"变名易姓"[43]"乘轻舟以浮于五湖,莫知其所终极"[44],或者说他最后的去向是否与越城的修建相抵牾,暂不在本文讨论之列。

越城始筑

作为有明确记载的南京主城区最早的城,越城本质上是军事据点、城

---

40 (战国)左丘明.左传[M].(西晋)杜预,集解.上海:上海古籍出版社,2016.
41 (清)严可均,辑.全上古三代秦汉三国六朝文[M].上海:上海古籍出版社,2009.
42 (南朝梁)萧统,编.昭明文选[M].北京:华夏出版社,2000.
43 (西汉)司马迁.史记全译[M].陶新华,译.北京:线装书局,2016.
44 (东汉)赵晔.吴越春秋辑校汇考[M].周生春,辑校汇考.北京:中华书局,2019.

图 3-2  公元前 472 年，越王勾践命范蠡在滨江临淮之地筑越城

防堡垒，周回只有"二里八十步"[45]，与后世恢弘的城邑相去甚远，却是合乎当时礼制的规范之作。孟子所谓的"三里之城，七里之郭，环而攻之而不胜"[46]充分说明那一时期所谓的"城"占地都不会太广，哪怕是外郭（城）的周长至多也就七里。

以 1931 年出土于河南洛阳金村、现藏于南京大学博物馆的一把现存年代最久远的战国青铜尺可知，东周后期每尺约等于今制的 23.1 厘米，每里合 415.8 米，每步约 138.6 米。据此推算，文献所载的越城周长不过区区 942 米，"城中的面积，大约只有六万平方米"[47]，参考北京故宫南北长约 961 米，东西宽约 753 米，约 72.5 万平方米的面积，大略可推测出越城的占地大小。而明朝洪武年间南京城郭鼎盛时期，外郭内占地面积已

---

45 （南宋）张敦颐. 六朝事迹编类 [M]. 王进珊，校点. 南京：南京出版社，1989.
46 （春秋）孟轲. 孟子 [M]. 方勇，译注. 北京：中华书局，2015.
47 蒋赞初. 南京史话 [M]. 南京：江苏人民出版社，1980.

达 230 万平方千米，那举世闻名的世界第一大城垣正是从越城这座蕞尔小邑开始的。

作为防御工事，越城大约仅够一定编制的驻军容身，一般意义上满足市井生活、商贸交通所需等基本城市功能，它都难以具备。须当注意的是，越城存在的时代，当地居民本均生活在"城外"或今城南地区，越城选址在此，本意当然是出于"筑城江上，以镇江险"[48]的军事目的，却成功带动了秦淮河南岸、长干里周边的开发，驻军与城防的生活所需促进了物物交换的繁荣。市场兴起，手工业者聚居，这一带最终成为全域人口最稠密、商市最发达的地区。这对于后世南京城的深度开发有创始之功。

南京越城并非唯一，越王所建之城，江南至少有三座——最恢宏的山阴大城在越人的发迹之地会稽，即今浙江绍兴，始建于越王勾践七年（前490年），同样由范蠡主持修建，"周二十里七十二步，陆门三，水门三"[49]，有飞翼楼和瞭望塔，相传为越王勾践王宫所在地和阅兵处，规模远超南京越城；苏州城西南郊也有一座越城，一名勾践城，落成于越大举灭吴前夕，以便越军据此堡垒与吴军隔水对峙，相当于战前安置屯兵、补充给养的军事指挥所，作用等同于"立城于金陵，以张威势"[50]的南京越城。范成大修《吴郡志》时也曾描述它"雉堞宛然，高者犹丈余，阔亦三丈，而幅员不甚广"[51]，说明至少到宋代，苏州越城仍保留有相对完整的格局。直至当代考古部门展开发掘工作时，遗迹周遭且还残存有高 4 米、南北两面各 30 米长的墙基，殊为惊人，这也是南京越城无法企及的。

同为夯土城垣，建成年代相仿，南京秦淮河畔的越城却早已湮没无存。

---

48　（南宋）张敦颐. 六朝事迹编类 [M]. 王进珊, 校点. 南京：南京出版社, 1989.
49　李步嘉. 越绝书校释 [M]. 北京：中华书局, 2013.
50　（南宋）王象之. 舆地纪胜 [M]. 北京：中华书局, 1992.
51　（南宋）范成大. 吴郡志 [M]. 南京：江苏古籍出版社, 1999.

这或许反向证明了南京越城控淮扼江，形势至重，和它背靠的南京城一样旗纛迭更，命运多舛，历来为政权争斗、豪杰瞩目之地，不似绍兴和苏州，通常远离政治中心，较少受到自然与人为的破坏。

## 3.3 西街考古 越城探源

千百年来，关于越城的演变痕迹，后世只能从文献只言片语的记录中找寻。至少在六朝时（222—589 年），建康（南京）城南城防沿线尚有越城的一席之地，即所谓"越而楚，楚而秦，秦而汉，汉而吴、晋、宋、齐、梁、陈，攻守于此者，西则石头，南则越城，皆智者之所必据"[52]。东晋初年，温峤迎击叛臣王敦，南齐年间护国将军崔慧景作乱，萧懿奉命展开讨逆军事行动，两次平叛的决战之地都在越城。直到公元 589 年隋灭陈，隋文帝杨坚诏令"平荡耕垦"[53]，存世千余年的越城终毁圮无存。明清以降，世人只知它大致与大报恩寺东西相对，在"聚宝门外长干里"[54] 或"瓦官寺南望国门桥西北"[55] 的台地上，从"禅院风清古迹埋，长干西畔小徘徊。一堆土石迷烟草，人踏斜阳问越台"[56] 之类的诗句中空怀古迹了。在 1980 年出版的《南京史话》中，文物考古专家蒋赞初先生认为越城应在"雨花路西侧的高地上"，这是基于前代文献、民间流传说法结合具体城市变迁的综合看法而认为的。古都南京两千余年的肇始之地越城究竟位于何处？需要靠专业工作者从田野考古中寻找答案。

2017 年，旨在提升南京城南整体风貌的"西街地块"开发项目启动。该地块东起雨花路，西迄中山南路，北至窑湾街，南抵应天大街，在南京市地下文物重点保护区之一的"长干里古居民区及越城遗址区"范围之内，

---

52 （南宋）周应合.景定建康志[M].南京：南京出版社，2009.
53 （唐）魏徵，等.隋书[M].北京：中华书局，2018.
54 （明）礼部，纂修；（明）陈沂，撰.洪武京城图志 金陵古今图考[M].南京：南京出版社，2006.
55 （清）顾炎武.肇域志[M].上海：上海古籍出版社，2012.
56 （清）李濬之，编.清画家诗史[M].北京：中国书店出版社，1990.

图 3-3　西街遗址范围内目前发现了一处台地、多重环壕以及南朝道路遗迹，其中环壕取土碳-14测年检测结果将遗址年代推至西周早期，比越城的史载年代早约500年（南京市考古研究院供图）

总面积约15万平方米。

据南京市考古研究院尚未全部公布的考古资料显示，在近两年的勘探发掘之后，西街遗址揭露出从西周跨越秦汉、六朝、隋唐、明清直至近现代共9个地层，时间跨度超过3000年，具有显著的复杂叠压型遗址特色。3道环壕、5座窑址、8座墓葬、88口古井、近200个灰坑重见天日，另有600余件陶器、瓷器、石器、金属器及骨角质地小件文物，以及逾万件陶瓷、砖瓦出土。

南京大学文化与自然遗产研究所贺云翱教授认为，西街地块的考古发掘"是研究南京建城史的一次重大突破，越城的位置和基本文化内涵得以确认，在地理地貌、台地形态、遗址序列等方面，都有了更多证据锁定越城……也为探讨六朝建康城中轴线问题和六朝都城规制提供了重要依据"。

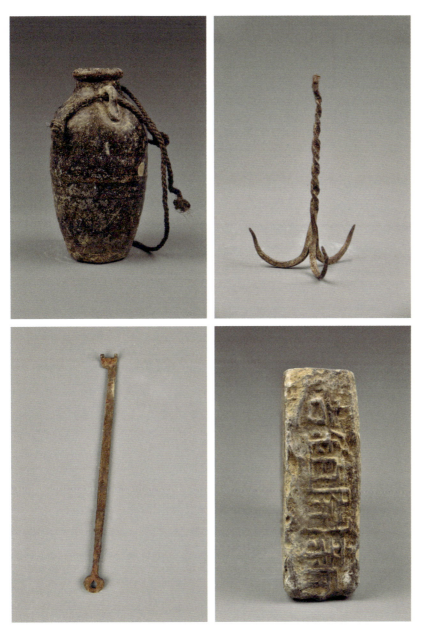

图 3-4 西街遗址出土的文物：取水器、铁钩、钥匙、城砖

图 3-5　南京市西街遗址发掘区航拍图（南京市考古研究院供图）

而据本项目负责人、南京考古研究院副研究员陈大海介绍，经由碳 14 检测报告可以确认，部分出土器物年代与越城相吻合，遗憾的是截至目前，还未有发现关于越城的直接文字证据或遗物证据。额外的巨大收获则是，西街地块这处代表南京城市起始阶段聚落遗址早在西周年间便已经具备"环壕聚落"的考古实证，使南京建城史或将向前再推 500 年。

假设之前南京地区已有吴人修过城邑，不过囿于资料缺乏，不为人所知，那么越人继起建城，优先考虑利用既有的"吴城"非但极有可能，而且合情合理。宁镇地区为江南青铜文化之中心，南京早期城址的源头就应当从吴文化中找寻蛛丝马迹，这是由江南地区青铜文化的发展规律决定的。基于此，越城就不仅仅是越人控制前吴属地的一处建筑遗存，更饱含吴地人对越国军事占领的不泯记忆。

况且,"吴越二邦,同气共俗"[57],在田野考古中,要明确区分物质遗存究竟是属吴还是属越并非易事。越城究竟是越人平地新起之城,还是因袭吴地旧垣的再修缮,有待进一步的考古研究。诚如沈从文先生受周总理所托,在研究中国古代服饰撰写专著时所说:"中国古人给世上留下了一部二十四史的巨著,地下却也还埋藏着另外一部更加重要的二十四史,地下的这部将会不断修正、修补着世间流传的地上二十四史。"[58]我们相信,随着西街地块考古工作的深入,不排除有更直观的新发现、新证据出炉。探寻城市源头的工作还在继续,人们已然能够从遗存地层的复杂叠压中窥见南京城源远流长的发展脉络,历史的谜题往往在那里书写标准答案。

越国崛起得曲折,颓败得迅速,在称霸的舞台上不过匆匆巡礼,越城是越国短暂辉煌投射在江南大地上的一个缩影。越国历史之华彩基本上只聚焦于勾践一人,他的后继之君几乎无其作为。公元前333年,楚威王拓境江东,越王无彊被杀,楚尽取越国据有的吴地,于紧邻大江的石头山上筑城设邑,史称"金陵邑"。南京的金陵时代开始了。

---

57 李步嘉. 越绝书校释 [M]. 北京:中华书局, 2013.
58 沈从文. 中国古代服饰研究 [M]. 北京:商务印书馆, 2020.

# 第4章 金陵得名

秦并六国，完成统一之前，南京地区始终是吴、楚、越这些长江流域早期国家碰撞、融合、交汇的咽喉之地。地理位置特殊，干戈纷争不断，地域文明化程度反而因此得到提高。

整体而言，先秦时期的南京仍是远离华夏文明中心的边地，当时宁镇一带所有的只是一些城堡和据点，普通百姓仍以不事规划的自然形态聚居。南京尚无文献可考之时，西安、洛阳和北京，要么是天子所居的京邑，要么是周室初封国的国都，早已蔚为大观。

公元前1046年，周代商而立，定都丰镐。所谓丰镐，是文王立都"丰"京和武王拓地"镐"的合称。古都西安最早就在丰、镐二京所在的沣水两岸兴起的；几乎同时，周武王褒封"帝尧之后于蓟"[59]，遥远的蓟国都城，后来的北京也有了第一个名字——蓟城；其后不久，周公在洛水北岸营建都城，洛阳从此被冠以"洛邑""洛师""洛京"等美名，且规模达到惊人的"城方千六百二十丈，郭方七百里"[60]；而差不多700年后的战国后期，才有人首度为南京命名。

越城之后，金陵邑继之而起，成为当时南京地区另一处城防要地，建城以来最重要的称谓由此发端。

---

59　（西汉）司马迁. 史记 [M]. 长沙：岳麓书社，2021.

60　罗家湘. 逸周书研究 [M]. 上海：上海古籍出版社，2006.

## 4.1 因山立号 楚置金陵

南京有名，自金陵始。"金陵"一词，最早见于《三国志》卷五十三注引《江表传》："秣陵，楚武（威）王所置，名为金陵，地势冈阜连石头。"[61]《建康实录》开篇也云："建康者，本楚金陵邑……勾践后七代一百四十三年，越王无彊即位，元年当周显王三十六年。越霸中国，与齐、楚争强，为楚威王所灭，其地又属楚，乃因山立号，置金陵邑。楚之金陵，今石头城是也。"[62]

转折发生在公元前 333 年，距离勾践称霸已过去 140 年，此时的越王无彊疏于审时度势，又自不量力，在间于齐楚的争斗中大败于楚威王，身死国破。越王诸族子争立，四散海上，越国自此分崩离析。吴与越交替据有长江下游的时代彻底落幕，核心区域本在长江中游的楚国武力取得了对这片区域的管控权。尽管越彻底灭亡要到楚怀王年间，但此时，南京地区已被彻底划入楚国势力范围。

局势既定，巩固长江防线转而成为楚之要务，加强对南京地区的控制是其中至关重要的环节。于是才有了"楚威王灭越，私吴越之富，擅江海之礼，置金陵邑于石头"[63]这一幕。

如果将这一幕置于楚国图霸的时代大背景中，我们发现，当时的江淮大地上，灭越之后由楚设置的、时间接近的类似城邑数量甚众：公元前 334 年，楚在今江苏丹阳辖境内置云阳邑；一年后即金陵邑设置同年，楚改朱方为谷阳，在今江苏镇江境内设谷阳邑；公元前 319 年"楚怀王槐城

楚置金陵邑

---

61 （西晋）陈寿. 三国志[M]. 裴松之，注. 上海：上海古籍出版社，2016.
62 （唐）许嵩. 建康实录[M]. 张学锋，陆帅，整理. 南京：南京出版社，2020.
63 （南宋）周应合. 景定建康志[M]. 南京：南京出版社，2009.

图 4-1 公元前 333 年,南京划归楚地,楚威王命人在临江高岗处建金陵邑

图 4-2 在南京建城的初始年代,金陵邑与越城双城并峙,扼控秦淮河入江口,意义殊重

广陵"[64]，在邗城故基上筑新城，设广陵邑，即今天的江苏扬州。除此之外，位于宜兴的荆邑、苏州的吴邑、安徽萧县一带的萧邑都有楚国的行政建置。即便金陵邑只能算是楚国东扩过程中一个普通环节中的正常操作，但金陵邑之于南京仍不失为一个创举，功在当时，利在千秋。

越置越城，楚设金陵邑，发生在不同的历史时空，看似孤立，其实都是在权衡了当下的军事需要，再结合山水形势后的智慧选择。然而，越王勾践修越城仅将其作为纯粹的军事据点利用，楚威王熊商经过细致考察、周密策划，决定在制高临江的石头山（清凉山）上筑城为治，设"金陵邑"，具有更明显的行政管理意图。邑，战国时期国君分封卿与大夫的封地，邑大夫则是该地行政长官的称谓。如今，史学界普遍认为当把金陵邑的设立看成南京有行政区划的开始。

---

64　（西汉）司马迁. 史记 [M]. 长沙：岳麓书社，2021.

## 4.2 众说纷纭 金陵真意

"陵者,山也"[65],南京山陵遍布,为何独以"金陵"命名此邑?古往今来,众说纷纭。

"钟山,古金陵山也,县邑之名,由此而立"[66],按照《舆地志》的说法,金陵即钟山。古时,人们常见到赤彤紫金的云雾萦绕山顶。当然,后世已考证这其实是物理现象,钟山北坡山体上有大面积裸露的紫红色页岩,经阳光照射后会呈现所谓的奇观。而据《钟山志》考证,紫金山北麓今蒋王庙一带过去确实产黄铜,谓之金陵山似乎并无不妥。无论如何,先有此山,楚威王叹为观止,遂置金陵邑,开始经营这一方水土。因山立号说有两种版本,此为其一:南京金陵说。

另一种为茅山金陵说。唐人许嵩著《建康实录》云:"或云地接华阳金坛之陵,故号金陵。"[67]文中提到的华阳金坛即茅山华阳洞,洞口在洞天中央,形似巨坛,故称"句金之坛"。茅山坐落于金坛、句容地界,素与南京接壤,春秋时期隶属吴地朱方邑,战国中先后为越、楚所据,宁镇自古山水一体,命运相依,故得名金陵。

到了北宋,地理史志《太平寰宇记》有载"昔楚威王见此地有王气,因埋金以镇之,故曰'金陵'"[68],演绎出楚王埋金,以镇王气的故事。南宋时期,《景定建康志》又称"父老言秦厌东南王气,铸金人埋于此"[69],不仅重申了风水学的重要性,还在埋金的行列里重磅引入秦始皇,一时身

---

[65] (东汉)许慎. 说文解字[M]. 汤可敬,译注. 北京:中华书局,2018.
[66] (南朝陈)顾野王. 舆地志辑注[M]. 顾恒一,顾德明,顾久雄,辑注. 上海:上海古籍出版社,2012.
[67] (唐)许嵩. 建康实录[M]. 张学锋,陆帅,整理. 南京:南京出版社,2020.
[68] (北宋)乐史. 太平寰宇记[M]. 王文楚,等,点校. 北京:中华书局,2009.
[69] (南宋)周应合. 景定建康志[M]. 南京:南京出版社,2009.

价倍增。然而，倘若确有其事，秦汉、六朝、隋唐以来的著述里总会留下蛛丝马迹，事实却是"埋金镇压说"在民间流传甚广，文献中始终难寻踪影，故疑多为唐之后某些堪舆派与好事者的附会。

至现代，基于前说种种的归纳总结，学界又出现一种较为新颖的"采矿冶炼说"。《南京城墙志》认为"南京及其近邻铜陵、南陵等地自古山多产铜，铜即赤金，故金陵之得名确有可能是因其多见产金之地的缘故"[70]；所谓"金"，先秦之前往往指铜，《康熙字典》引古称"赤金，丹阳铜也"，说的就是丹阳郡地界内的十七个县，今南陵、铜陵、繁昌、当涂、句容自古盛产铜，商周以降，直至唐宋，这一带铜矿采冶、筑器一直很繁盛。两汉四百多年，政府所设的铜官唯丹阳一处。南朝道教上清派典籍《真诰》也说，茅山中有"金陵之地，地方三十七八顷"，汉灵帝时政府差人进山采矿铸器，充实兵械库，又及东吴时期官府也不断派人前往采金，充公使用，当地一度被孙权改名为"金陵之墟"[71]。如此，我们就完全能够理解，在生产力不够发达的封建社会早期，掌控了有矿的山陵，便等于扼控了礼器、兵器、钱币以及大量生活器具的制造源头，这不仅关乎一时一地的经济开发，更是稳定统治的必由之路。那些攀龙附凤的传说固然经不起细究，却恰恰凸显了历代帝王对"金陵"位居要冲的重视，对此，无论是诸夏国君，还是秦皇汉帝，概莫能外。

---

70　杨国庆,王志高.南京城墙志[M].南京:凤凰出版社,2008.
71　(南朝梁)陶弘景.真诰[M].赵益,点校.北京:中华书局,2011.

## 4.3 扼江凭淮 功在后世

由于年代久远，文献轶散，城市变迁巨大，金陵邑的真实细节如今似乎已无可考。关于此邑，后世能够获取的有效信息很少，留下的记载见诸《六朝事迹编类》《景定建康志》《至正金陵新志》引自《舆地志》的"环七里一百步，在县西五里，去台城九里，南抵秦淮口，今清凉寺之西是也"[72]，七里一百步换算成今制约3194米[73]，以现代的标准衡量，三公里长的城周很难称为规模宏大。

据越城不足一公里的周长和当时普通城邑一贯的制式推测，"县邑治所"级别的金陵邑外墙应为夯土材质，部分地段或依据山势走向修成，实在很难当得起"环七里一百步"的标准。毕竟600年之后，东晋建康的台城也才不过"周八里"[74]。关于楚金陵邑的初始大小，南京师范大学王志高教授在《金陵邑与金陵邑城综考》中辨析称："《周礼·考工记》云，'匠人营国，方九里。'《左传》隐公元年《正义》云：'天子之城方九里，诸侯礼当降杀，则知公七里，侯伯五里，子男三里。'连天子的都城也不过方九里，更遑论作为边邑治所的金陵邑城了。"[75] 诚如南京市博物馆研究员李蔚然的析释："楚灭越后，江东已无他国与其争雄，金陵并非统治中心，亦非战争要地，其城周是不会超越历史发展进程的。"[76] 故而上述文献所指清凉寺西边之城，必然不是楚金陵邑，当为建安十六年（211年）东吴自京口（江苏镇江）徙治秣陵后，在金陵邑基础上扩大石头城的规模

---

72　（南宋）张敦颐.六朝事迹编类 [M].王进珊，校点.南京：南京出版社，1989.
73　丘光明.中国历代度量衡考 [M].北京：科学出版社，1992.
74　（唐）许嵩.建康实录 [M].张学锋，陆帅，整理.南京：南京出版社，2020.
75　王志高.金陵邑与金陵邑城综考 [J].南京晓庄学院学报，2014（5）:6-11.
76　李蔚然.金陵邑治所辨 [J].南京晓庄学院学报，2000,9（3）:6-9.

和形制，并且，即便是东吴时期的石头城也是经历了不断增筑、扩容的发展过程，绝非一蹴而就。

和之前的棠邑、濑渚邑局部性施治不同，和近旁同样滨江临淮的越城也有别，金陵邑开创了南京依山而建的城市格局，其所在的石头山，地势更为高亢，形势加倍险固，秦淮就在城下汇入大江，是真正居高临下、易守难攻的城防第一邑。

金陵邑的存在令今南京主城区首次有了统辖南北，引领区域政治、经济的可能，不仅为秦汉一统后当地区域行政的探索提供了参照，更奠定了六朝三百余年南京江防与城西门户扼控的战略基础——特别对东吴石头城有着鲜明的创始意义，对孙权大帝以此为据，保障社会秩序、开发江东经济亦有积极的推进作用。在局势动荡、裂土分疆的年代，对当权者而言，着重经营金陵邑这类集军事行政于一体的建置，意义尤其重大。无怪乎一千五百年后，陆游奉诏入蜀，赴任夔州通判，经由运河、抵长江逆流西行，船过南京石头城下，曾在游记中盛赞石头形势："过龙湾，浪涌如山，望石头山不甚高，然峭立江中，缭绕于垣墙，凡舟皆由此而下至建康，故江左有变，必先固守石头，真控扼要地也。"[77] 过江仰望石头山，遥看金陵邑故址，陆放翁发此感慨，自然是他生于忧患、洞察时局的卓见，但又何尝不是历代战略家放眼江东，筹划戎机的必然选择呢？

金陵邑湮没的年月远远长过它存世的时间，但它作为南京城市源流上重要的一站，其价值与影响力是永载史册的。此后两千多年，无论南京又荣膺了多少美名、雅称，"金陵"始终是最隽永的那一个。

---

77　（南宋）陆游. 陆游选集 [M]. 王水照, 高克勤, 选注. 北京：人民文学出版社, 1997.

# 第 5 章 始皇临江

公元前 221 年，秦并六国，天下归一，中国进入"尺土一民，皆统于中央"[78] 的帝国时代。南京所在的江南地区虽自古便与中原多有交通，但作为完整地理单元归入中央政府版图，成为其直辖领土，有充分的政治、军事、经济、文化融合，自秦而始。

秦国以军政起家，在从秦孝公到秦始皇的七代国君百余年奋斗中，征伐、东扩始终为第一国策，一朝统一，官吏、武器、基建、地方治权尽归国有。秦始皇废分封，行郡县，"分天下以为三十六郡"[79]，县为基层行政单位，县上有郡，直属中央。划分依据"或以列国，或以旧邑，或以山陵，或以所出，或以号令"[80]。

如此一来，过去诸强相争、干戈不断的一些地方，或被拆解或被整合，以适应帝国中央集权的新需求，旧治、故址多有破坏、迁移，只是程度有异而已。历史上魏、晋长久掌控的河东之地，韩国治下的"南阳之地"，燕、赵、齐世代博弈的"河间之地"都被代之以新的行政规划，遥远的江淮地带——吴楚越的纷争故地同样难逃被整编的命运，不复曾有的战略地位。秦汉之间，南京地区迎来县城建置的高峰期，境内先后置有棠邑、江乘、秣陵、丹阳、溧阳、胡孰六县。

---

78　钱穆. 国史大纲 [M]. 北京：商务印书馆，2013.
79　（西汉）司马迁，撰；（宋）裴骃，集解；（唐）司马贞，索隐；（唐）张守节，正义. 史记 [M]. 赵生群，修订. 北京：中华书局，2014.
80　（清）孙星衍，等，辑. 汉官六种 [M]. 北京：中华书局，2008.

## 5.1 设县封侯 秦汉棠邑

统一当年，江北的楚棠邑即改称棠邑县，属九江郡。其后汉虽承秦制，但开国之初迫于形势需要，实行"郡县"与"分封"并举的混合制度，功勋卓著者得以封王赐侯。据《史记》卷十八《高祖功臣侯者年表》所述，楚汉战争中归汉的陈婴获封棠邑侯，封地在今南京六合境内，领棠邑县地，称棠邑侯国，西汉初年隶属于东阳郡，后随诸侯王国的兴衰变动历属江都国、广陵郡、临淮郡。[81]

论档次，棠邑侯陈婴"千八百户"[82]的食邑自然无法与留侯张良的万户、酂侯萧何的八千户、舞阳侯樊哙的五千户相提并论，在高皇帝刘邦初封的143位侯爵中仅排第86位，排位比较靠后。不过陈家与汉室世代联姻，汉文帝的长公主下嫁第三代棠邑侯，所生之女陈阿娇即汉武帝"金屋藏娇"的陈皇后，封地棠邑境内不仅有渔盐之利，更有铜铁冶铸产业，《汉书》卷二十八《地理志》有载中央政府还在当地设立"铁官"管理铜铁冶筑产业。在秦汉迭代、百废待兴，"大城名都民人散亡，户口可得而数裁什二三，是以大侯不过万家，小者五六百户"[83]的时代背景下，棠邑国的综合条件不仅不差，反而堪称富足，这从民间到官方多有传闻与记载，《汉书》里甚至有"夫吴有诸侯之位，而实富于天子"[84]这般惊骇的描述，一定程度上也可反映当时南京地区经济的发展情况。

西汉初年，刘邦"令天下县邑城"[85]，全国掀起一波筑城浪潮，南京

---

81　周振鹤.西汉政区地理[M].北京：商务印书馆，2017.
82　（西汉）司马迁.史记全译[M].陶新华，译.北京：线装书局，2016.
83　（东汉）班固.汉书[M].北京：中华书局，2007.
84　（东汉）班固.汉书[M].北京：中华书局，2007.
85　（东汉）班固.汉书[M].北京：中华书局，2007.

地区想必也不例外。时过境迁，棠邑县城故址早已踪迹全无，而方志、文献中也少有记载。

二十世纪六十年代以来，考古成果不断显示，六合境内汉代遗存分布十分密集，大量出土的汉代砖瓦、钱币、陶器、铜锭、铜钫、铜箭头、铁斧和已揭露的大批汉代木椁墓足以证明，至少在汉代，棠邑已是人口囤积、作业发达之所在。除了走马岭汉代遗址，另一处西汉时期的楠木塘遗址也引发了广泛关注。该遗存发现于南京市六合区雄州街道东缘，北临峨眉河，约200平方米的占地之内，生产工具、生活用具一应俱全，30多根楠木桩分三排、呈南北向密集排列于塘内淤泥中，木桩直径都在半米以上，人工加工痕迹明显，"这种地下用楠木作桩，上面悬空建筑房子的'干栏式'建筑，是中国传统的建筑形式之一"[86]，参与发掘的考古专家推测，该遗存地面当年应当建有大型建筑。而泥塘周遭出土了大量四铢半两钱，与古书中所云"吴有铜山铸钱"[87]"县西十里有铜山……所谓采山铸钱之处"[88]不谋而合，或与"七国之乱"爆发前，吴王刘濞擅山海利，坐断江南，在封国内大铸私钱有关，同时也为寻找棠邑城的具体位置提供了参考线索。

---

86 南京市博物馆, 编. 南京考古资料汇编·壹[M]. 南京: 凤凰出版社, 2013.
87 (东汉)刘歆. 西京杂记[M]. 上海: 上海古籍出版社, 2012.
88 (北宋)乐史. 太平寰宇记[M]. 王楚文, 等, 点校. 北京: 中华书局, 2008.

## 5.2 天子觅渡 江乘始置

秦朝存世短短十五年，修长城、建阿房宫、修骊山陵之余，还在东周列国故道的基础上兴修了驰道。这是中国最早的国家级高速公路网，道宽五十步，足够两驾车马双向行驶，以咸阳为中心向全国放射，"东穷燕齐，南极吴楚"[89]，统一之后，秦始皇五次巡游疆土皆走此道。东汉蔡邕所谓的"驰道，天子所行道也"[90]最早即指秦驰道。

公元前 210 年，秦始皇第五次也是最后一次出巡。《史记·秦始皇本纪》记录行程如下："浮江下……过丹阳（今南京江宁小丹阳），至钱塘（今浙江杭州），上会稽（今浙江绍兴），祭大禹……还过吴（今江苏苏州），从江乘（今南京栖霞）渡，并海上，北至琅琊（邪）……"经由太史公的描述可知，始皇祭毕大禹便动身返程，吴国故地是其北上的必经之地。南下时，他在今苏皖交界的小丹阳处过江，回程则从上文中提到的江乘觅渡，两次都经过南京，确凿无疑。

江乘县即在此时为秦所置，县城故地在"润州句容县北六十里"[91]"县西北有……居宅，村侧有摄山"[92]，为历代典籍志书的共识，较少存疑。清乾隆年间的《摄山志》里所涉细节更为丰富："古江乘去摄山（栖霞山）三里许，今尚有居民数百家，残垣废郭，历历可指。"[93]《南京城墙志》认为，江乘县治应在今栖霞区仙林大学城西岗街道摄山西湖村一带，书中一份来

---

89 （东汉）班固. 汉书[M]. 北京：中华书局，2007.
90 （清）顾炎武. 历代帝王宅京记[M]. 北京：中华书局，2004.
91 （唐）李泰. 括地志辑校[M]. 贺次君，辑校. 北京：中华书局，2017.
92 （南朝陈）顾野王. 舆地志辑注[M]. 顾恒一，顾德明，顾久雄，辑注. 上海：上海古籍出版社，2012.
93 （清）陈毅. 摄山志[M]. 程章灿，王志高，点校. 南京：南京出版社，2017.

图 5-1 两千多年前,秦始皇曾在栖霞山麓渡江,如今登山远眺,已是江上行船如梭、大桥雄立的新景象

自二十世纪八十年代的访古考察称"该村原名'江乘',后讹为'江嵊',县、村名乃因村西头开挖西湖而改,但村中小学仍名'江嵊'。村北至今尚见断壁残垣横亘,乡人名之'土城脚'。附近还有'九乡河'的古河道,以及疑为渡口的西渡村,均可为证。"[94] 南京大学贺云翱教授分析认为:"秦始皇曾从栖霞古渡乘船横越长江,驶入瓜埠渡口,驱进滁河,直抵棠邑,再舍船登陆,乘车北上经琅琊(邪)回京城。"[95] 几相对照不难发现,山(栖霞山)川(九乡河)俱在,墙垣依稀,乡民度日亦如往昔,唯一的区别只在于两百年光阴滔滔流逝。

向前再推两千年,秦代的江乘县东邻丹徒,北望棠邑、仪征,南接秣陵,大江自西北绕城而来,自栖霞山下向东奔涌,是濒江设渡、客船聚集的港口县邑,境域旷达,通融南北,应不似现今这般淹没于郊区村落,鲜为人知。

---

94 杨国庆,王志高. 南京城墙志 [M]. 南京:凤凰出版社,2008.
95 贺云翱,蔡龙,主编. 南京江北文化丛书:江北文脉 [M]. 南京:江苏人民出版社,2017.

图 5-2　今南京城东栖霞山上有一块巨石，石刻文字描述了当年秦始皇从江乘渡江北还的过程

据梁启超先生考证，秦朝驰道中的一段修到江乘，北方邮传到此会经船一路南送至会稽[96]，故而江乘县还是重要的邮驿中转站。另有大浦在县城西二里入江，当地人素有"乘"船渡"江"之便，江乘县得名大抵与之有关。

今时今日，栖霞山顶凤翔峰旁有整座山陵的最佳观江点，名唤"始皇临江处"，后人在此竖碑建亭，刻石怀古："始皇登山纵目，并埋双璧以祭告天地，更敕李斯篆文立石，示始皇巡狩藩疆，横绝六合，雄视千古之意。"每每有游人登临此峰，一面看百舸争流、大江东去，一面诵读石刻，确会涌起一股"念天地之悠悠"[97]的豪边与沧桑。不过，"敕李斯篆文立石"一说未见于正史，更像是基于始皇泰山封禅演绎出来的故事，且地方志《茅山传》也记有类似轶事，也称李斯受命埋白璧一双于山中，深七尺云云，故皇帝登山，丞相埋璧说实难采信。无论这位千古一帝当年是否曾登山巡

---

96　江苏省地方志编纂委员会. 江苏省志[M]. 北京：方志出版社，1999.
97　（唐）陈子昂. 陈子昂集[M]. 徐鹏，校注. 北京：中华书局，1960.

图 5-3　秦汉一统至孙权定鼎江东前,四百年间,秣陵一带土地开发,人口增殖,市镇扩容,渐成英雄瞩目之地

江，还是仅浮船渡江北上而已，江乘县都从此青史留名。

在南京地区尚为边地、未被重视的秦汉时代，江乘县的兴起与发展犹如一股低潮中的暗涌，蓄势待发。如无这一时期打下的经济文化基础，几个世纪之后洛京丧乱，晋室南渡，这里将很难有条件安置同期南渡的琅邪国人千余家，也不会被晋元帝司马睿选中并打造为建康都近旁的置侨佳地，那么《晋书》中所谓的"以江乘置南东海、南琅邪、南东平、南兰陵等郡"[98]也便不复存在。

综上，江乘县因有江河舟车之便而迎来天子巡幸，恰因这次渡江，始皇得以驻跸金陵，以至引发了那桩"因凿钟阜，断金陵长陇以通流，至今呼为秦淮"[99]的千古公案。据传说，不仅本名"龙藏浦"的河流从此改称"秦淮"，连带它蜿蜒流经的土地也被削去金身，落草遭贬——从金陵到秣陵，秦汉时代南京辖境内最重要的政治中心秣陵县行将登场。

---

98 （唐）房玄龄,等.晋书[M].北京:中华书局,1996.
99 （唐）许嵩.建康实录[M].张学锋,陆帅,整理.南京:南京出版社,2020.

## 5.3 深藏功名 边地秣陵

南京名号众多,金陵盛名远播,沿用不衰。秣陵一向与金陵如影随形,却总有贬称的意味。这一称谓见诸后世文人笔墨,千年来咏叹不绝,刘禹锡倾慕六朝风流,抱憾自己"余少为江南客,而未游秣陵,尝有遗恨"[100];李清照身逢家国之变,唯有慨叹"春归秣陵树,人老建康城"[101];"神德傥存终有晋,秣陵未改已无秦"[102]则是文天祥被元军押解往大都途中夜宿南京时留下的诗句。

秣陵一名不见于先秦,但至少始于秦始皇去世前一年第五次巡游期间(前210年),历秦汉至东汉末年军阀混战的建安十六年(211年),孙权改秣陵为建业才终止,凡四百余年;晋武帝太康元年(280年),晋武帝司马炎短暂统一神州,再改建业为秣陵,其作为县名历东晋、宋、齐、梁、陈约三百年,一直沿用到隋灭陈的589年,北宋时又一度拿来命名秣陵镇加以续用。事实上,"秣陵"浓缩了南京城市发展史上数段不容忽视的时期,是南京"产生早,沿用久,影响大的一个重要名称"[103]。

秦始皇改金陵为秣陵流传极为广泛,似已成定论。然而《史记·秦始皇本纪》部分并无记载,提到"秦始皇帝常曰'东南有天子气',于是因东游以厌之"[104]的是《高祖本纪》,且与改名无涉。《越绝书·吴地传》则云"秦始皇三十七年,坏诸侯郡县城"[105],作为镇压王气的具体行动,

从金陵到秣陵

---

100　(唐)刘禹锡. 刘禹锡全集编年校注[M]. 陶敏, 陶红雨, 校注. 长沙:岳麓书社, 2003.
101　(宋)李清照. 李清照词集[M]. 上海:上海古籍出版社, 2016.
102　(南宋)文天祥. 文天祥诗选[M]. 黄兰波, 选注. 北京:人民文学出版社, 1979.
103　胡阿祥. 秣陵褒贬[J]. 中国民政, 2017(4):55.
104　(西汉)司马迁. 史记全译[M]. 陶新华, 译. 北京:线装书局, 2016.
105　李步嘉. 越绝书校释[M]. 北京:中华书局, 2013.

但同样没有谈到改名一事。三国之后，晋短暂统一，陈寿写《三国志》注引《江表传》，借谋士张纮之口告诉孙权"昔秦皇东巡会稽，经此县，望气者云：金陵地形有王者都邑之气，故掘断连冈，改名秣陵"[106]，时值张纮力荐孙权徙治秣陵的关口，引用附会之辞强调秣陵的好风水，虽可理解，但不足为凭。后《水经》《宋书》《晋书》等多有引用、传播，其势难挡。

到唐朝，许嵩已毫无顾忌地将改名之事当作史料写进《建康实录》，并详细交代了秣陵县城方位："始皇东巡，自江乘渡。望气者云：'五百年后金陵有天子气。'……乃改金陵邑为秣陵县。秦之秣陵县城，即在今县城东南六十里，秣陵桥东北故城是也。"[107] 经南京师范大学王志高教授考证，此为秦代秣陵县治位置的最早推定。南京大学文化与自然遗产研究所贺云翱教授分析称："'秣陵'可能得名于古代吴越语，即使是战国时占领此地的楚国，也很有可能沿用原地名……南京著名的幕阜山即幕阜，阜即山陵，所以秣陵、幕阜都是通名……说秦始皇改名没有任何史料依据，可能只是后世附会传说。"[108]

秣，喂牲口的谷物饲料，作动词有"喂养"之意，尤指饲养马匹，《左传·僖公三十三年》："郑穆公使视客馆，则束载，厉兵，秣马矣。"[109] 金陵易名秣陵，字面解读确有贬义，也一直被视为秦汉时代中央政府为防止有人以地理形势为据，割据东南而刻意贬抑南京的佐证。此说虽盛行，也不乏有人另辟蹊径提出独到看法，南京大学中国古代史学科负责人胡阿祥教授认为应重新认知秦置秣陵的用意："秦既以养马立国，又以善牧善御为其文化特征之一……甚至'秦'国号本身，也来源于养马的饲料——

---

106　（西晋）陈寿. 三国志[M]. 裴松之, 注. 上海：上海古籍出版社, 2016.
107　（唐）许嵩. 建康实录[M]. 张学锋, 陆帅, 整理. 南京：南京出版社, 2020.
108　贺云翱, 周行道. 文化南京：历史与趋势[M]. 南京：江苏人民出版社, 2020.
109　（战国）左丘明. 左传[M].（西晋）杜预, 集解. 上海：上海古籍出版社, 2016.

作为禾名的'秦'。考虑及此，'秣陵贬义说'可谓不攻自破。"[110]

秣陵县城的基本细节，史料语焉不详。推测大致北起楚金陵邑一线，涵盖今南京主城区秦淮河流经之地，县境最南应该抵达江宁区中部、秦淮河西岸秣陵镇一带。

一千多年来，唯《建康实录》提出"在今县东南六十里，秣陵桥东北"说，认定县城治所位于今江宁区秣陵镇附近，被包括《景定建康志》《至正金陵新志》《太平寰宇记》《金陵古今图考》在内的一众宋元明著作所采纳，影响广泛。《史记》卷十六记："秦既称帝……无尺土之封，堕坏名城，销锋镝。"[111] 人们普遍认为，楚之金陵邑已在秦始皇三十七年设秣陵县时如太史公所言那般遭损毁，被弃置，新设之县城顺势南迁至秦淮河人口聚居、农耕发达的区块。汉承袭秦制，又分秣陵县为胡孰、丹阳二县，或在侯国与县之间切换，延续开发。

然而目前，尚无秣陵县治具体位置的考古实证，也未见任何与县邑城壕相关的遗存。江宁胡孰、高淳、溧水多有汉墓发现，反倒是秣陵镇周遭迄今未见两汉墓葬，更遑论秦代遗存。目前，当地出土的文物最早只到西晋，明显有悖于之前最流行的县治迁移说。按照常理，如果人口集中居住，城郊定然会有墓葬集中分布。反而1955年南京鼓楼人民医院内、1984年光华门附近、2004年大光路东段、2007年中华门外长干里大报恩寺遗址范围内先后发现多处两汉木椁墓。[112] 金陵邑故址所在地的清凉山周遭地带也大量发现了有一定规格的汉墓，引人深思。

对此，支持秣陵县治所在今主城区且沿袭金陵邑旧址说的王志高教授大胆推测："不仅如此，过去疑与城址关联的地名'司门桥'实际上与

---

110　胡阿祥. 嬴秦国号考说：兼说秦置秣陵无贬义 [J]. 学海，2003（2）:145-150.
111　（西汉）司马迁. 史记全译 [M]. 陶新华，译. 北京：线装书局，2016.
112　南京市博物馆，编. 南京考古资料汇编·壹 [M]. 南京：凤凰出版社，2013.

元代设置的秣陵镇巡检司有关，而所谓的'秣陵关'地名更晚至明代，皆与秦汉秣陵县无涉……总之，孙吴建都之前的金陵，并不是一片未开垦的处女之地，其地作为战国楚金陵邑城、秦汉秣陵县治所在，已历数百年发展……为即将到来的六朝建康都城三百多年辉煌奠定了基础。"[113]

秣陵县固有其发展轨迹，只是暂未见于我们的发现与认知，想要取得实证，下更可靠的论断，非有赖将来进一步的地下考古不可。目前可以肯定的是，从秦到汉四百余年，今南京辖区内存在不少城邑，而秣陵县为其政治中心，其经济文化发展、人口数量在当时本境之内，也应当处于领先或靠前的位置，是能够指代同时期南京的代表性城邑。

---

113　王志高. 秦汉秣陵县治新考[J]. 学海, 2014（5）:113-117.

## 5.4 县城裂变 侯国云集

汉虽承袭秦制,却没有照搬照抄。立国初年,在关东辖境、帝国南北疆城尚未完全稳固的情势下,亡秦孤立无援的教训犹在,为避免"列郡不相亲,万室不相救"[114]的覆辙,刘邦"大封同姓,以填天下"[115],实行郡县与分封并举的措施。这一时期,南京地区的行政建制便随中央政府政策的调整而频繁变动。

### 5.4.1 从溧阳到高淳

公元前221年,秦在今南京南部高淳区固城湖滨置溧阳县,辖今溧水、高淳、溧阳县所在地。

此县并非生造,其地在春秋战国时期为吴、楚两国世代争夺,兵燹频仍。初为吴地时,吴王余祭筑"子罗城",设濑渚邑,由于城高垣固,故有美称"固城"。后为楚所占,当时的楚国公子、后来的楚平王曾奉命守城,又名楚王城。假以时日,吴国复得固城,迁治邑于陵平山下,名陵平邑。然不久竟再失手,更名平陵。周敬王十四年(前506年),伍子胥助吴国展开最后的征伐,烧固城,大火逾月未熄。一座小城的跌宕命运见证了"吴头楚尾"之地南京的复杂与沧桑。以至两千年后,明人还在诗作里喟叹:"湖天一望水汤汤,白骨僬然古战场。若是平陵终楚天,谁知濑渚是吴疆。"

秦之溧阳县便以平陵为基础,后又为汉所承袭,固城一名一直延续,

---

114 (南朝梁)萧统. 昭明文选[M]. 北京:华夏出版社,2000.
115 (东汉)班固. 汉书[M]. 北京:中华书局,2007.

历史的传承可见一斑。溧阳县城为两重，罗城之内有子城，城址规模屡见于史料典籍，有细微差别，记载之详细超越秦汉时代南京地区其他诸县。

南宋《景定建康志·城阙志》云："（固城）在溧阳县之西，溧水县界，周回七里余，故址尚存，亦名平陵城。"[116]《六朝事迹编类》卷三引注《图经》描述得更为详细："在溧水县西南九十里，高一丈五尺，罗城周回七里二百三十步，子城一里九十步。"[117] 元代《至正金陵新志》著述时，子城城周已变为"二里九十步"，明嘉靖、万历两朝所修的地方志《高淳县志》《溧水县志》再改子城规模为"一里九十步"。

尽管众说歧出，却不失为后世人了解溧阳县城的突破口。令人振奋的是，这种了解借助现代考古的手段正在不断充实与丰富。田野考古证据表明，春秋战国时期的固城在汉溧阳县城偏西位置，诚如古书中所述，汉溧阳县城为传统夯土墙垣，城分内外两重，四周环以城壕，规格完整，轮廓清晰。据高淳文物管理所调查报告《江苏高淳固城遗址的现状与时代初探》：外城垣周长 3900 多米，城内东西向长约 1450 米，南北向宽约 600 米，平均海拔 13—15 米，城垣四面均有豁口，应为城门所在。[118]

文物是历史的见证者，以毫微细节弥补着史书典籍的缺略。作为全南京乃至整个江苏地区保存最完整的汉代城池遗存，固城或者说溧阳县城遗址内，汉代砖瓦、陶器碎片俯拾皆是，周遭亦发现有大批汉墓、陶器、画像砖、纺织工具，甚至有东周时代的青铜剑、铜镞以及楚国货币郢爰若干。

除此之外，高淳固城湖之滨另有江苏发现最古老的碑刻——东汉灵帝光和四年（181 年）"校官之碑"出土，碑文详细记述了当时的溧阳长潘

---

116　（南宋）周应合. 景定建康志 [M]. 南京：南京出版社，2009.
117　（南宋）张敦颐. 六朝事迹编类 [M]. 王进珊，校点. 南京：南京出版社，1989.
118　濮阳康京. 江苏高淳固城遗址的现状与时代初探 [J]. 东南文化，2001（7）:22-25.

图 5-4 发现于固城湖畔的东汉光和四年"校官之碑"是江苏现存最早的汉碑,此碑确认了固城为汉代溧阳县治所在地

乾在任上兴办官学、广育人才的政绩，为汉溧阳县治正位于今高淳区固城街道的实物佐证。[119] 历1841年风雨的"校官之碑"是江苏省发现最古老的碑刻，如今作为南京城市发展源流之中的一件瑰宝被珍藏于南京博物院。

### 5.4.2 自丹阳至胡孰

丹阳县和胡孰县是秦在今南京地区所置的另外两县。

有考古发现为证，目前，学界主流观点认为"丹阳故城位于小丹阳道旁"[120]，即今苏皖交界处，马鞍山市博望区与南京市江宁区接壤处的小丹阳。相传这里曾是西周初年，泰伯奔吴奔至吴地的第一站，秦始皇第五次巡游天下，经由此前往会稽，置丹阳县。西汉初年，丹阳仍为县级行政单位，汉景帝时，汝南王刘非因参与平定七国之乱有功，"以军功赐天子旗"[121] 徙王江都，改封江都王，领丹阳县境为封地，县遂改侯国。

汉武帝当政之后大力推行"推恩令"，旨在削弱诸侯国势力、巩固中央集权。依据新律令，原先只能传给长子的爵位与领地，现可由长子、次子、三子共同继承，此后袭得的侯国地位等同于县，不再与郡平级，而是隶属于郡，直属中央。

在此形势下，江都王刘非死后，他的三个儿子刘敢、刘缠（一名刘涟）、刘胥行于今南京境内领地分侯，依次称丹阳侯、秣陵侯（秣陵县此时改侯国）和胡孰侯。凭借着相对优越的自然环境与地理位置，兄弟三人筑城修圩，兴修水利，发展农业，在秦淮河沿岸累加经营，奠定了今南京南部的经济

---

119 吴大林. 东汉"校官之碑"和元代"释文碑"在溧水的流传经过[J]. 东南文化，1994（6）：151-154.

120 （元）张铉. 至正金陵新志[M]. 南京市地方志编纂委员会办公室，编译. 南京：南京出版社，1991.

121 （东汉）班固. 汉书[M]. 北京：中华书局，2007.

文化基础，"促使很多移民从开发较早的江北地区来到这里，这是南京地区'汉化'的先声"[122]。后刘敢、刘缠无嗣，国除，丹阳、秣陵复归县制。唯从秦江乘县析出的胡孰县（侯国）世代袭爵[123]（一说析自秣陵县）一直发展延续。

有资料曾称，胡孰在东汉时易名湖熟，但随着考古工作的深入，不容置疑的反证重见天日：1989年，人们在湖熟砖瓦厂发现的东汉朱建墓中找到一枚有墓志性质的木牍，上书"丹阳郡胡孰都乡安平里公□故吏朱建"与（东）汉和帝"永元五年"[124]（93年）字样，实证了南朝范晔在《后汉书》中屡将"胡孰"写作"湖熟"是不妥的。

1994年，当时在南京博物院从事田野考古工作的贺云翱教授曾前往江宁湖熟实地考察，"确认汉晋时代湖熟县城就是今位居湖熟镇内东北部的城岗头及梁台遗址"[125]，为进一步确认秦汉胡孰县（侯国）治所位置提供了科学的依据。上述位置与唐《元和郡县图志》所记的位置"在县东南七十里，淮水北"[126]大体相当，当地亦发现有相当数量的汉代考古遗存，以资佐证。

作为两汉时期境内存续时间最长的侯国封邑所在地，胡孰之于南京，重要性自不待言。这片鱼米耕垦富饶之地自古是南京东往句容，南通太湖、皖南的水陆要道，是当之无愧的"金陵门户"，农耕、水利后来均惠及东吴。孙权定都建业时，以胡孰地处京郊，再次置典农都尉，职如太守，掌管军粮、田租与民政事宜。

---

122 贺云翱,周行道.文化南京：历史与趋势[M].南京：江苏人民出版社,2020.
123 中共南京市委宣传部.南京历代风华：远古-1840[M].南京：南京出版社,2004.
124 南京市博物馆.南京考古资料汇编·壹[M].南京：凤凰出版社,2013.
125 贺云翱.历史与文化[M].北京：中国人事出版社,1996.
126 （唐）李吉甫.元和郡县图志[M].贺君次,注解.北京：中华书局,1983.

## 5.4.3 散点分布 蓄势待发

秦汉以降直至三国鼎立四百余年间，南京仍旧默默无闻。不过，纵观汉武帝元封二年（前109年）重新设定丹扬郡下的十七县，南京境内或近旁竟占六席，即江乘、秣陵、句容、丹阳、胡孰、溧阳，人口密集与城邑建设程度，仅次于太湖南面的宁绍平原。今杭州—宁波—绍兴沿线是传统越国的核心区域，当时设有余杭、钱塘、上虞、余姚、山阴等十县。比较而言，南京只能算是吴、越文化的势力扩大后的衍生发展地，此时能有较为密集的县邑，且超越同辖于丹扬郡的皖南诸县泾、歙、宣城、陵阳等，足以证明广大的江南——特别是南京辖域得到了长足的开发。

这一时期，南京境内的城和全国其他新兴地区一样，正在由春秋战国时建立于宗法制度上的王城、诸侯国都、卿大夫采邑，逐步向集权管理的大一统国家之郡县城过渡，城市格局初定，结构层次相对单一，城址一般都选在平原地带或沿河高地，城形方正规整，除金陵邑那样沿山势起伏修筑的城之外，较少有不规则形状出现，基本是在春秋战国时期形制之上的再深化。南京地界内的诸县城各自为政，尚未形成统一的规划，处于六朝蓬勃建设大潮到来前的准备阶段。

随后孙吴政权以此为大本营，这既是吴越地区发展到一定程度的结果，又预示着东南转盛、江南繁荣的必然结局，为中国历史上首次南北人口大迁徙乃至全国经济中心南移做了充足的准备。惯以江左僻县自处的南京即将迎来城市发展的第一个高峰期——六朝。

# 第 6 章 六代繁华

历史上，南京城有三个重要的发展节点。首先是孙权奠都建业，创六朝都城的总体格局，开一代风气之先。其次，南唐李昪父子因地就势，突破藩篱，以开放的姿态改建金陵城，奠定现代南京城市格局的基础。最后则为朱元璋进一步扩展城市版图，营建大明帝都举世无双的四重城垣，交出了中国古代城池造诣的巅峰之作。三次机遇，三次飞跃，都留下了顺应时代的潮流之作，成就了南京城市发展历程中彪炳史册的经典案例。

## 6.1 南京为都 始于六朝

风雨苍黄数十个世纪过去，南京已经成为叠压于历代遗迹之上的现代化都市。

当后人试图回望这座城市的第一个发展期——六朝的地面旧迹，总惜于遗迹湮没得太久，错过得太多。除了因为巨大或沉重而免遭毁圮的南朝石刻如今散落郊野，尚有迹可循，尽管剥蚀残缺，仍不失威严沉默而又雄辩地记述着曾经的辉煌，《入朝曲》中描述过的"逶迤带绿水，迢递起朱楼。飞甍夹驰道，垂杨荫御沟"[127] 早已化为史书中的一个短句，而最后"诏建康城邑宫室并平荡耕垦"[128]，几乎将六朝都城夷为平地的，竟是自诩"关西孔子"的后人杨氏隋帝。

"一个时代过去，另一个时代继起，多因主观上失掉兴趣，便将前代伟创加以摧毁，或同于毁灭之改造……亦并未知爱惜。幸存的多赖偶然的

---

127　（南朝齐）谢朓. 谢宣城集校注 [M]. 曹融南, 校注集说. 上海：上海古籍出版社, 1991.
128　（唐）魏徵, 等. 隋书 [M]. 北京：中华书局, 2018.

图 6-1　南京六朝博物馆内景

命运或材料之坚固。"[129] 2000 年一次开展于玄武区闹市区的考古发现促成了六朝博物馆的兴建，为后人撷珍六朝打开了一扇窗。博物馆坐落于今南京市玄武区的长江路上，是全中国展示六朝文物最全面、反映六朝文化最系统的专题博物馆，并且就建在六朝宫城遗址的一隅上。

一层大厅高悬着写有六朝国号的巨幡，每时每刻随光影变幻，负一楼展厅内，十几个世纪前留下的砖道、城墙残基静默相对，是原物展陈，也是历史实证。博物馆馆名的英文表述 The Oriental Metropolitan Museum: The 3$^{rd}$–6$^{th}$ century，意即"三至六世纪的东方大都会博物馆"，既点明了

---

129　梁思成. 中国建筑史 [M]. 北京：生活·读书·新知三联书店，2011.

六朝的起讫，又展示了南京作为六朝首都辐辏八方的丰富意象。

六朝之于南京，意义重大。汉室终结之后，中国迎来群雄纷争、南北对峙的大分裂期。六朝，即东吴、东晋、宋、齐、梁、陈，其疆域大体以江淮为界，建立于南方地域，却庇佑了华夏文明正朔的六个政权。六朝均以南京为都，孙吴都称"建业"，两晋之交，晋室南渡，为避愍帝司马邺名讳，改名为"建康"。

自吴黄龙元年（229年）九月，孙权首开南京建都史，至陈祯明三年（589年）隋灭陈，六朝都城遭遇灭顶之灾，共360年。其间，除孙吴两次短时间都武昌（今湖北鄂州）、西晋亡吴后的37年，以及侯景乱梁后梁室暂避江陵（今湖北荆州），南京以建业、建康为名，为都时间共计321年。可以说，这座城市跻身于中国四大古都，与身为六朝都城300余载多有关系。

经过六朝的连续开发与经营，"长江流域遂正式代表着传统的中国"[130]，南京也完成了从江南僻县、江左新都到中国南部首屈一指大都会的飞跃，人文荟萃，商市繁荣，宫室壮丽，九州瞩目，蜚声海外。繁盛之时，外国使臣眼中的南朝京师"城郭庄严，清净无秽，四衢交通，广博平坦，台殿罗列，状若众山，庄严微妙，犹如天宫"[131]。从建业到建康，整座城市的规划到建设完全基于对所处自然地理环境的充分认识，并加以创造性利用，植根传统，超越自然，深深影响了同时代的北魏洛阳城、日本列岛和朝鲜半岛诸古城，以及后来的隋唐都城。

---

130　钱穆. 国史大纲 [M]. 北京：商务印书馆，2013.
131　（南朝梁）沈约. 宋书 [M]. 北京：中华书局，1974.

## 6.2　东吴奠基　天选建业

南京的城市崛起始于东汉末年，及魏蜀吴三分天下时，吴国建业遂与曹魏都城洛阳、蜀汉都城成都并立，成为当时中国鼎足而立的三都之一。

南京为都，始于东吴，吴大帝孙权有奠基、创始之功。据《吕著三国史话》记载："当都邑创建之初，往往是天造草昧之际，人力物力都感不足……总是因仍旧贯的多，凭空创造的少，这是东晋都南京的原因。至于宋齐梁陈四代，更无待于言了。"吕思勉先生甚至认为"六朝之中，只有孙权创都南京，有加以研究的必要"[132]。此虽为一家之言，却也是基于深邃的历史洞察而发。在当时深度分裂的社会局面下，秣陵原本徒有潜在地理优势而始终未遇良机。

东吴奠都建业

东汉末年中央失控，各地军阀拥兵自雄，不断有新势力崛起。来自会稽富春孙氏家族的孙坚，因在参与平定黄巾之乱、挥师讨董等军事行动中累积军功，封乌程侯。孙氏家族遂成当地有影响力的实力集团，逐渐据有会稽、丹阳、吴、豫章、庐江、庐陵等郡。经孙坚、孙策、孙权父子、兄弟三人数十载的经营，到孙权掌权时，奋斗目标已不止保据江东，图强称霸，更在于"建帝王号以图天下"[133]。孙权审时度势，数迁其治，南京第一次以主角的身份站上历史舞台。

"东吴"治所最初在吴（今江苏苏州）。孙策本来袭父爵为乌程侯，曹操为了孤立袁术，假献帝之名赐讨逆将军和吴侯，封地在吴郡吴县。后孙权统领江东，于建安十三年（208年）将治所迁往京口（今江苏镇江）；建安十六年（211年），因赤壁大战延缓或者打消了曹操吞并江东的企图，

---

132　吕思勉. 吕著三国史话 [M]. 北京：中华书局，2006.
133　（西晋）陈寿. 三国志 [M]. 裴松之，注. 上海：上海古籍出版社，2016.

这为孙吴徙治秣陵创造了条件,战后,孙权开始有目的地将建业作为根据地加以经营,改秣陵为建业,寄望"建功立业",另筑石头城扼控江防,并修水上要塞濡须坞,先后两次成功阻遏曹魏南侵的兵锋。

图 6-2　东吴(229—280)时代,都城建业(南京)的城市规划初具规模

自219年从刘备手中夺得荆州，至220年曹丕代汉自立，东吴治所始终随局势在江汉一带迁移不定，历陆口（今湖北蒲圻）、公安（今湖北公安）、鄂（今湖北鄂城，后改称武昌）数处。夷陵之战后，三国鼎足之势既成，公元229年，继曹丕、刘备之后，孙权最后称帝，并从武昌迁都建业。

东周时代，早期秦国境宇狭促，拓疆图强成为第一发展方针，从雍至泾阳，再到栎阳，终至咸阳，历代秦王都在寻求自然条件更优越、经济更富庶之地择都立国。而孙权所处的时代，中央集权刚刚松绑，短时间内言归一统实在为时尚早，纷乱碰撞正当时，形势迫就孙权屡次移镇都须以军事考量为要。

图6-3 孙权墓位于紫金山南麓梅花山，图为东吴大帝孙权纪念馆前的孙权雕像

孙权称帝时，刘备已西退至白帝城（今重庆奉节），不仅三峡以东的古荆、扬、吴、越之地尽归东吴，其势力后来更不断扩张，据有了今湖南、福建、广东的绝大部分地区，真正做到了"北据江，南尽海"[134]。在北面，

---

134 （唐）杜佑. 通典[M]. 北京：中华书局，1988.

孙吴、曹魏长期在江淮地带对峙，所谓"孙吴政权，新镇荆襄，又久据江东，与北军鏖战江北数矣。其患既有蜀，更忧魏也"[135]，阐释的就是这一时期的局势。当此"国际"形势，当初移镇公安本就计出权宜，如今公安更不再适合为都。不过，虽然迁都建业，浩浩千里长江岸线，孙权仍恐鞭长莫及，遂"以陆逊为上将军，诏辅太子（孙）登，留守武昌"[136]，"故府不改馆"[137]，不曾放松对长江中游的战略部署。武昌是着力经营之地，建业乃政治根本之地，至此，两座城市在地理位置与战略部署上的呼应关系达成。

宏观上，建业自古乃吴头楚尾、襟江带淮之地，与上游荆楚之地有水路畅达，尽据三江五湖之利，且位置适中，便于掌控全域。此处的适中不代表地理位置上的绝对中心，而是指"大致位于王朝全境的中心地区，有便利通畅的交通线，有经济中心和军事要塞，则不居中也等于居中"[138]。微观上，长江巨防的作用不言而喻，建业本身龙盘虎踞，居高凭险，秦淮河在此入江，整座城市背靠广阔的江南腹地，紧邻吴境内最富庶的三吴地区，便于联合江东大族，保障物资供给，对于当时屡屡暴动的山越人，也能控御得当。凡此种种，无论是平衡集团内部势力，还是匡扶新政权，无疑都是有利的。基于此，建业确是理想的建都之所。

---

135　（北宋）司马光. 资治通鉴 [M]. 北京：中华书局，2011.
136　（唐）许嵩. 建康实录 [M]. 张学锋，陆帅，整理. 南京：南京出版社，2020.
137　（西晋）陈寿. 三国志 [M]. 裴松之，注. 上海：上海古籍出版社，2016.
138　谭其骧. 求索时空 [M]. 天津：百花文艺出版社，2000.

## 6.3 双垣之城 多宫之制

吴黄龙元年（229年）四月，孙权在武昌正尊号，即皇帝位，九月迁都建业。建业进入都城级别的建设时期，开启了六朝繁华之始，为今日南京跻身大都会行列立下了创始之功。

图 6-4 建业是南京为都的开始，彼时城南商市更加发达，城北宫城区屡事兴筑，渐成规模

建业固然是初创之城，却并非全无依凭，《吴都赋》提供的"阊阖闾之所营，采夫差之遗法"[139]一说让很多人认为建业城是在师法吴王阖闾的吴城。唐人李善引刘渊林注《吴都赋》进一步说"阖闾造吴城郭宫室，其子夫差嗣，增崇奢靡。孙权移都建业，皆学之"，似乎更加坐实了建业之于吴城的模仿猜测。此处提到的吴城为吴王阖闾委计楚人伍子胥所筑，城分"郭、大城、小城"三重，"大城周四十七里二百一十步三尺，陆门八……

---

139 （清）严可均, 辑. 全晋文 [M]. 北京：商务印书馆, 1999.

水门八……吴郭周六十八里六十步",“吴小城周十二里"。[140] 关于吴城的规模大小,《越绝书》《吴越春秋》《吴地记》提供的数据基本近似。

而三国吴都建业城的周回则只有"二十里一十九步"[141],规模实在偏小。要知道400年前,萧何为刘邦营建的长安城,已是城周"六十五里"[142]的巨制,同时期的南京土地上仅有几座不事规划的蕞尔小邑;这与此前南京从无建都先例有直接关系。另外,城市建设自当因地制宜,迥异的自然环境决定了南北方城市必然呈现不同的面貌。建业所在的江南,既有微观的地理环境原因,也有复杂的山水形势要考量,无法像北方营都那般,一马平川,唯大唯巨。

传统中国的都城一般有三重城垣,建业城并无外郭,只有都城和宫城两重,外围是否筑有城墙,目前证据不足,据南京市规划局与南京大学文化与自然研究所的研究成果显示,"可能主要是以'护城河'作为防御设施"——西垣以运渎为界,东有号称"东渠"的清溪,北为潮沟,为曲尺状,东西走向,是为建业的北护城壕,"其西南南折一段呈南北向,并与运渎北段相连,共同构成都城的西面城壕"。须当留意的是,建业城南虽有秦淮河,此水却非南城壕,清溪和运渎南端之间另设有一道城垣,正门称"白门",出宫城须穿过白门再向南方可抵达秦淮河边的朱雀航。河渠环绕,以为天然屏障,桥航众多,富于操舟通楫之便,具有鲜明的南方特色。这种山水城林的城市风格,依然为今天的南京所传承、光大。

囿于史料的缺乏,建业的城门位置与数量一直难尽其详,目前可知的只有南门,即上文中提及的南垣正门"白门"。白门与苑城门相对,东晋时代照搬洛京旧都城门之名改称"宣阳门",以示承袭正统。

---

140  李步嘉. 越绝书校释 [M]. 北京:中华书局, 2013.
141  (唐) 许嵩. 建康实录 [M]. 张学锋, 陆帅, 整理. 南京:南京出版社, 2020.
142  陈直. 三辅黄图校证 弄瓦翁古籍笺证 [M]. 北京:中华书局, 2021.

图 6-5 六朝都城建康城形制

《舆地志》曾云："都城周二十里一十九步，本吴旧址，晋江左所筑但有宣阳门。……宣阳门，本吴所开，对苑城门，世谓之白门，晋为宣阳门。"[143] 在东晋以降早已改名宣阳门的情况下，南朝市民仍惯称白门，后来竟成整个建康都的代称，一直沿用至清代。李白滞留金陵于酒肆醉饮时，写下过"白门柳花满店香，吴姬压酒唤客尝"[144]，吴敬梓屡困科场，也曾发出"小弟坚卧白门，原无心于仕途"的喟叹。一本广收金陵城市乡村菜式食谱的类书更以《白门食谱》为名刊刻出版……作为城市地标和御道起点，白门之于建业和后来的建康的意义非比寻常，"南对朱雀门，相去五

---

143 （南朝陈）顾野王. 舆地志辑注 [M]. 顾恒一，顾德明，顾久雄，辑注. 上海：上海古籍出版社，2012.
144 （唐）李白. 李太白全集 [M].（清）王琦，注. 北京：中华书局，2011.

里余,名为御道,开御沟,植槐柳"[145]。据考证,白门当年所在位置当在今太平南路与常府街交叉口处稍偏南。

不过,令人颇为存疑的是,三世纪中期的建业虽非一等一的雄都,换算成今制,都城外围周回也有近 8800 米,如此规模,城门仅开一座,明显有违传统,甚至不合常理,毕竟连春秋时期吴王阖闾城都已有陆门水门各八。至于建业是否存在其他城门,还有赖新的文献资料与考古实证加以佐证。

### 6.3.1 太初宫

秦汉两朝均实行多宫制。汉长安城内散置有长乐、未央、建章、明光、长信诸宫,以飞阁辇道相连。秦之宫室,更是登峰造极,《史记·秦始皇本纪》曾载始皇的宫阙"关中计宫三百,关外四百余"[146]。时至三国,曹魏与孙吴兴土木,营建筑,均沿袭多宫传统。

六代繁华的起点在东吴,东吴建业的拓建在太初宫。创始之时,孙权的政务起居都在太初宫,以此为中心,东吴都城不断扩容、增筑,日臻完善。末帝孙皓宝鼎二年(267 年),昭明宫落成,与太初宫并列为建业核心,另有南宫、西苑、苑城等皇家宫殿、园囿,以及司徒、大监等中央官署散布城中,全体之外,环以墙垣。经过半个世纪的营建,建业发展成为具有鲜明多宫制特色的南方第一都会。

太初宫一名建业宫,其前身有两种说法:其一,据《建康实录》,"冬十月至,自武昌,城建业太初宫居之。宫即长沙桓王故府也,因以不改"[147]。第一种观点认为太初宫就是早年孙策任讨逆将军时的官邸,但孙策早在建

---

145 (南宋)周应合.景定建康志[M].南京:南京出版社,2009.
146 (西汉)司马迁.史记全译[M].陶新华,译.北京:线装书局,2016.
147 (西晋)陈寿.三国志[M].裴松之,注.上海:上海古籍出版社,2016.

安五年（200年）便死于暗箭，其时是否已在秣陵开府建舍，今已无从查考。其二，《三国志》《吴书·吴主传》引《江表传》称孙权曾在诏书中明确表示："建业宫乃朕从京来所作将军府寺耳。"[148] 故第二种观点认为，太初宫是建安十六年（211年）从京口徙治秣陵期间所建的将军府，与孙权早年屡被汉室封为讨虏将军、行车骑将军在称谓上刚好也符合，联系前后时间与局势，故多有认为太初宫更有可能是孙权故府，规模并不大，但孙权稍加整葺，便一直居住其中。直到赤乌十年（247年），因实在年代长远，木柱腐朽，太初宫有过一次改造，孙权仍以兵戈未止、民多赋役为由，不愿需索过度，再兴制作，工程所需材料甚至取自当年在武昌时的居所武昌宫。孙权本人的解释是："大禹以卑宫为美，今军事未已，所在多赋，若更通伐，妨损农桑。徙武昌材瓦，自可用也。"[149]

重修后的太初宫周围五百丈，开八门，前五门分别是公车、昇贤、明阳、左掖、右掖，东西门分别是苍龙与白虎，北门称元武。太初宫以神龙殿为正殿，"方三百丈"[150]，"宫无高台，物不雕饰"[151]，符合创业之君孙权恒念物力维艰的作风。作为东吴政权的一级政务空间，太初宫继续发挥作用。西晋惠帝太安二年（303年），石冰作乱攻取扬州诸郡，太初宫终毁于兵火。

后陈敏奉命渡江平石冰之乱，私自在太初宫故址上重修府舍，意图割据江东。螳螂捕蝉，黄雀在后，陈敏之乱未已，集琅邪王、安东将军等诸多身份的司马睿南下建业，"讨陈敏余党，廓清江表，因吴旧都城修而居之，太初宫为府舍"[152]。那又是另一段历史的开始。等到司马睿正式即位称帝，

---

148 （唐）许嵩.建康实录[M].张学锋,陆帅,整理.南京：南京出版社,2020.
149 （西晋）陈寿.三国志[M].裴松之,注.上海：上海古籍出版社,2016.
150 （清）王谟.汉唐地理书钞[M].北京：中华书局,1961.
151 （西晋）陈寿.三国志[M].裴松之,注.上海：上海古籍出版社,2016.
152 （唐）许嵩.建康实录[M].张学锋,陆帅,整理.南京：南京出版社,2020.

太初宫正式更名为建康宫，开始见证东晋王朝的兴替。六朝诸代惯于在承袭中发展的特点由此亦可见一斑。

## 6.3.2 南宫与西苑

"南宫，太子宫也。"[153] 东吴时期的南宫在太初宫之南，故得名。《建康实录》载南宫位于"今县城二里半"，"宋置欣乐营"[154]。又及《景定建康志》《至正金陵新志》等文献皆因袭该说，均认为孙吴南宫"在旧江宁县北二里半"。

虽为太子居所，但在太初宫修缮期间，孙权也曾居住过南宫。南宫的第一任主人是孙权长子孙登，孙登英年早逝，引发储君之缺，后继太子第三子孙和与第四子鲁王孙霸曾为夺嫡引发"二宫之争"，又称"南鲁之争"，这其中的"南"，明指南宫，实为太子代称。

太初宫西南方，南宫以西修有皇家园囿"西苑"，因苑中有池，又名"西池"，系吴太子孙登主持修建，东晋明帝司马绍为太子时，曾在西苑筑土山台，豢养武士，故在东晋时期此处又称"太子池"。公元329年，持续近三年的苏峻之乱被平定后，建康城内宫阙荒残，晋室营缮苑城，作新宫，"其宫城西南角外，……本有池，通城中，有乐贤堂，并肃宗（晋明帝）为太子时所作。苏峻之乱，宫室皆焚毁，惟此堂独存"[155]。两相联系不难揣测，文中的乐贤堂应当是明帝昔日做太子时修西池同期所建，不想竟成为暴乱之后，建康都城中硕果仅存的皇家建筑。乐贤堂并不驰名，本来只是皇家园苑里的普通殿宇，然而透过这处建筑的兴衰演变，竟可窥得南朝

---

153 （南朝陈）顾野王. 舆地志辑注 [M]. 顾恒一, 顾德明, 顾久雄, 辑注. 上海：上海古籍出版社, 2012.
154 （唐）许嵩. 建康实录 [M]. 张学锋, 陆帅, 整理. 南京：南京出版社, 2020.
155 （唐）许嵩. 建康实录 [M]. 张学锋, 陆帅, 整理. 南京：南京出版社, 2020.

诸朝政风之暴烈、立国之艰辛、运祚之短促，个中教训值得后人记取。

### 6.3.3 昭明宫

昭明宫是继太初宫之后，建业都城内最重要的一处宫殿。

"二年夏六月，起新宫于太初宫之东，制度尤广，二千石已下，皆自入山督摄伐木。又攘诸营地，大开苑囿，起土山，作楼观，加饰珠玉，制以奇石，左弯碕，右临硎。又开城北渠，引后湖水激流入宫内，巡绕堂殿，穷极伎巧，功费万倍……十二月，新宫成，周五百丈，署曰昭明宫……正殿曰赤乌殿，后主移居之。"[156]

以上摘自《建康实录》卷四，巨细靡遗地描述了宝鼎二年（267年），孙皓"盛夏兴工，农守并废"[157]，大费周章营建新宫的过程。彼时蜀汉已亡，司马氏业已代魏自立，建立晋，虎视眈眈随时有可能挥师南下，饮马长江，威胁东吴统治。作为守成之君，孙皓后期呈现出的却只有政事日弊、凶暴骄矜的面目，与其祖辈孙权殚精竭虑、恤民爱物的创业精神完全背道而驰。昭明宫一役成就了一处著名的皇家园林，也敲响了亡国丧钟的前奏。十三年后，孙皓肉袒面缚[158]，出城降于晋军，建业都城与宫室得以完好保存。晋人左思乃作《吴都赋》，他日后人才可一面诵读"抗神龙之华殿，施荣楯而捷猎，崇临海之崔巍，饰赤乌之韠哗"[159]，一面遥想太初、昭明两宫当日的盛景。

---

156　（唐）许嵩. 建康实录 [M]. 张学锋，陆帅，整理. 南京：南京出版社，2020.
157　（西晋）陈寿. 三国志 [M]. 裴松之，注. 上海：上海古籍出版社，2016.
158　（西晋）陈寿. 三国志 [M]. 裴松之，注. 上海：上海古籍出版社，2016.
159　（清）严可均，辑. 全上古三代秦汉三国六朝文 [M]. 上海：上海古籍出版社，2009.

### 6.3.4 苑城

苑城地在太初宫、昭明宫之北，集皇室苑囿、皇宫戍卫营地、皇家仓库多种功能于一体，形制巨大。

苑城内有仓储重地"苑仓"。吴赤乌三年（240年），孙权命人开运渎联通漕运于仓所，以便转运粮草辎重和其他战略储备物资，故其时又名"仓城"。后东晋苏峻之乱后，诸宫残破，"唯仓不毁"，晋成帝咸和五年（330年），在苑城基础上修新宫，题署"建康宫"，又称"台城"。据《建康实录》卷七可知："苑城即建康宫城……吴之后苑也，一名建平园。"[160]

### 6.3.5 石头城

石头城又称石首城、石头坞、石城，是建业和建康城外规模最大、最为重要的城池，控扼城西门户咽喉，是六朝都城城防核心地带所在，历代都委以重兵把守。六朝时期，大小数十起战事，无不与石头城相关。凡"江边有警，必先据石头以为捍御"[161]。直到隋平陈以至唐代，石头城仍存在，并被沿用。宋代以后，长江西移，秦淮河入江口亦随之改变，之后石头城才渐渐被湮没。

依据卢海鸣《六朝都城》的论述，石头城有大、小两座。建安十七年（212年）孙权据金陵邑修治而成的可称为石头小城，也称石头斗城，位于今南京城西清凉山上。近年来，在清凉山公园一带考古发现了六朝石头城城墙、城门遗址，从而证实了石头城的位置所在。须当注意的是，今天的鬼脸

---

160 （唐）许嵩.建康实录[M].张学锋，陆帅，整理.南京：南京出版社，2020.
161 （南宋）周应合.景定建康志[M].南京：南京出版社，2009.

图6-6　石头城遗址考古发现的城墙和疑似护坡遗迹（南京大学文化与自然遗产研究所、南京市考古研究院供图）

城址并非六朝石头城，鬼脸城实际上是清凉山北面建造在山体上的一段明城墙。

另一座当时称为石头大坞。《六朝事迹编类》有载："吴孙权沿淮立栅，又于江岸必争之地筑城，名曰石头，常以心腹大臣镇守之。"又引《舆地志》：

图 6-7　今天的游览胜地"石头城"并非六朝要塞，而是明代被修整后成为京城城墙的一段山体

图 6-8　南京城墙石头城文保碑

"环七里一百步,在县西五里,去台城九里,南抵秦淮口,今清凉寺之西是也。"即《丹阳记》所说:"石头城,吴时悉土坞。义熙初,始加砖累甓。因山以为城,因江以为池,地形险固,尤有奇势。"但宋人所说的石头城,实是南唐的石头城。杨吴时徐知诰营建金陵城时,石头城的位置有过变化。《石城山志》载:"石城故址,又为杨吴稍迁近南。"故而六朝石头城当在此位置稍北,也就是清凉山南麓或北麓江边,当时的秦淮河入江口之北。石头城"七里一百步"的周长,折合3200多米,规制似乎并不很大,但只要看东晋与南朝的建康宫城,周长也只有八里,就可知石头城当时的地位了。

城内除驻扎军队,还建有军械与粮食仓库,以及报警用的烽火台。此外,《太平御览》卷一九三引《丹阳记》:"又曰江宁县北三十里,有白马城,吴时为烽火之所。"

石头城作为都城门户,在发挥军事堡垒作用之余,也成为水陆交通的枢纽,古代海上丝绸之路的要津。城下江滩上地势开阔处设有石头津码头,四方来使、各地商旅往来频繁。

## 6.4 建康都城 沿袭有道

从建安十六年（211年）秣陵易名建业，到吴黄龙元年（229年）孙权定都建业，十几年间，南京已由隐到显，渐成最受瞩目的东南要地。其后又历半个世纪的建设，城市总体规划日益分明，主次有序，功能区分相对明确，渐具规模。

建业的崛起，并非历史偶然的风云际会，而是强悍的政治推动力发挥了决定作用。惟其如此，一座城市才能在毫无为都基础的前提下，骤然提档升级，拥有出色的完成度，数代沿袭，屡事增华，终成一代名都。

### 6.4.1 从建业到建康

西晋时期，南京地区仍然是长江中下游地区及东南沿海地区的中心城市，原东吴建业城保存较为完好。西晋统一全国之初，建业一度复称秣陵，并在秣陵设丹阳郡治和扬州治。太康元年（280年），分秣陵县西部沿江地区置临江县，次年改称江宁县，县治在今江宁区。两年后，又将秣陵县原属地以秦淮河为界，河以北设建邺县，河之南仍为秣陵县。

永嘉元年（307年）琅邪王司马睿受命镇守建业，"因吴都旧城修而居之，太初宫为府舍"[162]。西晋建兴元年（313年），即西晋灭亡三年前，因避愍帝司马邺讳，建邺改称建康。建兴四年（316年），长安陷落，愍帝被虏，西晋灭亡。建兴五年（317年），司马睿"乃备百官，立宗庙社稷于建康"[163]，次年即皇帝位。东晋伊始，统治辖境北至淮河、江北，

---

162　（唐）许嵩. 建康实录 [M]. 张学锋, 陆帅, 整理. 南京：南京出版社，2020.
163　（唐）房玄龄, 等. 晋书 [M]. 北京：中华书局，1996.

东至大海,西括巴蜀,南及南海并兼有交趾。

从公元317年东晋始建到公元420年刘裕建宋代晋,建康作为南北分裂时期的南方都城103年,继续发挥政治、经济、军事、文化之中心都会的作用。建康是当时中国最大的城市。

## 6.4.2 中轴线初探

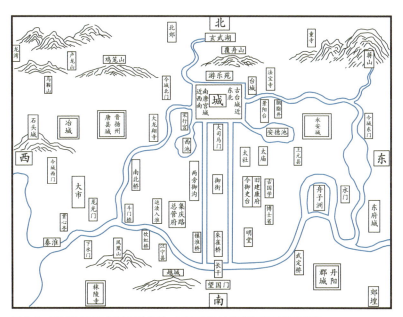

图6-9 该图据《至正金陵新志》改绘,反映元代对六朝建康都城形势的理解

大体上,宫城苑囿区在城北,为皇室成员居住地;商市与平民居住区在城南秦淮河两岸,所谓"京师四市,建康大市"[164],大市、斗市居淮水之南,东市、北市列于淮水以北,是水陆交通便捷、人口聚居之地,不仅有普通

---

164 （南宋）张敦颐. 六朝事迹编类 [M]. 王进珊, 校点. 南京: 南京出版社, 1989.

阶层居民居住，部分贵族也乐居于此。《吴都赋》所云"富中之甿，货殖之选，乘时射利，财丰巨万"[165]即是当时建业商贾云集、货卖堆山、客似云来的繁盛景象。

官署府衙区集中分布于太初宫南门之朱雀航之间七里上的御道两侧，是谓"朱阙双立，驰道如砥。树以青槐，亘以绿水。玄荫耽耽，清流亹亹。列寺七里，侠栋阳路。屯营栉比，解署棋布"[166]。因为水道的走向，建业城中轴线略呈东北—西南方向倾斜，不是规整的正南北方向，约呈北偏东24.6度。

历史文献资料和考古资料都显示，在都城东（青溪）、西（运渎）的围合空间范围内，分布有太初宫（西）、昭明宫（东）和苑城（太初宫和昭明宫之北）三个主要建筑空间。太初宫建立时，运渎和青溪尚未开挖，其方向可能基本呈正南北向，这样，其南面中间一门大约与都城南门宣阳门及朱雀航处在一条轴线上，这是南京最早的南北轴线。如果说太初宫源于孙策或孙权的将军府，那这条南北轴线最初出现甚至可以追溯到东汉末年。到东吴晚期孙皓营建昭明宫时，鉴于当时都城方位显然已受青溪和运渎走向的控制，故而昭明宫的朝向不得不顺着都城左右两翼走向而做出调整，即后来所呈的北偏东25度左右。这个调整一直影响到东晋"台城"的方向。

### 6.4.3 寻迹台城

近年来，考古工作者已在南京大行宫太平南路以东地下发现一条东吴到南朝时期的南北走向大道和道旁的排水道沟及城墙，推测为东晋台城东

---

165　（南朝梁）萧统. 昭明文选 [M]. 北京：华夏出版社, 2000.
166　（南朝梁）萧统. 昭明文选 [M]. 北京：华夏出版社, 2000.

墙遗迹，其走向确为北偏东 25 度左右，与青溪及运渎走向一致。

建业都城和其后南朝宫城的位置，史籍记载颇为含糊，《建康实录》引《图经》云："在县城东北五里。"[167]《景定建康志》卷二引《宫苑记》称其在"淮水北五里"[168]，《六朝事迹编类》引《舆地志》认为建业城"去台城九里"[169]。《金陵古今图考》则认为："直出北口西华门西大街，当是大司马门处，国学成贤街南口，当是宫后平昌门处。珍珠河正在宫内也。"[170] 清代《秣陵集》和《同治上江两县志》分别认为在"西十八卫以南，玄津桥大街以北"[171] 和"汉府、珍珠河之间"[172]，民国《首都志》也认为建康宫城位置在今西华门大街、钟山东路逸仙桥南至外珍珠桥、小教场南侧一带。众说纷纭，多有因袭，唯朱偰在《金陵古迹图考》中提出新说："大司马门……当在今北门桥……台城当南至干河沿，北至北极阁下鸡鸣寺前，西至今中山路西，东尽成贤街，可无疑矣。"[173] 此说自二十世纪五十年代至九十年代中期始终占据主流，并为蒋赞初《南京史话》和郭黎安《六朝建康》所采纳。

然而，鉴于水道古今变化巨大，各种说法纷纭，终不够可靠，特别是明初应天府经过大规模改建，城市地貌改观巨大，世人对台城位置的指认已不像唐、宋时代那样清楚了，当代学者、研究者也多有考证，看法甚众，主要有几下几种：

卢海鸣在《六朝都城》中综合各种史料和前人成果，认为建业都城（建

---

167　(唐)许嵩.建康实录[M].张学锋，陆帅，整理.南京：南京出版社，2020.
168　(南宋)周应合.景定建康志[M].南京：南京出版社，2009.
169　(南宋)张敦颐.六朝事迹编类[M].王进珊，校点.南京：南京出版社，1989.
170　(明)礼部，纂修;(明)陈沂，撰.洪武京城图志 金陵古今图考[M].南京：南京出版社，2006.
171　(清)陈文述.秣陵集[M].管军波，欧阳摩一，点校.南京：南京出版社，2009.
172　杨国庆，王志高.南京城墙志[M].南京：凤凰出版社，2008.
173　朱偰.金陵古迹图考[M].北京：中华书局，2006.

康都城）中轴线略呈东北—西南方向倾斜，台城（建康宫城）核心应在今长江路总统府一带，北界被推定在珠江路以北。马伯伦与之观点类似："当在今珠江路中段南北一带……其南垣当在今长江路南北一带，北垣大体在四牌楼、东南大学宿舍一带，东垣在西大影壁、太平桥一线附近，西抵进香河一线，珍珠河流经宫中。宫城正南大司马门位置当在今大行宫稍北一带。"[174]

另一种看法认为台城北界当在珠江路南侧，以郭湖生《台城辩》和贺云翱《六朝瓦当与六朝都城》为代表。郭老先生也说："文献只能指出大致位置，确切定位，应当依据考古发掘。六朝建康城（包括台城）均在今南京闹市区，近年工程频繁，应有机会接触六朝地层。但如稍不注意，顷刻间即可能穿透掘毁六朝底层，使之杳无踪影。"[175] 幸而此后，文物部门的确先后幸运地在大行宫地区发现了两处东晋至南朝时期台城城垣遗迹：其一，是作为台城内重城墙东南拐角的两段夯土墙基，位于长江路南侧，南京图书馆新馆工地北部。其二，是作为台城外重城墙的一段夯土墙基，位于中山东路以南、利济巷西侧长发公司工地上。

依据今大行宫地区新世纪大厦、南京图书馆新馆等工地的考古发现，综合天阙山、南郊、北郊等与礼制建筑相关的文献以及大行宫各工地发现的北偏东 24.6 度左右的砖铺道路，南京大学张学锋认为，建康城的中轴线应当以该道路为基准。

"东晋初创时的建康城，南以牛首山为天阙、背倚覆舟山，形成了都城的中轴线，北偏东 24.6 度。都城正南象征性建筑朱雀门，位于今中华路镇淮桥稍北；往北五里为都城正门宣阳门，位于今太平南路与马府街交界处偏西；自此往北二里为宫城正门大司马门，位于今太平南路与文昌巷交界处偏东，游府西街、文昌巷一线基本上是宫城南墙；宫城北墙在今珠江

---

174　马伯伦. 南京建置志 [M]. 深圳：海天出版社，1994.
175　郭湖生. 中华古都 [M]. 北京：中国建筑工业出版社，中国城市出版社，2021.

图 6-10　六朝博物馆内展示的历代城垣夯土墙遗址，六朝地层位于最下一层

图 6-11　大行宫周边地块先后发现多处六朝城市建筑遗存，其中建康宫城南墙即在图示的今游府西街小学附近

路南侧潮沟遗迹以南。都城、宫城的东西墙则按文献记载的里数减去南北长度得出。"[176]

而据《南京城墙志》："因六朝建康都城以潮沟为北壕，位于今珠江路南侧的一线河道可能正是古潮沟之一段遗存，都城北墙与台城北墙之间还有同泰寺等建筑，故台城北界可能还要略偏南，约在今如意里、长江后街以南。又《文选》卷二〇范蔚宗《乐游应诏诗一首》李善注引《丹阳郡图经》云：'乐游苑，宫城北三里，晋时药园也。'乐游苑作为皇家园林，规模较大，它的南界距覆舟山南当还有一段距离，距以上推定的台城北界约合三里的距离；台城南界的位置从大司马门距朱雀门七里的文献记载可以较易推知，大约在今游府西街、文昌巷北侧一线；台城西界从前节对运渎北段在今洪武北路东侧折近台城西墙的分析看，可能在今网巾市、邓府巷及洪武北路东侧一线；而台城东墙如前所述在今利济巷西已发现一段遗存，其东界无疑就在今利济巷西及其以北一线。如此四界围护起来的范围为一南北略长、东西略短的近方形，其四面长度累计起来正约合台城之周八里（相当于今 3499.2 米），台城的位置及四界大致明矣。"

---

176　张学锋. "都城圈"与"都城圈"社会研究文集：以六朝建康为中心 [M]. 南京：南京大学出版社, 2021.

## 6.5 六朝金粉 踵事增华

六朝都城，东吴为奠基期，东晋、宋、齐为建设期，梁为极盛期，梁末和陈则总体为破坏衰败期。

建康都邑大观

### 6.5.1 元帝袭旧 王导创新

东晋于江左立国时，军戎未息，经济窘迫，国力积弱，无力兴建宫室，元帝司马睿因陋就简，仍沿永嘉南渡时之规制，以陈敏依太初宫址修造的府舍为宫，因孙吴旧城为都城，仅增置宗庙社稷，作南郊。

经过元、明二帝的惨淡经营，至成帝咸和二年（327年）苏峻乱起之前，已略有积储，"时官有布二十万匹，金银五千斤，钱亿万"[177]，比起最初渡江南下的困窘，已可谓之小康。但是此年苏峻起兵于历阳，攻入建康，焚烧宫室，自东晋初以来二十年的蓄积，又尽化为乌有。咸和四年（329年），苏峻之乱被扫平之时，建康城已是疮痍满目，宫室丘墟，晋室更陷于经济窘迫的困境。国用不足，宫室又遭兵火，成帝只得暂居于故吴苑城地上的建平园。然而纵然如此，仍不得不修葺宫室。

咸和五年（330年）九月，成帝开始重建遭苏峻之乱毁废的建康城，以宫城和都城为要。此次的营建并不完全依孙吴旧有的规模，而是别有新创。工程之浩大，为建康建都以来之所未有，费时的两年才告完工。成帝之世也是建康城营建史上最重要一个时期，咸和规划实为后来南朝四代的都城制定规模。

这一时期营建宫室都城出自何人的规划设计，史书并无记载。而详于

---

177　（唐）房玄龄，等. 晋书 [M]. 北京：中华书局，1996.

建康城阙建置的《建康实录》也未提及此事,唯有《世说新语笺疏》指出建康城为王导规划兴建。"人谓王东亭曰:'丞相初营建康,无所因承,而制置纡曲,方此为劣。'东亭曰:'此丞相乃所以为巧,江左地促,不如中国,若使阡陌条畅,则一览而尽,故纡余委屈,若不可测。'"[178]事实的确如此,永嘉之乱,中原丧乱,晋室能够江南再塑,应归功于王导的良谋善政,其间虽历王敦、苏峻之乱,终于渡过难关。面对荒毁的建康城,众朝臣都主张迁都或者另择新都,唯王导极力主张仍都建康,成帝非但不迁都,反而重建宫室都城。王导不仅是成帝年间重修建康都的主持规划者,也是后来南朝各代都城规制的制订者,对延续江左南朝历史居功至伟。

图6-12 六朝梁世全盛之时,建康都城壮观恢弘,城中有二十八万户栖居,贡使商旅,方舟万计

---

178 (南朝宋)刘义庆,撰;(南朝梁)刘孝标,注.世说新语笺疏[M].余嘉锡,笺疏.北京:中华书局,2016.

## 6.5.2 新作六门

东晋初年修筑孙吴周回二十里十九步的旧城,只在南面开宣阳门一门,习称"都城"。至成帝修建都城时,增开五门,与宣阳门合计为六门,"六门"遂成为建康城之代称。

六朝人常称六门之内,即指周回二十里的建康都城。六门的配置中宣阳门为南面正门,其西增建陵阳门,其东增建开阳门;都城东面有二门,正东为建春门,其南为清明门;西南面则有西明门。

六门之中的宣阳门、清明门、西明门各有三个门道,是主要的出入口。六门皆堂皇壮丽,尤其以宣阳门最为华丽,门上建重楼,雕楣绣柱,且门楣上刻龙虎的形象。由宣阳门延伸至朱雀桥之间约五里的御道,也治得平整美观。"晋为宣阳门,门三道,上起重楼,悬楣上刻木为龙虎相对,皆绣栭藻井;南对朱雀门,相去五里余,名为御道,开御沟,植槐柳。"[179] 城门藻丽庄严,御道平整,御沟流水汤汤,沟畔槐柳荫绿,此时营建的建康城除了都城的意义之外,还要有皇都巍峨的意象。

六门的开设实有助于建康城郊区的发展,尤其东面建春门、清明门的设置,对城东至钟山地区的开发有很大的影响,而晋室也致力于城郊的建设。如钟山本来崖窟峻异,草木稀疏,自东晋开始,令诸州郡长罢职返回京师时,必须在钟山种植松树,《金陵地记》云:"蒋山本少林木,东晋令刺史罢还都,种松百株,郡守五十株。"[180]

到梁代,钟山已是林木荟郁,一片翠绿青葱的景象,且遍布梵宇佛寺,成为建康的佛教中心。又自此时起,贵族达官便在城北的潮沟之北,以及城东沿青溪一带这两个区域修造园宅。

---

179　(唐)许嵩. 建康实录 [M]. 张学锋,陆帅,整理. 南京:南京出版社,2020.
180　(宋)李昉,等,撰. 太平御览 [M]. 北京:中华书局,2000.

据记载，此前建康城仅在正南开设宣阳门，可以想象城外东区和城内的往来殊为不便，而正对宣阳门的秦淮河南岸和城内的联络反较便捷，渡过朱雀桥，可由御道直抵宣阳门进入都城，所以孙吴时达官贵人的宅第多分布在秦淮河南岸；东晋初年，王、谢两大家族渡江时，也卜居南岸的乌衣巷，而非日后甲族衣冠筑室造园的城东郊区。贵族在城东、城北建立园宅，当是咸和中六门设立以后的事情。因此六门的修筑，不仅使建康成为更加完备的都城，对其后建康城的发展也有决定性的影响。

### 6.5.3 建康宫

晋成帝在位时，利用孙吴苑城之地创建宫城，称为"建康宫"，又名"显阳宫"，通称"台城"。《建康实录》云："案，建康宫城，即吴苑城，城内有仓，名苑仓。"[181] 至咸和八年（333 年）正月改苑仓之名为"太仓"。"建康宫周回八里，筑有两重城墙，开五门，南面正中为大司马门，南对都城宣阳门，北对宫城之端门；大司马门之东有阊阖门；东面有东掖门，北面有平昌门。"

据《图经》："即今之所谓台城也，今在县城东北五里，周八里，有两重墙。"据《修宫苑记》："建康宫五门，南面正中大司马门，世所谓章门，拜章者伏于此门待报；南对宣阳门，相去二里，夹道开御沟，植槐柳，世或名为阙门。南面近东阊阖门，后改为南掖门，门三道，世谓之天门；南直兰宫西大路，出都城开阳门。正东面东掖门，正南平昌门，门上有爵络，世谓之冠爵门，南对南掖门。"[182]

建康宫周回八里，约合 3500 米，规模远胜孙吴的太初宫与昭明宫，

---

181 （唐）许嵩. 建康实录 [M]. 张学锋，陆帅，整理. 南京：南京出版社，2020.
182 （唐）许嵩. 建康实录 [M]. 张学锋，陆帅，整理. 南京：南京出版社，2020.

然其构筑的精巧华丽却逊于吴宫室。两重城垣，内重围合空间称"禁中"，类似于后来的宫城、禁城。"禁中"自南向北依照"前朝后寝"之制大约分为三个空间构架——最南为外朝区，次之北区为内朝区，一称帝寝区，最北为禁苑区，称华林园。

禁中外层围合的空间相当于后来的皇城，外重宫墙内种植有石榴树。内外两重宫垣之间，东面分布着中央机构，西面分布有太仓、武库等中央衙署。

此役完工后八年，咸康五年（339年）成帝又增筑宫城，创筑构楼观，同时也改建宫城城墙，以砖筑墙，"是时，始用砖垒宫城，而创构楼观"[183]。由此可见，咸和年间的宫城是砖造的。

### 6.5.4 朱雀浮航

朱雀浮航一称朱雀桥，东吴时立，当时又称南津大桥、南津大航桥等。因其北对御道南端秦淮河边的"朱雀门"而称朱雀桥，后又因唐代诗人刘禹锡《乌衣巷》中的"朱雀桥边野草花，乌衣巷口夕阳斜。旧时王谢堂前燕，飞入寻常百姓家"[184]而千古流传。东晋时的朱雀桥造于咸康二年（336年），"长九十步，宽六丈"，折今长度达到130多米，是当时都城中最为重要的浮桥，秦淮河南北岸的交通枢纽道口。此桥自此一直到陈末，皆因而不改，成为秦淮河上的特色。

朱雀桥的位置有两说，一说在今中华门北的镇淮桥一线，一说在今镇淮桥东北处的"桐树湾"或"古桐树湾长乐渡处"，但根据六朝时期御道的走向和御道两侧相关建筑物的空间布局情况应以"镇淮桥"一线说更为合理。

---

183　（唐）许嵩.建康实录[M].张学锋，陆帅，整理.南京：南京出版社，2020.
184　（唐）刘禹锡.刘禹锡全集编年校注[M].陶敏，陶红雨，校注.长沙：岳麓书社，2003.

东吴时的朱雀桥本是固定的木桥，东晋时毁于苏峻之乱，晋成帝重建为浮桥。后来为何不搭建固定桥梁，而造浮航？据《建康实录》，一种说法认为成帝时修建宫城，不暇建桥，所以因循沿用乱后临时代用的浮航。此说甚可怀疑，如成帝系因修建宫室，无造桥之余力之说属实，成帝以后迄陈末250余年，不可能历朝皆财政困难，无力兴造；而且此后浮航数次被毁坏，重新修建时，仍不造固定桥梁，必定是成帝时造的浮航别具长处。成帝时对于建康宫室都城的规划超迈前代，没有理由忽略沟通南、北岸交通要道的建设。王敦乱后以船舶为浮桥，并不等于后来的浮航。另一种说法称成帝时特地采用杜预建设黄河浮桥的方法，造朱雀浮航。此说较为可信。

除了朱雀航，六朝时秦淮河上另有23处浮桥，如今钞库街至来燕桥一带的丹阳郡后航、今夫子庙偏东一带的骠骑航、今水西门偏东附近的竹格航、今石头城东南近秦淮河入江口处的石头航等。

图6-13　六朝秦淮河河道远宽于今日，渡河堪比渡江，相传东晋书法家王献之曾在桃叶渡接送爱妾桃叶渡河

### 6.5.5 乐游苑与华林园

建康城东北方有玄武湖，湖之南有覆舟山，而覆舟山之南有东晋时所立的北郊。南朝宋元嘉二十年（443年），文帝将北郊迁移他处，而在此地辟建园苑，筑堤湖侧，起造楼观，称为"北苑"，后来改称"乐游苑"。后世仅宋孝武帝在苑中增造一殿，其余各代皆不予以增建，可见文帝之世的营造已经相当完备了，可惜其楼台宇榭在梁末的侯景之乱中，毁坏无遗。

宋元嘉二十年（443年）文帝动工兴建东晋时所筑的华林园，于园中穿池筑山，广建殿堂楼宇，而以洛阳华林园的殿宇名称命名，如景阳山、灵曜殿、华光殿、凤光殿、醴泉堂等。华林园是六朝建康最主要的苑囿，为君臣时常游宴之所。虽然孙吴之世此地已为苑地，但真正开始兴筑是东晋之时，经宋文帝的拓建，其后梁武帝、陈武帝、陈文帝亦各有所增置；就整体而言，华林园的规模大部分是宋文帝时所制定的。此外，宋文帝也在宫城东、西两面加开万春、千秋两门，二十五年（448年）又改宫城广莫门为承明门，并于都城西、北面增开阊阖门、广莫门。

### 6.5.6 改筑城墙

及齐时，建康已颇具都城规模，宫城以砖筑造，甚为坚固，宫殿也华丽壮观，但都城仍以竹篱围筑而成。建元二年（480年），有人献言云，白门三重关，竹篱穿不完。所谓白门即宣阳门，此言乃讽喻都城宣阳门虽有三个门道，隆重庄严，可是城墙始终以竹篱筑造，柔脆易破。齐高帝"感其言，命改立都墙"[185]。

---

185 （北宋）司马光. 资治通鉴[M]. 北京：中华书局，2011.

《南齐书·高帝纪》但称"立六门都墙",而未说明系以土筑或用砖垒城墙,但由当时王俭(452—489年)谏高帝勿改筑城墙时,高帝答以"吾欲令后世无以加也"[186]可知,此番筑造城墙应是立万世之基的制作,绝不会以竹篱围筑,应是夯土城墙。今南京市六朝博物馆地下一层的城墙遗址即为六朝时期建康宫城东墙的遗址,墙基宽约 25 米。夯土外侧包砖。但本段讲述的是六朝都城城墙。

### 6.5.7 武帝极盛

梁武帝是南朝四代最有治绩的君王,他在位期间正值北魏政治衰落无力南侵,所以边境无事。加以武帝又勤政节俭,使得他在位的前期数十年成为汉末以来最为安定富盛的时代,府库充积,国力丰沛。"征赋所及之乡,文轨傍通之地,南超万里,西拓五千,其中瑰财重宝,千夫百族,莫不充牣王府,蹶角阙庭,三四十年,斯为盛矣。自魏晋以降,未或有焉。"[187] 梁武帝统治的盛世,恰也是建康城最繁华兴荣的时期,当时主要的建设有如下四项。

其一为增加都城壮观与气势的建筑。天监七年(508 年),在宫城南面的端门、大司马门外立神龙、仁虎阙;又在越城之南作"国门",亦即"都城之门"之意。

其二为在秦淮河两岸筑塘,以防水患。秦淮河迂回流经建康都城南方,西向注入长江,但常有涛变,涛水由石头城溢入秦淮河,漂走停泊的船只,甚至冲毁朱雀浮航,淹没南岸,危及河岸居民生命财产安全。天监九年(510年)秦淮河两岸筑起围塘,"北岸起石头迄东冶,南岸起后渚篱门迄三

---

186 (南朝梁)萧子显. 南齐书 [M]. 北京:中华书局, 1996.
187 (唐)姚思廉. 梁书 [M]. 北京:中华书局, 2020.

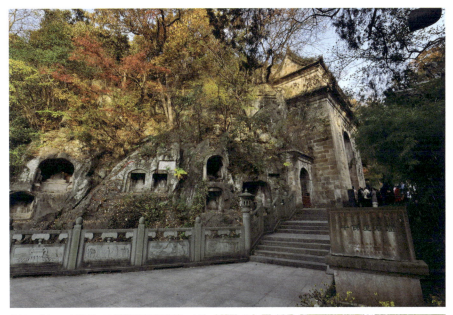

图6-14 千佛崖位于栖霞山西南麓,始建于齐永明年间,是南朝宗教造像的杰出范例

图 6-15 相传鸡鸣寺在梁时曾名"同泰寺",有"南朝第一寺"的美誉,梁武帝曾四次"舍身"于此

桥"[188]。因南岸多为平民住宅，此一措施乃为沿岸居民解决了水患问题，史称武帝勤政仁慈，并非虚誉。

其三为增造一重宫墙，以加强宫墙的防卫能力。自东晋迄齐，台城（建康宫城）都只有两重城墙，《梁书》《南史》皆称梁武帝于天监十年在宫城门上建三重楼，门开两道，"初作宫城门三重楼及开二道"[189]，却并未说曾增筑一重宫墙，然《建康实录》则明指此时多造一重城墙："是岁，初作宫城门三重及开二道。"[190]梁时，台城有三重城墙，城门皆有两个门道，壮观强固，易守难攻。梁末，侯景叛变，以大军十万围攻台城，费时半年，才攻陷台城，即是明证。

其四为兴建宫苑。天监十二年（513年），改建太极殿，宫室增加至13间；又因太庙临近淮水，地势低湿，故将基地增高9尺。

## 6.5.8 卫星城垒

六朝时代，南京境域范围内，拥有实际领地的州郡县治所，如扬州、丹阳郡、琅邪郡、建康县、秣陵县、丹阳县、江宁县、湖熟县、临沂县等。

### 西州城

扬州刺史在建康的治所有两处：一为西州城，一为东府城。

西州城，即古扬州城，为六朝时期扬州治所。扬州自汉朝设置以来，治无定所，初在历阳（今安徽和县），后在寿春（今安徽寿县）。汉灵帝末年为袁术所逼，扬州刺史刘繇又将治所迁到曲阿（今江苏丹阳）。

---

188　（唐）姚思廉. 梁书 [M]. 北京：中华书局，2020.
189　（唐）许嵩. 建康实录 [M]. 张学锋，陆帅，整理. 南京：南京出版社，2020.
190　（唐）许嵩. 建康实录 [M]. 张学锋，陆帅，整理. 南京：南京出版社，2020.

西晋永嘉中，王敦为扬州刺史，将治所设在建邺（今江苏南京），他在建邺创立州城，这就是西州城的发端。西州城得名，一说是因建在建康宫城之西而得名；一说是东晋孝武帝太元末年，会稽王司马道子领扬州刺史，居东府城，故号此城为西州。

西州城作为一个独立的城池，自西晋末年王敦建立后，在东晋南朝的政治军事生活中扮演过重要角色。东晋时期，西州城曾经是扬州刺史的治所。南朝时期，又由扬州刺史治所发展成为诸王聚居之地。

关于西州城的位置，史学界主要有两说：朱偰《金陵古迹图考》、蒋赞初《南京史话》均认为西州城在冶城（今朝天宫）的西南方。贺云翱则认为，"按今天的地理方位推论，唐江宁县城约在省委党校一带，而西州城就在今张府园'护龙河'遗迹之西至丰富路一线"。几相对照，之所以贺说比较合理，理由在于从文献记载来看，据《建康实录》卷一记载："晋永嘉中，王敦始为建康，创立州城，今江宁县城，所置在其西，偏其西即吴时冶城，东则运渎，吴大帝所开，今西州桥水是也。"[191] 同书注云："桥逼州城东南角，因以为名。"又据《景定建康志》记载："案《建康实录》，城所置西则冶城，东则运渎。今天庆观之东，西州桥是也。"[192]《资治通鉴》卷一二三《宋纪五·文帝元嘉十七年》胡三省注云："置扬州刺史，理秣陵，西州桥、冶城之间是其理处。"上述史料中提到的宋朝的天庆观就是冶城所在地，也就是今天的朝天宫。由此可见，西州城的西面是冶城，东面是运渎，西州城介于两者之间。参考近年地下出土文物，在张府园以西一线的六朝地层中，发现了大量六朝时期的建筑遗物，如砖、板瓦、筒瓦、瓦当、青瓷片、铁箭等。从另一个角度证明这一带是西州城遗址所在地。

---

191 （南宋）周应合.景定建康志[M].南京：南京出版社，2009.
192 （唐）许嵩.建康实录[M].张学锋，陆帅，整理.南京：南京出版社，2020.

### 东府城

东府城是六朝建康城东的一座重要城堡。城为土筑，城墙上有雉堞，城外有护城河环绕。据《建康实录》，其位置在"城东七里清溪桥东，南临淮水，周三里九十步，今太宗旧第，后为会稽文孝王道子宅。谢安薨，道子领扬州刺史，于此理事，时人呼为东府。至是筑城，以东府为名"[193]。

作为扬州刺史的治所，东府城的前身是东晋简文帝的旧第。东晋孝武帝时，会稽王司马道子担任丞相，都督中外诸军事，其手下心腹赵牙为其大肆修建私家园林——东第。刘宋孝武帝在新亭称帝后，进入建康城，最早就居住在东府城，后来才入宫。刘宋前废帝年间，曾以石头为长乐宫，东府城为未央宫，北邸为建章宫，南第为长阳宫。此城是六朝时期建康宫城东部重要的军事屏障，它的得失对于都城御守影响重大。

图 6-16　鹫峰寺前身为始建于梁天监年间的法光禅寺，其所在地为东晋时的东府城

---

193　（唐）许嵩. 建康实录 [M]. 张学锋, 陆帅, 整理. 南京：南京出版社，2020.

### 丹阳郡城

丹阳郡又作丹杨郡，城以建制名，一又说以山多赤柳得名。汉武帝元封二年（前109年）改置丹阳郡，治所最初在宛陵谢县（今安徽宣城），领江乘、秣陵、丹阳、胡孰等十七县。"七国之乱"后，由吴国改属江都国。公元221年，孙权迁丹阳郡治所到建业，领十九县，但历时较短，城址位于何处已无从查考。西晋年间，丹阳郡被分为宣城、丹阳二郡，前者治宛陵，后者治所在建业。南朝时，丹阳郡长官称丹阳太守、丹阳尹等。隋灭陈后，废丹阳郡，郡城一并被毁。据《宫苑记》，丹阳郡城位于"长乐桥东一里，南临大路，城周一顷，开东南北三门。汉元封二年置丹杨郡，至晋太康中始筑城，宋齐梁陈因之不改"[194]。《建康实录》认为，丹阳郡城位于秦淮河南岸，城后有浮航。至明代，陈沂在《金陵古今图考》中考证云"南渡长乐一里，抵东城角，内外皆丹阳郡城之基"[195]，认为六朝的丹阳郡城位于明代京城城墙东南角。

### 琅邪郡城

琅邪郡，又作琅牙郡、琅瑞郡，或称南琅邪郡，东晋立国之初起为无实土侨郡。西晋末年，中原丧乱，徐州琅邪国人随琅邪王司马睿过江者有千余户。东晋太兴三年（320年），元帝司马睿立怀德县，隶属丹阳郡统辖，用来安置琅邪国移民。当时丹阳郡设有琅邪相而无实土。成帝咸康元年（335年）桓温担任琅邪郡内史，镇守江乘县蒲洲金城，求割丹阳郡的江乘县境，立琅邪郡。自此，琅邪郡始有实土。不久又分江乘县地立临沂县。刘宋初年，琅邪郡领有阳都、费、即丘三个侨县。刘宋孝武帝大明五年（461年），琅邪郡领有临沂、江乘二县实土。同年，孝武帝行幸琅邪郡。南齐时，琅

---

194 （南朝梁）沈约. 宋书[M]. 北京：中华书局，2018.
195 （明）礼部，纂修；陈沂，撰. 洪武京城图志 金陵古今图考[M]. 南京：南京出版社，2006.

邪郡领有临沂、江乘、兰陵、承、谯五县。其中临沂、江乘在南京境内，其余三县为侨县，并无实土。永明六年（488 年），齐武帝将琅邪郡城移到白下城，大起楼观，并于此讲武，操练水步兵；九年，又到白下城讲武，观者倾都。琅邪郡前后有两处，一处"在县东北六十三里，今句容县（今句容市）琅邪乡"，即今栖霞山附近；另一处位于"上元县金陵乡西北，去县十四里"，即今金川河畔象山附近。

### 白下城

白下城据山临江，因地处白石山下而得名，在今南京城北临江一带，形势险要，屡次作为帝王讲武的场所，历来为重兵驻扎防守。文献记载白下城最早见于《南齐书》，称：刘宋昇明元年（477 年）"（荆州刺史）沈攸之反，太祖召（南兖州刺史李）安民以本官镇白下，治城隍，加征虏将军。"[196] 十一年后，此地带江山的城防价值被齐武帝所重视，在此大事修筑，起楼建观，并迁徙琅邪移民来此安家。工毕后，齐武帝曾来此讲武，南京别称"白下"，即来源于此城。

---

196　（南朝梁）萧子显. 南齐书 [M]. 北京：中华书局，1996.

# 第 7 章 怀古胜地

图 7-1　先遭侯景铁蹄践踏，后为隋伐陈的兵锋所撼，六朝风流最终湮灭在隋唐统一的历史潮流中

公元 589 年，隋平陈，南方在武力上被北方征服。此后隋唐相继三百多年，中国进入了继秦汉之后的第二个大一统时代。南京作为南朝都城长达三个多世纪的辉煌走到了谢幕时分。

统一浪潮引发剧烈变革，对包括建康在内的江南社会产生了深远影响。某种程度上，当时的南京城成为这一历史变迁的牺牲品和试验田，经历了自建城以来最严厉的打压与遏制。曾经的一国之都被降格为州、郡，最低谷时仅以一县置之，称谓辖区频繁变动，宫室城垣毁圮殆尽，市政建设停滞不前，六代繁华化为怀古幽境。南京城命运的兴衰与南北政治话语权嬗递之密切勾连，由此可见一斑。

不过，南京终究超越了行政意志的桎梏，得天独厚的区位优势和六朝以来未曾间断的开发与营建，令其在相对平稳的社会环境中蛰伏、恢复、进益。经济文化历短暂凋敝复又勃发生机，与政治上失意、军事上受打压形成鲜明对照。

与此同时，以金陵为载体的"怀古"类诗歌应运而生，持之不衰。原本缥缈悬浮的兴亡之叹，被一一落实到具体的历史时空中，旧时代的挽歌在新时代结出了丰硕的果实。物质本体上几为乌有的六朝繁华，终得以在精神领域传诸后世。

统一的进程自北向南推进，身为重要的被征服区，隋唐时代江南州县城垣普遍不事兴筑。南京的城市发展更处低潮，罕有成规模的官方营缮，即便偶有营治，也多发生在短暂动荡期内，由那些企图割据江左、延续所谓金陵王气的军事人物或势力把持。这类修缮历时短，范围小，昙花一现便迅速湮没。后自唐末藩镇割据至五代十国分裂期间，金陵形胜之地再获发展机遇，后来居上，跻身一代名都之列。

## 7.1 建置沉降 称谓繁复

爰自东晋、十六国，迄于南北朝，历经三百余年漫长的动荡与分裂，华夏一统之宏愿在杨坚代周立隋后得以实现。隋室"潜有吞并江南之志"[197]，而陈朝君主昏聩短视，军政不修，早已踏上穷途末路。开皇九年（589年）隋师渡过长江，占领未及设防的建康城，俘获后主陈叔宝，陈亡于隋。

隋室一朝廓清江表，即厉废诸郡，并省州县，加速改革行政区划，"从州、郡、县三级制改为州县两级制……减少地方基层组织，大大强化了王权"[198]。隋平陈，"得州三十，郡一百，县四百，户六十万"[199]。南朝旧都建康的王者都邑之气为中央统治者所忌惮，并入隋土后旋降为州，因（蒋）山为名，改称蒋州。

经此剧变，建康失去的不只是国都之尊，更遭"城邑宫室，并平荡耕垦"[200]，仅留石头城作为蒋州治所。城内原东府城，丹阳、建兴诸郡城均遭平废。三百年来南朝都城累事经营的空间秩序一朝无存。

### 7.1.1 隋：蒋州、丹阳

中央政府既着力把蒋州改造为一般性地方城市，故其治下最初仅领江宁、当涂二县。东晋以来所有侨置郡县连同江乘、湖熟、秣陵、同夏诸县或并或废，尽括于江宁一县。

江宁县治一度设于陈朝旧宫安德宫内，据《景定建康志》引《宫苑记》，

---

197　（唐）魏徵，等撰.隋书[M].北京：中华书局，2008.
198　王仲荦.隋唐五代史[M].上海：上海人民出版社，2016.
199　（北宋）司马光.资治通鉴[M].北京：中华书局，2011.
200　（北宋）司马光.资治通鉴[M].北京：中华书局，2011.

安德宫本是陈宣帝陈顼篡位自立后为皇嫂文皇后所筑的一处殿宇，"在宣阳门外直西，即都城西南角，隋平陈，移江宁县治于此。明年复罢"[201]。《南京城墙志》推断："安德宫位置当在都城西墙与西州城之间，今建邺路以北木料市西侧。"[202] 过渡期大约一年，次年（590年）便移治于冶城稍东之晋西州城旧址，大体在今建邺路中共江苏省委党校及以东附近。安德宫从此荒废。

然而天下归心的进程并非一蹴而就，入隋之后南方暴动不断，举事者蜂起。基于"陈之故境，大抵皆反"[203] 的现实，当年的平陈勋贵杨素、宇文述等不得不前往镇抚平叛，杨广坐镇扬州十年意亦在此。新一轮强令"省并析置"、加强控制的行动随即展开。

开皇十一年（591年），隋"割溧阳之西，丹阳之东"[204] 地区新置溧水县，后又辟当涂县隶于治下。曾经的南朝京畿降格为州治小城后，此时只领数县而已。但我们也应当看到，在数量上，隋蒋州所统的县城少于以往，但实际辖境面积较南朝却略大。以上为隋文帝时代今南京江南地区行政建置变迁概况。

隋炀帝当政后，于大业三年（607年）改蒋州为丹阳郡。炀帝本人身为陇西官僚集团最核心的人物，偏偏醉心南方文化，喜食吴馔，好为吴语。不过，此举与其个人爱好无涉，而是以恢复南朝传统之名，达成了精简政区、消弭差异、避免割据的政治目的。

名称虽易，但辖区未改，丹阳郡仍在石头城设治，仍隶江宁、当涂、溧水三县，与蒋州无异。三年后，即大业六年（610年）始修新郡城。《至正金陵新志》按《宫苑记》曾留下寥寥几笔："金陵府城……隋大业六年置，

---

201　（南宋）周应合. 景定建康志[M]. 南京：南京出版社，2009.
202　杨国庆，王志高. 南京城墙志[M]. 南京：凤凰出版社，2008.
203　（北宋）司马光. 资治通鉴[M]. 北京：中华书局，2011.
204　（唐）李吉甫. 元和郡县图志[M]. 贺次君，点校. 北京：中华书局，1983.

玄凤观南园是。"[205] 文中的"金陵府城"与改置后的丹阳郡城同为大业六年建，《南京建置志》综合史家观点，认为两城当为一城，所谓金陵城"疑即丹阳郡城别称"[206]。至隋亡丹阳郡建置一如上述，至唐高祖武德三年（620年）才废郡复改州，此为后话。

自蒋州而丹阳郡，政治中心地位的丧失直接导致城市规模缩减、经济衰退、人口减少。《南京经济史》推测文帝开皇年间，蒋州城内"不足一万人定居……最多时也才四万人"[207]。《隋书·地理志》明确记载炀帝大业五年（609年）丹阳郡"统县三（江宁、溧水、当涂），户二万四千一百二十五"[208]，以一户五口计，也不过十二万多人。六朝巅峰时代，"城中二十八万余户，西至石头城，东至倪塘，南至石子冈，北过蒋山，东西南北各四十里"[209] 的繁华归于一梦。

## 7.1.2 盛唐之前：归化、金陵、扬州、白下

公元618年，杨广死于兵变，埋骨江都（今江苏扬州），伺机多时的唐国公李渊在长安称帝，由隋到唐禅递完成。

武德三年（620年）六月之前，金陵地区依然称丹阳郡，仍袭隋之旧。彼时天下并未平靖，唐之统治是从关中、河东一带逐步向全国拓展的，今苏皖浙大片土地实际为沈法兴、李子通、杜伏威等人所据。是年，杜伏威名义上归附了李渊，其根据地丹阳郡（南京）划入全国版图。为宣示主权、加强管控，唐废丹阳郡，在原治下江宁、溧水两县为基础上置扬州，另改

---

205 （元）张铉. 至正金陵新志[M]. 南京市地方志编纂委员会办公室，编译. 南京：南京出版社，1991.
206 马伯伦. 南京建置志[M]. 深圳：海天出版社，1994.
207 陈胜利，茅家琦，主编. 南京经济史[M]. 北京：中国农业科技出版社，1996.
208 （唐）魏徵，等，撰. 隋书[M]. 北京：中华书局，2008.
209 （北宋）乐史. 太平寰宇记[M]. 北京：中华书局，2008.

江宁为归化，有"归服而使其受教化"之意。《元和郡县图志》明确写道："武德三年，杜伏威归化，改江宁为归化县。"[210]

武德七年（624年），杜伏威远赴长安入朝，委任麾下悍将辅公祏为"长史"，镇守江左。其间，辅公祏造反兵败，落得传首长安的下场，所有反叛势力亦被唐军扑灭。江南全部平靖后，唐政府遂废扬州，复置蒋州。次年又改蒋州为扬州，置扬州大都督府，仍领六县，"以延陵、句容隶之，省安业入归化，更归化曰金陵"[211]。

武德九年（626年）州废，扬州州治和地方高级军政机构扬州大都督府全部撤出旧境，徙治于与之隔江相望的江都，扬州一名从此专属于江都，未再更改。原蒋州辖境内的江南六县再遭裁并：丹杨、溧水、溧阳三县改属宣州（今安徽宣城）；白下、延陵、句容三县俱归润州（今江苏镇江）。

值得注意的是，此时金陵县治从冶城东一带迁至白下城，金陵改称白下。历史上南京以白下为名自此而始，至贞观九年（635年）复改江宁为止。"白下"作为正式官方称谓历时虽短，前后仅九年，却在南京城市发展史上占有重要一席。唐朝李白有"五月金陵西，祖余白下亭"[212]、北宋王安石有"长干里北寒山紫，白下门西野水明"[213]，清人甘熙所著的南京掌故笔记干脆就叫《白下琐言》。白下早已成为人们讴歌金陵时一再被咏叹的历史符号与审美意象。

白下城最早可追溯至东晋时代江乘白石垒，"在县北十二里，当石头城之东北，台城之西，本名白石陂"[214]，东晋时苏峻作乱攻陷建康，陶侃勤王平叛，曾斩苏峻于白石垒阵前。南朝宋文帝、齐武帝先后在此阅兵、

---

210　（唐）李吉甫.元和郡县图志[M].贺君次,点校.北京：中华书局,1983.
211　（北宋）欧阳修,宋祁.新唐书[M].长沙：岳麓书社,1997.
212　（唐）李白.李太白全集[M].（清）王琦,注.北京：中华书局,2011.
213　（北宋）王安石.王安石诗笺注[M].李壁,笺注.刘辰翁,评点.董岑仕,点校.北京：中华书局,2021.
214　（唐）许嵩.建康实录[M].张学锋,陆帅,整理.南京：南京出版社,2020.

演武，视之为拱卫京师的江津要地。唐新置白下县，先移治，后修城，人称白下村，但具体位置、筑造情况，史料一笔带过，后世难知其详。

贞观七年（633年）白下县改回武德三年时的名字——归化，县治同时南迁至青溪白下桥一带，白下村旧治渐废。两年后，上述多种称谓全部废止弃用，复称江宁。反复的更名运动暂告一段落。

### 7.1.3 安史之乱后：江宁、昇州

安史之乱后，唐廷运势下行，江东金陵步入世所罕见的纷乱发展期。江宁县先升江宁郡，并还本治；未几又改置昇州，仍因旧县宇为州城，领江宁、句容、溧水、溧阳四县，隶浙江西道；而后江淮反叛迭起，昇州局势持续吃紧，故县、州俱废，改称上元县的江宁县与句容县一并再归润州，而溧水、溧阳两县则改隶宣州——以上是唐肃宗李亨在位期间对这一城一地的反复调整，直到公元890年才重新合体为昇州，领四县如故。

在被拆解的约120年里，昇州故境之内干戈不止，矛盾重重，为藩镇割据势力反复争夺之地，新的大变革暗流涌动。

902年，唐朝灭亡的前五年，庐州（今安徽合肥）军阀杨行密完成对江淮地区的兼并，以淮南节度使的身份受封吴王。今南京江南地区的昇州，连同屡入扬州（江都郡、广陵郡）治下的江北地区，全部落入杨吴之手。

## 7.2 平荡耕垦 不事兴筑

"平荡耕垦"是《隋书》《资治通鉴》等官修史书对陈亡隋兴后,南京城跌宕命运的一致概括。隋择石头城为蒋州治所自有其战略考量,但如果"建康为墟"是客观事实,在亡国旧都混乱无序的情况下,设治于石头城怕也有不得已而为之的成分。

《南京城墙志》第三章"隋唐五代宋元城墙"中,杨国庆、王志高推断石头城是"诏令平荡耕垦建康城邑后,惟一留下的城池","陈朝宫室毁于战火"。[215]《南京通史:隋唐五代宋元卷》的看法大抵相同,"隋文帝……将六朝故都所有的宫苑城池夷为平地,以此来消除此地再次成为割据中心的条件"[216]。持上述观点大抵相当于认定,昔日南朝都城建康因具有敏感的象征意义和所谓王气所钟的潜在威胁,必须予以压制,故遭遇隋师破坏乃至平毁。结局就是"六朝都邑宫室之迹尽矣"[217]。

《南京城市史》则有不同看法,作者薛冰审慎分析称,不可将隋军对建康都城与(六朝)丹阳郡城的处置混为一谈,以"平荡耕垦"一概而论显得不够严谨,遭到毁坏的是六朝的丹阳郡城,当然也包括重要的寺庙、水利交通设施等,而建康都城范围内的苑囿、官署、营舍"很可能成为禁地,不允许民间利用"[218]。《隋书》卷六十八中有载,宇文恺效力隋室,为杨氏两代帝王设计、建设新都大兴城东都洛阳城,他自述参与平陈战役时曾目睹建康城明堂遇火焚烧的情状,"平陈之后,臣得目观,遂量步数,

---

215 杨国庆,王志高.南京城墙志[M].南京:凤凰出版社,2008.
216 南京市地方志编纂委员会办公室.南京通史:隋唐五代宋元卷[M].南京:南京出版社,2016.
217 (唐)魏徵,等,撰.隋书[M].北京:中华书局,2008.
218 薛冰.南京城市史[M].南京:南京出版社,2008.

记其尺丈。犹见基内有焚烧残柱，毁斫之余，入地一丈，俨然如旧。柱下以樟木为跗，长丈余，阔四尺许，两两相并。瓦安数重"[219]。这或可从侧面反映陈故宫的重要礼制性建筑可能遭遇兵祸，台城也并非完好无损，但程度止于废弃，以当时的客观人力、技术条件而言，全城尽废为"耕垦"绝非易事。

况且，六朝宫室被挪作他用的记载屡见不鲜，前文所述陈宣帝为文皇后修筑的安德宫后来被征作江宁县治。隋末义军蜂起之时，炀帝自知北还无望，曾诏在金陵筑宫丹阳，只不过功未就而身先死。丹阳宫的确切位置史无明文，以炀帝对基建之狂热，倘在盛世，他完全有可能另起炉灶择址建新。然而其时既已准备"逊于江左"，便已是强弩之末。兵荒马乱之际，所谓的丹阳宫大概率只能是在前朝旧宫遗存上的增修。后来，这座没有能够延续炀帝运祚的丹阳宫先后被沈法兴、辅公祐占据，成为他们割据僭越、署置百官的据点。

此外，连篇累牍的金陵怀古诗亦可佐证，建康并非尽遭毁灭，透过"古堞烟埋宫井树，陈主吴姬堕泉处"[220]"亡国生春草，离宫没古丘"[221]"宫殿余基长草花，景阳宫树噪村鸦""松楸远近千官冢，禾黍高低六代宫"[222]"御路叠民冢，台基聚牧童"[223]等诗句，可以想见，在强大的政治压制下，隋唐以降，前朝的残垣断室废弃已久，毁圮失修，进一步沦为荒郊野冢，任凭花草肆恣，访古探幽者不绝。随着时间的推移，部分区域为农人所用，成为垦荒对象。

南京城市规划局和南京大学文化与自然研究所联合撰著的《南京城市

---

219 （唐）魏徵，等，撰．隋书 [M]．北京：中华书局，2008.
220 （唐）陆龟蒙．陆龟蒙全集校注 [M]．何锡光，校注．南京：凤凰出版社，2015.
221 （唐）李白．李太白全集 [M]．（清）王琦，注．北京：中华书局，2011.
222 （清）彭定求．全唐诗 [M]．西安：三秦出版社，2008.
223 （唐）王贞白．王贞白诗集 [M]．南昌：江西人民出版社，2014.

空间的历史演变及其文化内涵研究》倾向于认为，隋唐时期六朝建康城墙已遭拆毁，"蒋州江宁城已无城墙环绕"，市井生活区仍分布于城南传统区域，经过短暂低潮复又崛起，秦淮河两岸人口稠密，商市繁荣。城市政治、军事中心均已远离原六朝宫城周遭范围，转而迁移至石头城。置蒋州治所于石头城时，并非全盘因袭前代规制，其实是做了部分改筑的，"其南北两面各开一门，东面开两门"。上述论断是以文献记载为基础，结合最新考古发掘资料得出的。

综上，我们可将"平荡耕垦"理解为丧失王城地位之后，当时南京城在特定政治气候中颇遭冷遇的概括形容，而非墙垣、宫室、苑囿、亭台、街市这些具象的城市要素从物质存在上的彻底消弭。隋唐时代的金陵之特点大略如下：

隋唐时代金陵地区无完整城垣，这有悖于当时天下城邑有城墙围绕之主流趋势，此为特征之一。

较之六代，隋唐时南方州县普遍不事兴筑，沿用旧有城郭，但绝非完全停滞。越州城、钱塘县城都在隋室勋贵杨素的主持下修葺一新，湖州城、润州丹阳县城则为唐代南方筑城个案，但政治地位敏感的金陵不在此列，此为特征之二。

隋文帝新析溧水县时曾筑两重土城，相传外罗城"周五里七步"，内子城"周一里一百一十四步；上阙五尺，下八尺。县城五门：东曰爱景，南永安，西临淮，北望京，东南寻仙"[224]。元代《至正金陵新志》作者张铉采纳民间说法，推测该城疑似为隋筑，清代《光绪溧水县志》强调是"改筑"。无论取哪种说法，这座县城后世沿用甚久，直到明代才重修。溧水县城几乎可视为隋时金陵城官方修治屈指可数的例证，唐廷对东南的控御

---

224　（元）张铉.至正金陵新志[M].南京市地方志编纂委员会办公室,编译.南京：南京出版社,1991.

不仅未有松弛，反而更为严格，南京一度被划为润州（今江苏镇江）的辖县，降至历史最低点，城池修筑寥寥无几。这一时期仅有少量修筑，如石头城西的韩擒虎垒、蒋山龙尾的贺若弼垒以及建于齐文惠太子苑地的辅公祐城等。足见隋唐中，南京地区城池修筑官方主导甚少、军事堡垒居多，多崛起于攻伐或平叛等非常时期，旋建旋废，存续短、影响力弱，此为特征之三。

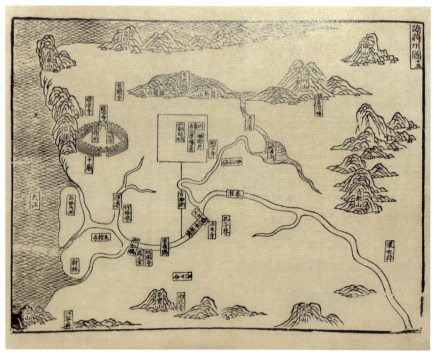

图 7-2 《金陵古今图考》中的隋蒋州图描绘了南朝旧都建康入隋后，在大一统时代备受限制的城市格局

## 7.3 石头为治 故垒兴废

隋亡唐兴，金陵地区政治地位持续走低，城垣建设低迷，唯石头城屡事兴筑，堪称特例。

石头城是南京城西要塞，建安十七年（212年）由孙权所筑，居高临下，扼江控淮，历六代治乱，江防城防色彩不改。进入隋唐，此城历为蒋州、丹阳郡和扬州大都督府等地方政府办公地，也数度落入割据自雄者之手，以为举事据点。三百余年间，这座城垒兴废无定，至唐末，最终荒废。

开皇九年（589年）隋军攻克建康不久，总理伐陈事务的"行军兵马大元帅"杨广即班师回朝，带着亡国之君陈叔宝及王公、百司、眷属一并西诣长安，留元帅府司马王韶镇扼石头城，委以后事，石头城开始履行其作为蒋州治所的行政使命。

武德七年（624年），唐廷基本肃清了全国疆土。辅公祏兵败身死标志着南方被平定，而他起兵造反的军事指挥部便设在石头城。故局势戡平之后，朝廷派重臣李孝恭驻节金陵。李孝恭好大喜功，自崇甚高，在任期间大兴土木，"筑宅于石头，陈庐徼自卫"[225]，俨然又有拥兵自重的嫌疑。次年，扬州大都督府设治于石头城，李孝恭被拜为大都督，然而不久就被人诬告谋反，被召还长安审问。李渊遂派武士彟南下补缺，以检校扬州都督府长史之职稳定局面。不久，扬州大都督府迁往江北邗州（今江苏扬州），失去政治价值的石头城渐被冷落。

在石头城主政期间，武士彟的次女刚出生不久。六十年后，武家的小女儿成了当朝太后，石头城的命运再次与她产生微妙的关联。684年，武太后废唐中宗李显为庐陵王，改元光宅，临朝称制。这振古无比的举动震

---

225 （后晋）刘昫，等，撰. 旧唐书 [M]. 北京：中华书局，1975.

动朝野，也引发地方骚乱。柳州司马徐敬业在扬州举兵，移檄讨武，委派其下属渡过长江修治石头城，理由是："金陵王气犹在，大江设险，可以自固"[226]。然而仅仅百余天后，叛乱便被王师镇压，徐敬业亦败死。武太后授意在石头城改置石头镇，派三百人的军队驻节，并设粮仓于城内，局势日趋稳定。二十二年后，女皇帝武则天去世，石头镇军镇机构被废除，石头仓亦迁至冶城。

  如此销声匿迹约八十载，石头城意外迎来一次大修。783年，泾原镇士卒兵变，长安陷落，削藩失败又遭遇财政危机的德宗仓皇出逃。一时间关中告急、河汴骚动。浙江东西道节度使韩滉闻讯，一面转运淮南贡米一百万斛支援中央，赚取政治资本，一面闭锁关梁，管控辖境物资，大修从金陵到京口的沿江防御工事，号称"国家多难，恐有永嘉渡江之事，以为备预，以迎銮驾"[227]。石头城便是这一时期悉心修治的五座城垒之一。史载，为达成"朝令夕办"的目的，韩滉所部不惜捣毁方圆数十里内的先贤丘墓，并强拆上元县佛寺、道观四十余所，就地取材，"置馆第数十于石头城，穿井皆百尺"[228]，又令人熔钟毁佛铸弩牙兵器，日征千人，势甚嚣张。终隋唐之世，对石头城的修筑没有哪一次能够与韩滉主导的这一次相提并论。

  807年，唐宪宗在位期间，润州刺史李锜谋据江左，既定步骤依然是领兵数千筑石头城，和以往所有妄图据金陵江险举事者并没有本质区别，结局也是殊途同归。唯一值得记取的是，元和二年的这次修治是唐治下的最后一次。此后，它再未在实战中发挥作用，唯余历史威名传诸后世。

  石头城存世约六百年，作为军事堡垒屡历实战，履行行政使命见证兴替，它在南京城市发展历程中的作用与贡献是不可磨灭的。

---

226　（后晋）刘昫, 等, 撰. 旧唐书 [M]. 北京：中华书局, 1975.
227　（后晋）刘昫, 等, 撰. 旧唐书 [M]. 北京：中华书局, 1975.
228　（北宋）欧阳修, 宋祁. 新唐书 [M]. 长沙：岳麓书社, 1997.

## 7.4 江宁小邑 文脉巨擘

在中国人的集体语境里，"江南"通常意味着富庶与诗意。长江以南连片的佳丽地中，金陵的意义不止于曾为帝王州，更在于经由连续为都的经历，她日渐成长为古代南方城市文明的第一座高峰。故金陵总显得特别，城市语境长存诗意，而尤与怀古相关。

南方经济与文化有实力与北方分庭抗礼，始于南北朝，开始仰给天下是在隋唐时。大运河在隋时贯通说明经济重心已进一步南移，至安史乱后，唐中央政府动辄受到地方藩镇阻断漕粮的威胁，并终因南来的经济动脉被切断而覆灭。

当时天下号称"扬一益二"，扬州、成都崛起为繁华新都会。南京的城市地位固然一落千丈，但优越的自然地理条件使然，她终究超越了军事与政治的双重打压，任凭政区频繁拆解，名号反复更迭，经济很快恢复生机。

因六朝之旧，隋唐金陵的工商手工业区和居民区仍集中在秦淮河两岸的水路要津。商市贸易与市井生活在这一带蓬勃发展，呈现出与城北建康故宫周边废毁萧然截然不同的面貌。南京城最早即生发于此，渡尽劫波复为江东繁华地，仍从这里起航。

《隋书·地理志》有云："丹阳（即今南京），旧京所在，人物本盛，小人率多商贩，君子资于官禄，市廛列肆，埒于二京。"[229] 这显示，政治上的失意很难阻挡一座城市商业与市民生活的前进。当时金陵虽不再为都，但商旅往来，市肆繁盛，人口密集，是不亚于长安和洛阳的。

经济发展往往促进文化繁荣，终唐之世，金陵的文事武略、兴衰剧变与敏感处境，对于文人墨客都具有强烈的吸引力。天宝年间，中原动荡，

---

229 （唐）魏徵，等. 隋书 [M]. 北京：中华书局，2018.

故城诗国

北方士庶尽向东南。金陵本为山川秀丽、衣冠所聚之地，与苏、杭、润、常并为世家南迁避难的首选。在这里，他们交游赏色，抒怀言志，反复咏叹古都的历史变迁，或流寓，或致仕，或游历，无不钟情于斯。文学母题"金陵怀古"由此发轫、兴盛，遂成"中国文学史上篇秩浩繁、体系完备、常咏常新的题材"[230]。

李白来自帝国西陲，却自称"白本家金陵，世为右姓，遭沮渠蒙逊难，奔流咸秦"[231]，他一生多次到访金陵，寄情山水，遍访遗珍，留下了"凤凰台上凤凰游，凤去台空江自流""朝别朱雀门，暮栖白鹭洲。波光摇海月，星影入城楼""三山半落青天外，二水中分白鹭洲""古殿吴花草，深宫晋绮罗。并随人事灭，东逝与沧波""六代更霸王，遗迹见都城。至今秦淮间，礼乐秀群英""古之帝宫苑，今乃人樵苏""苍苍金陵月，空悬帝王州。天文列宿在，霸业大江流。绿水绝驰道，青松摧古丘""六代帝王国，三吴佳丽城。贤人当重寄，天子借高名""白杨十字巷，北夹湖沟道。不见吴时人，空生唐时草。天地有反覆，宫城尽倾倒""郎骑竹马来，绕床弄青梅。同居长干里，两小无猜嫌"[232]等千古佳句。因着这些诗篇的传世，纵然时隔千年，我们依然有幸能跟随诗仙壮游的脚步，领略凤凰台、白鹭洲、朱雀门、玄武湖、长干里、瓦官阁的风采。这些标志性地点后来有的被自然改造，有的毁于人为破坏，无论幸得留存，还是早已湮灭，都因融入"惊天动地文"[233]而不朽。

安史之乱中，始终以未能施展政治抱负为憾的李白曾挥毫写下《为宋中丞请都金陵表》，夸赞金陵地势殊重、地富人杰，恳请朝廷接受迁都之议：

---

230 南京市地方志编纂委员会办公室.南京通史：隋唐五代宋元卷[M].南京：南京出版社，2016.
231 （唐）李白.李太白全集[M].（清）王琦，注.北京：中华书局，2011.
232 （唐）李白.李太白全集[M].（清）王琦，注.北京：中华书局，2011.
233 白居易曾作《李白墓》："采石江边李白坟，绕田无限草连云。可怜荒垄穷泉骨，曾有惊天动地文。但是诗人多薄命，就中沦落不过君。"

"臣伏见金陵旧都，地称天险。龙盘虎踞，开局自然。六代皇居，五福斯在。雄图霸迹，隐轸由存。咽喉控带，萦错如绣。"[234]

晚年，李白短暂应邀入玄宗第十六子永王李璘幕府，永王因被疑谋据金陵，窥视江东而获罪，他亦受牵连遭流放。"谪仙人"最后赋歌而终，客死他乡。他的埋骨之地——当涂（今安徽省马鞍山市当涂县），在唐帝国庞大的版图上，与金陵近到几乎重叠，这或可告慰诗仙深厚的金陵情结，亦可照鉴出那一时代，六朝故都被世人目为怀古灯塔、历史警钟的卓然地位。

更有甚者如刘禹锡，他写下经典组诗《金陵五题》时，甚至未曾踏访这座引发他无限怅惘与感叹的古都。恰恰也因"余少为江南客，而未游秣陵，尝有憾恨"[235]，这组七言绝句——特别是前三首，才倍显寄意深长，在汪洋肆意的金陵怀古诗中独树一帜。现辑录如下：

石头城　/ 刘禹锡
山围故国周遭在，潮打空城寂寞回。
淮水东边旧时月，夜深还过女墙来。

乌衣巷　/ 刘禹锡
朱雀桥边野草花，乌衣巷口夕阳斜。
旧时王谢堂前燕，飞入寻常百姓家。

---

234 （唐）李白. 李太白全集[M]. （清）王琦, 注. 北京：中华书局，2011.
235 （唐）刘禹锡. 刘禹锡全集[M]. 上海：上海古籍出版社，1999.

台城　/ 刘禹锡
台城六代竞豪华，结绮临春事最奢。
万户千门成野草，只缘一曲《后庭花》。

　　刘梦得发思古之幽情，往往从一时一地的小景入手，寓情于景，以小见大——淮水上的月，朱雀桥边的花，乌衣巷口的夕阳，抑或是蔡洲上的一抹新绿，都可入画。再经一番精炼的剪裁，巧妙融入诗人的卓识与幽思，属于大时代的兴亡沧桑自然宕开，令人叹为观止。无怪乎连白居易读罢也"掉头苦吟，叹赏良久"，赞道："吾知后之诗人，无复措辞矣。"他人或无复措辞，刘禹锡本人却不曾停止咏史金陵的探索。又或者说，访古抒怀之声之所以不绝，诚与当时山河蒙尘、藩镇割据的时局密切相关。屡经鼎革、满目兴替教训的金陵遂成针砭时弊的最佳符号，士子文心关乎一己穷通、家国治乱的慨叹，便常由金陵发散开去。

　　唐穆宗长庆四年（824年），52岁的刘禹锡自夔州刺史调任和州刺史，走水路须从今天的重庆奉节沿大江东下赶往安徽和县赴任。途中，诗人登临孙吴当年的江防要地西塞山（今湖北黄石境内长江南岸），目送逝水东去，心中烛照的却是昔年建业城外，后主孙皓素车白马、面缚出降西晋的历史一幕，即兴言事、天巧偶发的背后，自有悠长寄意，种种况味成就了经典之作：

西塞山怀古　/ 刘禹锡
王濬楼船下益州，金陵王气黯然收。
千寻铁锁沉江底，一片降幡出石头。
人世几回伤往事，山形依旧枕寒流。
今逢四海为家日，故垒萧萧芦荻秋。[236]

---

[236]（唐）刘禹锡. 刘禹锡全集 [M]. 上海：上海古籍出版社, 1999.

图 7-3 乌衣巷得名始于东吴,后为东晋王谢大族宅第所在地,唐代诗人刘禹锡所作的"旧时王谢堂前燕,飞入寻常百姓家"使得乌衣巷盛名日隆,至今不衰

图 7-4 六朝台城核心区位于今大行宫、长江路一线。今鸡鸣寺后的这段明城墙被后人误认为是六朝台城

江南风物秀美，六朝故都盛名在外，金陵城残余的政治余晖和文化底蕴吸引着文人骚客前往神游故国，挥毫撰著，怀古是绝对主题。前文仅列举了盛唐李白、中唐刘禹锡两位大家的部分文字，已可见其冰山一角。事实上，相关诗文可谓汗牛充栋，在此选录数篇如下：

金陵怀古 / 许浑

玉树歌残王气终，景阳兵合戍楼空。
松楸远近千官冢，禾黍高低六代宫。
石燕拂云晴亦雨，江豚吹浪夜还风。
英雄一去豪华尽，惟有青山似洛中。[237]

泊秦淮 / 杜牧

烟笼寒水月笼沙，夜泊秦淮近酒家。
商女不知亡国恨，隔江犹唱《后庭花》。

江南春 / 杜牧

千里莺啼绿映红，水村山郭酒旗风。
南朝四百八十寺，多少楼台烟雨中。[238]

咏史 / 李商隐

北湖南埭水漫漫，一片降旗百尺竿。
三百年间同晓梦，钟山何处有龙盘？[239]

---

[237] （唐）许浑.丁卯集笺证[M].罗时进,笺证.北京：中华书局,2012.
[238] （唐）杜牧.杜牧诗选[M].胡可先,选注.北京：中华书局,2005.
[239] （唐）李商隐.李商隐诗歌集解[M].刘学锴,余恕诚,点校.北京：中华书局,2016.

台城 / 韦庄

江雨霏霏江草齐，六朝如梦鸟空啼。

无情最是台城柳，依旧烟笼十里堤。[240]

这些诗作千古流传，相当程度记录了当时金陵城的景象，在一定限度内填补了史料文献未及着墨的空白，故能常颂不衰，"天下文枢"南京文脉千年不绝，有唐人上承六代、下启两宋题咏不辍的一份功劳。

中晚唐怀古诗歌鼎盛时代过去后，宋元明清，乃至民国，仍不乏怀古的思潮与篇章涌动金陵——或言报国未成之愤，或诉寄意苍生之叹，或叹志付东流之憾，风格各异，时代背景亦千差万别，但以金陵为抒怀载体是一以贯之的。

回望隋唐金陵，恰如王勃在《江宁吴少府宅饯宴序》中所述："遗墟旧壤，数万里之皇城；虎踞龙盘，三百年之帝国。关连石塞，地实金陵；霸气尽而江山空，皇风清而市朝改。昔时地险，实为建业之雄都；今日太平，即是江宁之小邑。"[241] 若单纯只论市肆繁荣，那么将南京与当时已有天府美誉的成都相比，优势并不突出；而言及政治上的重要性，南京也很难超越长安与洛阳。可贵的是，南京终究承接了传统中国文化的源流，于政治意向和经济坐标之外，更不失为一座继往开来的文化之都。

---

240 （唐）韦庄. 韦庄集笺注[M]. 聂安福, 笺注. 上海：上海古籍出版社, 2002.
241 （唐）王勃. 王子安集注[M]. （清）蒋清翊, 注. 上海：上海古籍出版社, 1995.

# 第 8 章 五代名都

公元 907 年，唐亡。近三百年之统一局面一朝倾覆，随后的七八十年，割据自雄者互相吞并、忽起忽灭，中华大地四分五裂——五代兴于黄河流域，十国除都于晋阳的北汉，皆纷置长江以南，史称"五代十国"。

这段介于唐宋之间的大分裂期，本质上是唐末藩镇割据的延续与深化。局势既异，地区差异自又生变故。战祸集中的北方，民生凋敝，城垣残破。相对而言，南方较少遭遇兵燹，生产力有所发展。

金陵在江南，乱世之中幸遇善政，历几代人七十余载的经营，先为杨吴西都金陵府，后为南唐国都江宁府，府库日益充盈，"耕织岁滋，文物彬焕，渐有中朝之风采"[242]，与河洛、北淮地区"荆棘弥望……四野俱无耕者"[243]的凋敝景象形成鲜明对比。加之执政者格外重视，金陵城池屡事修整，渐成规模，终脱离了隋唐约三百年江左小邑的不利境地，再次步上高峰，影响力日见重要。

图 8-1 唐之后，金陵的地位再次凸显，尔后在五代十国的动荡期跻身杨吴西都与南唐都城之列

---

242 （北宋）史温. 钓矶立谈·南唐近事·江南余载 [M]. 上海：商务印书馆，1936.
243 （北宋）司马光. 资治通鉴 [M]. 北京：中华书局，2011.

继六朝高开、隋唐低走之后，十国时期的金陵城再度迎来大发展期，多有增益扩容，宋元时南京城郭框架由此确定，明初肇建应天府因此受惠，甚至为"今天南京城市的发展奠定了深厚的历史基础"[244]。

南唐金陵城新格局

## 8.1 乱世有治 五筑金陵

### 8.1.1 经济基础

上迄907年唐亡，下至979年宋太宗灭北汉，五代十国前后七十二载。有鉴于它本质上是唐统治秩序瓦解，全国局势混乱的产物，故包括杨吴政权的开创者——杨行密在内的当时各路军阀之发迹史又必须从唐溯源。

金陵重获历史机遇，与杨行密击败北方劲敌朱温，阻止北军南下，有效统治江淮地区息息相关。

杨行密出身卒伍，用二十余年的时间实现了从应募为兵到"全有江淮之地"[245]镇节一方的飞跃，累受唐室加封，自庐州刺史晋为淮南节度使，902年又受封为吴王，一直到937年杨吴为南唐所取代，由杨行密奠基的杨吴政权（十国之一）实际统治中国南方财赋重地——江淮、江东、淮西时间长达35年，且有公私富庶、国力富强的美誉。明末思想家、历史学家王夫之曾赞"天祐以后，天下无君，必欲与之，淮南（杨行密）而已"。[246]

尽管后来杨氏一族大权旁落，军政事务悉决于权臣徐温、徐知诰（李

---

244　南京地方志编纂委员会办公室. 南京通史：隋唐五代宋元卷[M]. 南京：南京出版社, 2016.
245　（北宋）司马光. 资治通鉴[M]. 北京：中华书局, 2011.
246　（明）王夫之. 读通鉴论[M]. 北京：中华书局, 2020.

昇，南唐烈祖）父子二人，以致南唐能够兵不血刃取代杨吴，即便如此，他们保境安民、整顿吏治、轻徭薄赋、鼓励垦殖、节用安民的执政措施基本未变。加之江淮一带本"兼水陆漕挽之利，有泽渔山伐之饶"[247]，社会经济恢复得很快，十数年间，"旷土尽辟，桑柘满野，国以富强"[248]。

自杨吴而南唐，唯一一次的政权嬗变属于和平演变，未破坏生产，也未造成动荡，这在当时篡弑相寻、祸乱迭起的时代环境中，竟属难得。故范文澜先生有点评："在北方，武力凭暴力劫夺，经历了梁、唐、晋三朝，吴国只转移了一次，徐温、徐知诰（李昇）谨慎缓进，远比北方武夫有识见，（南）唐代替（杨）吴，国内免于战争，是五代少有的现象。"[249]

凡此种种，为南方社会进一步繁荣创造了条件。无论是身为杨吴西都，还是南唐国都，金陵城都备受瞩目，得到了较好治理与可观发展。城垣缮筑方面，从914年徐知诰首度营建，到975年南唐亡于北宋前最后一次修筑，见诸多文献的大规模修城至少有五次。

六十余载悉心缮治，金陵城池制度完备，宫室巍峨壮丽，商市繁盛，文教昌明，整座城市欣欣向荣，是当时中国南方政治、经济、文化的第一都会。

---

247 （唐）陆贽.2013.陆贽集[M].杭州：浙江古籍出版社，2013.
248 （北宋）司马光.资治通鉴[M].北京：中华书局，2011.
249 范文澜.中国通史[M].北京：人民出版社，1978.

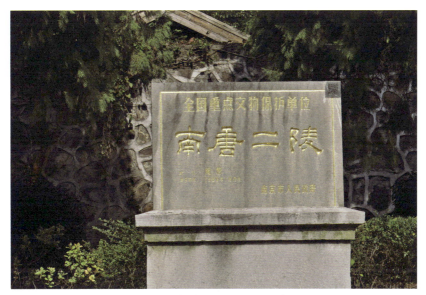

图 8-2　南唐二陵位于南京市江宁区祖堂山南麓

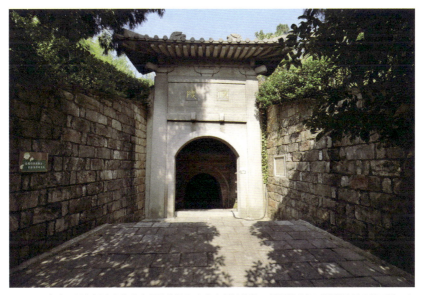

图 8-3　南唐二陵包括南唐先主李昪的钦陵和中主李璟的顺陵，是五代十国时期规模最大的王陵。南唐亡于北宋，后主李煜被押往东京，死后葬于洛阳北邙山

### 8.1.2　上层建筑

隋唐治下，金陵屡为各种势力所觊觎、短暂占据，始终都是一般性地方城市。这种低迷的态势在唐亡后为之一变。

杨吴承唐制度，建都之地才称府，故治下二都，东都称江都府（今江苏扬州），西都名金陵府（今江苏南京）。杨行密卒后，名义上由其子嗣位，实权却握在徐温手中。以徐温之专横与敏锐，早已瞩目到金陵形胜，交通四方，遂自领昇州（今南京）刺史，并遣养子徐知诰知昇州事，治舟师、筑城池，加以经营。他本人仍驻扬州协理朝务。

徐知诰本姓李，徐州人，号称唐宪宗第八子建王恪之玄孙，家道中落，幼为孤儿，战乱年代先后为杨行密、徐温所收养，后改名换姓，与徐温以父子相称，在其麾下效力，因功累迁，才识、能力均在徐氏诸子之上，为之后李代桃僵埋下了伏笔。

**首度修缮**

天祐[250]十一年（914年），金陵城第一次修筑便由徐知诰主持。唐末局势混乱时，混迹行伍的冯宏铎曾盘踞金陵聚水军、治楼舰，后被唐廷招安。唐昭宗大顺元年（890年）冯宏铎出任昇州刺史，曾"增版筑，大其城为战守之备"[251]。冯氏后归于杨行密麾下，故二十多年后徐知诰筑城是有一定物质基础的，然文献仅记全部工程完成于三年后，细节不可考。

不过，从完工后徐温前往巡察，发现"徐知诰治城市府舍甚盛……爱

---

[250] 天祐最初为唐昭宗李晔的第七个年号，天祐元年八月，朱温弑昭宗，改立13岁的辉王李柷为帝，是为唐哀帝。哀帝沿用天祐年号，共计约四年，后禅位于朱温，各路军阀镇节传檄声讨，他们仍奉唐为正朔，故之后又分别为五代十国多个割据政权继续沿用。杨吴太祖杨行密自公元904年开始使用唐昭宗天祐年号，其继者杨渥、杨隆演仍沿用，直到919年杨隆演改元武义止。

[251] （北宋）路振. 九国志附拾遗[M]. 上海：商务印书馆，1937.

其繁富"[252]，"喜其制度壮丽"[253]进而决定徙治金陵，又将徐知诰派往润州（今江苏镇江）任职实可推测，首度缮治想必令徐温十分满意。

**二次增筑**

天祐十四年（917年）第二轮缮治在徐温的授意下紧锣密鼓地开始了，本次修筑主要"营度外城府署"[254]，细务皆委于陈彦谦，相传徐温有意驻金陵，曾向陈彦谦问策。"金陵昔为王者都，今实近畿关辅也，作镇于彼，其谁不往？"[255]后者的建言加速了徐温以金陵为都的步伐。武义二年（920年），工毕城成，改昇州大都督府为金陵府，徐温自领府尹，"置署于城中偏南，即今洪武路南端近内桥"[256]。

**三轮拓建**

大和四年（932年），徐温已卒，徐知诰扫清政治障碍，确立专权地位，并效法"养父"故事，出居金陵遥秉大政，"作礼贤院于府舍，聚图书，延士大夫"[257]，但他显然不满足于查缺补漏的小营缮。当年八月，第三次大规模修城活动拉开帷幕。

此番大兴土木，在原府城城垣的基础上又再向四周拓广二十里。城防堡垒石头城被包入城中，府城南垣一举拓至秦淮河南岸，城市格局焕然一新；又改作旧府署为宫城，拟迎吴帝来居。

十一月，吴帝采汉魏之制封徐知诰为大丞相、太师，以崇其位。与之

---

252 （北宋）司马光.资治通鉴[M].北京：中华书局，2011.
253 （宋）马令，陆游.南唐书（两种）[M].南京：南京出版社，2010.
254 （北宋）路振.九国志附拾遗[M].上海：商务印书馆，1937.
255 刘晓东，等，点校.二十五别史[M].济南：齐鲁书社，2000.
256 马伯伦.南京建置志[M].深圳：海天出版社，1994.
257 （元）张铉.至正金陵新志[M].南京市地方志编纂委员会办公室，编译.南京：南京出版社，1991.

匹配的是这次甚为宏大的拓展与增筑,此时的金陵已然具备了都城的规模。前后五次修筑,规模以第三次为最,"尔后南唐中主、后主的两次筑城可能都只是局部修补,并无大改作"[258]。

天祚三年(937年)正月,太庙、社稷坛等一系列意味深长的修筑工程在金陵城内开建,同时,徐知诰驻跸的牙城改称宫城,府中厅堂称殿,置百官悉如天子之制。十一月,徐知诰果然夺杨吴帝位,自立为帝,改元昇元,国号唐,史称"南唐"。不久,复姓李,改名李昪,是为南唐烈祖。南唐政府以扬州为东都,金陵为都城,改称江宁府。至此,改朝换代与迁都徙治全部完成。

### 四次增固

后周显德[259]六年(959年)已是守成之君李璟执政时期,南唐境况不复烈祖时代"南及五岭,西至湖湘,北据长淮……近僭伪之地最为强盛"[260]之旧观。周世宗三次南征,尽得南唐江北淮南十四州、六十县土地。李璟为避后周讳,改名景,去帝号,称"国主","凡天子仪制皆有降损,去年号,用周正朔"[261]。

李景遣使北上入贡时,周世宗"建议"南唐国主筑城,称"向时则为仇敌,今日则为一家,吾与汝国大义已定,保无他虞;然人生难期,至于后世,则事不可知……可及吾时完城郭,缮甲兵,据守要害,为子孙计"[262]。此时失地称臣、俯首就范的李景不得不遵命修固城池,即所谓:"唐主乃

---

258 杨国庆,王志高.南京城墙志[M].南京:凤凰出版社,2008.
259 此时为南唐中主李璟守成时期,国力日衰,北方后周来攻,兵锋直指江南,李璟被迫尽献江北土地,议定与之划江为界,又去帝号,屈尊改称"江南国主",奉后周正朔,故使用周世宗柴荣的年号"显德"。
260 (北宋)薛居正.旧五代史[M].北京:中华书局,2016.
261 (北宋)司马光.资治通鉴[M].北京:中华书局,2011.
262 (北宋)司马光.资治通鉴[M].北京:中华书局,2011.

城金陵，凡诸州城之不完者葺之，戍兵少者益之。"[263] 这次修治貌似成果丰硕，工程质量之优异二百年后甚至得到南宋爱国志士陆游的点名表扬。陆游在《老学庵笔记》中称："建康城，李景所作。其高三丈，因江山为险固，其受敌惟东、北两面，而壕堑重复皆可守。至绍兴间，已二百余年，所损不及十分之一。"[264] 但现代史家有不同观点，《南京城墙志》认为陆游亲见南唐城墙遗迹高大坚固为实，但言及城为李景所作，值得商榷。众所周知，中主、后主当政时，南唐国势危蹙，财力根本不足以支撑陆放翁所谓"其高三丈，江山险固"的一代巨构，"此次筑城尚仰后周鼻息，恐只是对金陵城郭略事增固、加兵防守罢了"[265]。

### 末次抢修

开宝七年（974年），宋太祖赵匡胤的十万大军饮马长江，攻打南唐。仓促之下，后主李煜"筑城聚粮，大为守备"[266]，以期加强城防。这是五代十国时期金陵城的最后一次修筑。时值社稷倾覆前夕，抵御外敌迫在眉睫，至多也只是对局部防御工事的抢修与加固，仓促应付多，有计划、成规模的实质性修治少。但《十国春秋》仍将其定义为"重筑"[267]，因袭陆游的笔记，称"因江山为险固，其受敌惟东、北两面，而壕堑重复，皆可坚守"，恐有失察。

史载南唐亡国前，李煜已将宫殿仪制规格大为降低，"初金陵殿阙皆设鸱吻，元宗虽臣于周，犹如故。乾德后，遇中朝使至，则去之，使还复设，

---

263　（南宋）袁枢. 通鉴纪事本末[M]. 北京：中华书局，2015.
264　（南宋）陆游. 老学庵笔记[M]. 李剑雄，刘德权，点校. 北京：中华书局，1979.
265　杨国庆，王志高. 南京城墙志[M]. 南京：凤凰出版社，2008.
266　（宋）马令，陆游. 南唐书（两种）[M]. 南京：南京出版社，2010.
267　（清）吴任臣. 十国春秋[M]. 北京：中华书局，2010.

至是,遂去不复用"[268]。宋军攻取金陵未有大破坏,南唐都城、宫城基本得以保存,还为后世所用。两宋时期南京城市格局基本沿袭南唐既有格局。虽然经过沧桑巨变,现代南京城中几乎没有留下南唐的建筑遗迹,我们却很难因此忽略杨吴、南唐这短短几十年给予这座城市的历史馈赠。这一时期统治者对城市的扩容与再塑,顺应时代,成就巨大,影响深远,是南京古都文脉存续过程中至为重要的一页。

图8-4 明代出版的《金陵古今图考》中,南唐江宁府图所示的石头城位于城墙内

---

268 (宋)马令,陆游. 南唐书(两种)[M]. 南京:南京出版社,2010.

## 8.2 城跨淮水 宫城居中

### 8.2.1 破六朝旧制

南宋陆游《南唐书·烈祖本纪》载，徐知诰在"天祐十一年加检校司徒，始城昇州。十四年五月城成"[269]。这一次修建的昇州城"始东南跨淮水，即今城也"[270]，据此可知，南宋时人们还可以亲见杨吴、南唐以来金陵城的样貌。

南唐金陵城改变了六朝都城只包容宫殿衙署的旧格局，第一次南越淮水，将秦淮河下游两岸的繁华商业区和稠密居民区全部包容在内，初步形成了政治、经济、军事有机结合的城、市统一体，被视为南京城市发展史上的重要突破，是南唐建都之于南京城市建设的里程碑式贡献。

南唐金陵城摒弃了此前流行的风水说，从实际需求出发对城市展开规划，明代顾起元《客座赘语》卷一有载："南唐都城，南止于长干桥，北止于北门桥。盖其形局，前倚雨花台，后枕鸡笼山，东望钟山，而西带冶城、石头。四顾山峦，无不攒簇，中间最为方幅。而内桥以南大衢直达镇淮桥与南门，诸司庶府，拱夹左右，垣局翼然。当时建国规摹，其经画亦不苟矣。"[271] 对南唐时期人与自然和谐共处的城市规划予以了肯定。

明《肇域志》曾云："南都城墙，高坚甲于海内。自通济门起至三山门止一段，尤为屹然。聚宝门左右皆巨石砌至顶，高数丈。吾行天下，未见有坚厚若此者。"[272] 二十世纪九十年代，南京市政建设开凿集庆路与凤台路

---

269 （宋）马令, 陆游. 南唐书（两种）[M]. 南京：南京出版社, 2010.
270 （宋）陆游. 南唐书附音释 [M]. 上海：商务印书馆, 1937.
271 （明）顾起元. 客座赘语 [M]. 孔一, 校点. 上海：上海古籍出版社, 2021.
272 （清）顾炎武. 肇域志 [M]. 上海：上海古籍出版社, 2012.

道路口时，城垣凿断处横面中央发现了很多南唐以前的古城砖，有些还是相当有规则堆砌其中的，足以证明明代的这一段城墙根基正是奠立于杨吴及南唐墙基之上。这两个时期确已基本奠定了明朝南京城南部的宏伟规模。

## 8.2.2 拓全新城域

杨吴、南唐时期，金陵城四至较为明确。《金陵古今图考》有详细描述："西据石头，即今石城、三山二门；南接长干，即今聚宝门；东以白下桥为限，即今大中桥；北门以玄武桥为限，即今北门桥。"[273] 具体尺寸据《景定建康志》可知："周二十五里四十四步，上阔二丈五尺，下阔三丈五尺，高两丈五尺，内卧羊马城，城阔丈一尺。"[274]

以当时宋尺每尺 30.72 厘米换算，杨吴金陵城周约 14.02 千米，基本等同于现在实测地图按其城围计算的长度；城垣上端阔约 7.75 米，下阔约 10.89 米，高约 7.75 米。同时，至南唐时期还在护城河与城垣之间，距城墙四丈一尺宽（折合今制约 12.75 米）的地方加筑一道高五尺左右的围墙，一旦敌军逼近，城外居民可撤退暂泊牛羊，故此墙又有"羊马墙"或"羊城"之称。

结合文献记载与考古发掘资料具体而言，杨吴金陵城总体形制方正，受地势、河道所限，部分城墙也有曲折，呈不规则状，大体东起今雨花门沿城墙向北，过今东水关再向北延伸。城墙之外开凿东城壕，即今大中桥向北河道，过复成桥、天津桥、今逸仙桥，再向北至竹桥。城墙约在竹桥处西折处，沿珠江路南侧河南岸，过太平桥、浮桥、北门桥南，西向沿干河沿、五台山麓，并以乌龙潭为护城河之一段，从乌龙潭南岸折至汉中门。最后沿今明城墙南行至今西干长巷与凤台路的交接处东折，其南侧城墙则

---

273 （明）礼部，纂修；（明）陈沂，撰. 洪武京城图志 金陵古今图考 [M]. 南京：南京出版社，2006.
274 （南宋）周应合. 景定建康志 [M]. 南京：南京出版社，2009.

又与明城墙重合，直至与东侧城墙相交而成一封闭城圈。

图 8-5　南唐金陵城第一次南越淮水，将秦淮河下游两岸的繁华商业居民区全部包容在内

史载杨吴金陵城有水陆城门共八个，"由尊贤坊东出曰东门，由镇淮桥南出曰南门，由武卫桥西出曰西门，由清化市而北曰北门，由武定桥溯秦淮而东曰上水门，由饮虹桥沿秦淮而西出折柳亭前曰下水门，由斗门桥西出曰龙光门，由崇道桥西出曰栅寨门"。[275] 据此，则杨吴金陵城东门在今白下路东端的大中桥故址以西；南门即在今中华门位置；西门即明代的石城门，又称汉西门，在今汉中门以南100余米处，正对今石鼓路西端；北门在今珠江路北门桥故址以南；上水门今在东水关，下水门今在水西门以南的西水关；龙光门在明代三山门，今水西门周遭；栅寨门即今虎踞南路涵洞口所在地。鼎盛时期，约17万平方千米的金陵城内，包括皇室、贵族、驻军在内的全体居民估算在40万人左右。至南唐中后期，都城金陵已成五代十国时期南方最重要的政治、经济、文化中心。

---

275　（南宋）周应合.景定建康志[M].南京：南京出版社，2009.

### 8.2.3 创宫城新局

南唐金陵城在空间布局上采用宫城居中的做法，宫城大体位于金陵都城围合空间的中部略北，使整个城市平面呈"回"字形。城市格局相对紧凑，并在宫门南面正门之外开南北走向的"御道"，基本沿袭了六朝时期宫城通向"朱雀门"的御道。为了方便排水，御道两旁开有路沟，称"御沟"，时至宋元，街侧民居屋下仍可见路沟旧迹。道路两旁，设有各类行政官署府衙，即顾起元所谓的"诸司庶府，拱夹左右"。南唐宫城与御道的处理既维持了传统，又便于全城的总体规划与经营，再次凸显了南北中轴线在构建南京城市平面格局上的恒定价值。

南唐御道的道路设施直到明代还有保留，《金陵古今图考》有云："内桥南直抵聚宝门大街，即当时御道也，案《志》：'宫前御街，旁夹大沟，杂植槐柳，台省相望。'今沟犹存。"[276]

后来，明朝统治者在勾画京城城市构架时，显然将中央政务中心东移，另形成新的皇城并划定了新的南北中轴线，但在城西面商市聚居区仍未放弃自六朝、南唐以来而坚持使用的南北中轴线，充分肯定了南唐时期之于南京城市空间发展"承前启后"的历史地位。

不过，杨吴金陵城另有一个显而易见的弱点，便是将重要战略制高点留在了城外，不利于城市的整体防御，却也为后世南京城的修治提供了借鉴。朱元璋主持营建大明帝都时，便一改杨吴南唐金陵城防战守布局的弱点，于内城垣之外再建郭城，尽有金陵城周围所有制高点，极大增强了城市的综合防御能力。

---

[276] （明）礼部，纂修；（明）陈沂，撰.洪武京城图志 金陵古今图考[M].南京：南京出版社，2006.

## 8.3 杨吴城壕 南唐水系

杨吴时期金陵城防创造了城墙、城壕有机结合的范本，基本奠定了后世南京的城市水系格局。

由于改造后的金陵城将秦淮河纳入城中，让利用原有河道与人工开凿新城壕两相结合，打造都城护城河新格局成为可能。为此，当时对金陵水道系统进行了大规模的改造，巧用自然水道，辅以人工河道，连接起完整的护城河系统，即后世所称的"杨吴城壕"。各段城壕的开凿时间与相对应的城墙修筑时间大体相当，主体城壕应该开凿于杨吴天祐、武义年间，南部及部分西部城壕可能开凿于大和年间。

杨吴城壕略长于金陵城周长，南唐城壕与杨吴时期相去不多，据《景定建康志》可知，"阔二十五丈，周四十五里"[277]。换算成今制，宽约83米，长度可达22 500米。此城壕总体格局与实用价值一直延续到明代，《金陵古今图考》有云："自北门桥东南于大中桥，截于通济门外，旁入秦淮。又自通济城外，与秦淮分流，绕南经长干桥，至于三山门外，与秦淮复合者，杨吴之城壕也。"[278]

杨吴城壕水源有三，北引潮沟，南引秦淮，东面利用了部分青溪水道。《至正金陵新志》卷五《山川志·河港》云："其水引钟山南源，经流故迹，绕城东北，复南出月子河，过秦淮南，经伏龟楼，而西接大城港。其在西北者，亦与古清溪故道通流，自西入秦淮。"[279]明人的看法与元代有差别："自

---

277　（南宋）周应合. 景定建康志[M]. 南京：南京出版社，2009.
278　（明）礼部，纂修；（明）陈沂，撰. 洪武京城图志 金陵古今图考[M]. 南京：南京出版社，2006.
279　（元）张铉. 至正金陵新志[M]. 南京市地方志编纂委员会办公室，编译. 南京：南京出版社，1991.

北门桥东南至于大中桥，截于通济内，旁入秦淮。又自通济城外，与秦淮分流，绕南经长干桥，至于三山水门外，与秦淮复合者，杨吴之城壕也。"[280]

青溪发源于钟山西麓、玄武湖东南角，向南流到今竺桥附近，折拐向西。杨吴时期将竺桥北青溪一段分二，即《景定建康志》中记载的"及杨溥城金陵，青溪始分为二。在城外者，自城壕合于淮。"

杨吴时期，青溪流至今竺桥后分流，一支向西，一支向南。

西流一脉流经今珠江路、广州路一线。构成杨吴城壕北段。后明代应天府城北拓，杨吴城壕北段失去既有作用，逐渐湮塞。清以来自竺桥过浮桥、进香河、北门桥的河道仍有遗迹可寻，而北门桥以西的城壕则已淤塞，称"干河沿"或"干河崖"，如今进香河、浮桥、竹桥等地名仍在使用足以证明。而珠江路西段近中山路处也发现有较完整的城壕遗迹。

南流一脉流经今复成桥、大中桥至东水关汇于秦淮河，被视为杨吴城壕的东段，该段城壕至今基本保存完好，只是宽度已大为缩减。

今东水关以南、绕城外长干桥、西行至水西门的河道俗称"外秦淮"，也是杨吴城壕的一部分。其往北即与秦淮河水汇合，构成西面的护城河，杨吴时期北壕之西端利用了原六朝石头城东南的一处水潭，今称乌龙潭。这片形状狭长的水面连接起其护城河的北段与西段。

南唐江宁府也拥有发达的河湖水系，城内河道纵横，水网密布，水域面积远比今天宽广。自然水系包括长江、秦淮河、玄武湖、燕雀湖等；人工水系包括护城河、护龙河、运渎、青溪、潮沟等。值得一提的是，当时城南形成三条河道并存的格局，即现在所称的中秦淮河、内秦淮河和外秦淮河。三条水道自西而东，构成江宁城南一个由河流相围合的都城防御体系及城市排水系统。

---

[280] （明）礼部,纂修;（明）陈沂,撰.洪武京城图志 金陵古今图考[M].南京:南京出版社,2006.

## 8.4 城市空间 有迹可循

### 8.4.1 伏龟楼

伏龟楼始建于南唐，位于都城墙东角隅，主要用于军事瞭望守备，兼有登高观景之功能，是南唐都城城墙的重要组成部分。

此楼得名或与伏龟山有关，宋代杨万里一首诗可为之佐证。南宋绍熙年间，杨万里在建康任江东转运副使时，曾登伏龟楼，写下《与次公幼舆二子登伏龟楼》："周遭故国是山围，对境方知此句奇。偶上伏龟楼上望，一环碧玉缺城西。菰蒲深处拓重城，城上立楼龟唤名。应卜南唐不多岁，何妨俯首纳天兵。"[281] 城西城壕所缺一段，其实就是今西水关至赛虹桥一段，因为再北有秦淮河为天然城壕。这也证明伏龟楼是可以望见城西的。城西城壕缺失一段的原因，估计是因为城南落马涧（今南玉带河）折往西流入长江（今南河古为夹江），也是一道天然屏障，对南边陆路沿江来犯之敌有阻挡作用。

《至正金陵新志》引《宋朝事实》有云："周广顺中，江南伏龟山圮，得石函，长二尺八寸。"据宋代王象之《舆地纪胜》卷一七《江南东路·建康府》载："在府城东角隅。"按周广顺年间，正值南唐中主李璟对外武力扩张之时，伏龟楼很有可能建于此时。

2001 年，有关部门在对明代南京城墙整理维修的过程中，在武定门至雨花门之间的明代城墙东南转角内侧土岗上发现一处大型古代建筑遗迹。南京市博物馆考古工作者随即展开考察，发掘清理出一处长方形平面遗迹，"现东西残长 15.85 米，南北残宽 7.61 米，残高 1.6 米。遗迹东距明代城

---

281 （南宋）杨万里. 杨万里集笺校 [M]. 辛更儒，笺校. 北京：中华书局，2007.

图 8-6　这段掩藏在明代城墙下的砖墙被认为是南唐伏龟楼基址

墙约 1 米，东西向，与明代城墙南段基本平行，南侧部分墙体被叠压于明代城墙之下。遗迹内外均用长方形青灰大砖垒砌，砖长 33.8—39.6 厘米、宽 16.5—18.4 厘米、厚 5.1—6.4 厘米，上下残存砖 21 层，砖缝填以黄泥沙。这处砖构建筑遗迹砌筑考究、坚固，规模较大，从其形制及构筑特征看，应为一处向上略有收分的大型建筑台基，其用砖大多与南唐二陵及南京地区发现的其他南唐墓砖相仿，故始建时代推测为杨吴或南唐时期，遗迹北侧向外延伸的一层砖砌台面则可能铺设于明初。发掘者依据遗迹位置以及实砌砖构墩台的构筑特征，认为它可能是作为南唐都城城垣附属建筑的伏龟楼基址"[282]。

---

[282] 杨国庆，王志高. 南京城墙志[M]. 南京：凤凰出版社，2008.

据此可知，伏龟楼位于今武定门至雨花门之间的明代城墙东南转角处。其楼下有与城墙相连的下大上小的覆斗形台基，楼在城上。

## 8.4.2 护龙河

护龙河一名，最早出自《景定建康志》卷一，指南宋行宫东、北、西三面外的护城河。然卷五《地理图·宋建康行宫之图》中护龙河东侧却标注"伏龙河"，西侧标注"大龙河"。对此，清《同治上江两县志》卷四《考水》及王焕镳《首都志》卷五《水道·青溪》均有考证，推测可能是因以草书字形误作"伏"。此说值得商榷，又一说护龙河得名或因宫城为南唐天子所居。后南唐旧宫被改为宋升州及江宁府治所，护龙河亦改称伏龙河。宋室南渡，一度打算在南唐宫城旧址重建行宫，遂又恢复了旧称。几说不一，尚待考证。元明两代，此河一度称龙河，元代丁复曾有诗云"龙河水南注，西逐秦淮流"[283]，明确记载了龙河的流向及其注入之水系。《明太祖洪武实录》也有"元文宗天历元年始建大龙翔集庆寺，在今都城之龙河"[284]的记载。清中期西护龙河尚有迹可考，后渐湮没。

民国时期，朱偰在今户部街、洪武路交界处考察时，还见有北护龙河及石桥遗迹。论及南唐宫城四至时朱偰曾说："北至小虹桥，今卢妃巷北口，近户部街处，犹有石桥一道，半没淤泥中，一沟自西而东，可五六丈，遗迹犹存；然芜草丛生，沟亦垂垂干矣，以地望考之，南向正对内桥，土人称曰'虹桥'，盖正南北护龙河之遗址也。此桥风景一无足取，然由此可推得南唐宫城北界。其关系殊非浅鲜，故摄影保存之，以质诸海内考

---

283　（清）顾嗣立, 编. 元诗选·二集 [M]. 北京：中华书局, 1987.
284　（明）礼部, 编纂. 明太祖实录 [M]. 上海：上海书店出版社, 1982.

古者。"[285] 他所述的水道遗迹毫无疑问应与南唐宫城护龙河有关，然推测张府园及娃娃桥两地发现的水道两旁的石砌驳岸皆为南唐时期遗存就很值得怀疑。

护龙河宽度不详，偶见《至正金陵新志》卷五《山川志·河港》："护龙河即旧子城外三面壕也，阔十二丈。"[286] 水道东面利用原青溪故道的一段，西面利用部分古运渎，关于其水道流布，文献记载有云："护龙河分青溪之水，自东虹桥下流入河，绕皇城东、北、西三隅，至西虹桥下与青溪复合为一。"[287]

---

285 朱偰. 金陵古迹图考 [M]. 北京：中华书局, 2006.
286 （元）张铉. 至正金陵新志 [M]. 南京市地方志编纂委员会办公室, 编译. 南京：南京出版社, 1991.
287 （南宋）周应合. 景定建康志 [M]. 南京：南京出版社, 2009.

图 8-7　南唐都城北门称玄武门,外北护城河上的玄武桥俗称北门桥,此名沿用至今已逾千年

图 8-8　内桥,位于今南京市秦淮区新街口南

# 第 9 章 东南要郡

公元 975 年，在屈尊改称江南国、被迫尊宋为正统，仍难挡其兵锋南下的情况下，后主李煜奉表纳降，南唐亡于北宋。经此国变，国都江宁府降格为昇州，589 年陈亡隋兴时的悲剧并未重演，金陵地区基本实现了和平过渡。后北方少数民族崛起，与宋室的领土争夺战旷日持久，建康再次幸免于兵火。

宋元时代，中国经济重心最终完成南移，南京不仅未遭贬抑，反被朝廷倚为军政要地。各朝中央政府屡屡通过提高南京的地位，达到掌控江南、转运财赋、兼摄南北、严防割据、平衡大局的目的。南京既处江南核心，又扼南北交通要冲，受重视程度远甚他地，国都地位虽失，经略营缮却不减。这四百年，南京"城墙因袭杨吴、南唐旧址，其周长、形制、四至范围等，殆与之同"[288]，在稳定维持既有格局的基础上，城市面貌亦有长足发展。

## 9.1 节度州府 江南根本

### 9.1.1 龙兴昇州

南京在北宋统治时期曾两度改名。

第一次发生在宋太祖开宝八年（975 年），即李煜辞庙去国之年，江宁府改名昇州，以南唐旧宫为治所，即《景定建康志》卷二十四中所称的"以李煜故府为昇州治"[289]。江南路治首府亦驻于昇州。

第二次改名发生在天禧二年（1018 年）二月，宋真宗 9 岁的皇子赵

---

288　杨国庆, 王志高. 南京城墙志 [M]. 南京：凤凰出版社, 2008.
289　（南宋）周应合. 景定建康志 [M]. 南京：南京出版社, 2009.

受益进封昇王，封地昇州故又称"昇国"，复昇州为江宁府——南京以"昇州"为名自此告别历史舞台。九月，昇王晋封皇太子，改名赵祯，置建康军驻节在此，赵祯本人出任江宁府尹、建康军节度使等职。《宋史·地理志》有载："开宝八年，平江南，后为昇州节度。天禧二年，升为建康军节度。"[290] 两年后，因行政管理的需要，江南路被分为江南西路和江南东路两部分，江南西路治所转设洪州（今江西南昌），江宁府继续为江南东路首府。

公元 1022 年，赵祯继位为帝，史称宋仁宗，江宁府作为"龙兴之地"随即升级为军事等级最高的节度州。

## 9.1.2 府治江宁

北宋时期，南京固然不复京畿地位，却仍不失为宋室控御东南之堡垒。最高峰时全国共设三十六府，东京开封府（今河南开封）、西京河南府（今河南洛阳）、南京应天府（今河南商丘）、北京大名府（今河北大名东北）称京府，地位在次府、诸州之上。江宁府为次府，属于第二等级，下辖五县，其中上元、江宁为次赤级，句容（天禧四年改名常宁）、溧水、溧阳为次畿级，等级都较高。据《通典·职官》："大唐县有赤、畿、望、紧、上、中、下七等之差。京都所治为赤县，京之旁邑为畿县。"[291] 宋因唐制，常以丁户多寡、资地盛衰、水土美恶为依据，评判一地等第，赤、畿之下又有次赤、次畿之分，一般都只设于京师开封附近。南方次府之下有次赤、次畿的，仅江宁府一例。

北宋年间的昇州知州和江宁知府、南宋时期的建康知府通常还兼任路转运使、安抚使，并兼领路兵马统帅、行宫留守、制置使等职，掌经度辖

---

290 （元）脱脱，等. 宋史 [M]. 北京：中华书局，1985.
291 （唐）杜佑. 通典 [M]. 王文锦，等，点校. 北京：中华书局，2016.

境内的财赋储积，兼理民生钱粮、官吏考察、刑狱治安，握有非常权柄，为一方最高行政、军事长官，常由朝廷大员担任，如名臣包拯、王安石等均曾知江宁府。

### 9.1.3 两修其城

北宋江宁府治所设于南唐旧宫内，续用南唐宫城建筑，城墙、城门、护城河一如旧观，见诸史籍的修治有两次。

宋仁宗庆历八年（1048年），"正月壬午，江宁府火。初，李景江南大建宫室、府寺，其制多仿帝京。时营兵谋乱，事觉，伏诛。既而火"[292]。史料显示，火情发生时，李宥刚以谏议大夫知江宁府不久，因畏惧兵变，担心救火可能招致更大祸患，竟任凭大火延烧府廨而阖门不救。昔时李昪、李璟、李煜祖孙三代累事营建的凤阁龙楼最后竟一夕而焚，唯存一间名为玉烛殿的便厅，损失惨重。

几乎在同时，东京汴梁大内"庆历宿卫之变"也在上演。混入宿卫禁军的弥勒教徒趁夜值发动兵变，纵火焚宫，所幸施救得力，帝后成功脱险，唯延和殿遭遇重创。短短一个月之内，开封府、江宁府连遇火警，且都有明显的纵火嫌疑，这暴露出上层统治内部的不安定因素，宋仁宗因此下了罪己诏。而江宁知府李宥组织救火不力在先，奏报敷衍塞责在后，触怒龙颜，仕途从此折戟。朝廷方面认为："江宁，上始封之地，守臣视火不谨，府寺悉焚，宜择材臣缮治之。"[293] 遂指派司农卿林潍代理江宁知府事务，岂料林氏宁被贬官，拒不赴任。仓促之下改命龙图阁直学士张奎前往江宁善后。虽获重建，且号称规制如昔，惜于工时仓促，工料简省，此时的江宁府已不复南唐时的恢弘壮丽。以上为北宋江宁府第一次得到修治。

---

292　（北宋）司马光. 资治通鉴 [M]. 北京：中华书局，2011.
293　（北宋）司马光. 资治通鉴 [M]. 北京：中华书局，2011.

第二次修整是在宋徽宗宣和年间，历时更短、工程量更小，影响甚微。当时，农民起义领袖方腊率部在睦州青溪（今浙江淳安境内）起事，所到之处"官军莫能挫其锋"[294]，连陷六州五十二县，东南为之震荡。为防止事态向北蔓延，朝廷迅速增兵江宁、润州（今江苏镇江）。宣和三年（1121年）春又"诏修江宁府城壁，仍招置修城人兵三百人，专一修浚，不得别兼他役"[295]。对于这类仓促应付的城池修筑行为，南宋臣子、绍兴八年（1138年）进士王之望曾在《乞修城壁壕堑关隘劄子》一文中有过批判："守城最为下策，前所修筑皆类儿戏，止可为虚名文具，岂足抗敌，枉费财力耳。"[296] 鉴于此番修城距离金人灭北宋仅有六年，赵家王朝早已是风雨飘摇，开封府且将不保，大江之南江宁府的修治规模如何，可想而知。

## 9.2　陪都大镇　抗金前沿

　　靖康二年（金太宗天会五年/1127年），金兵攻破汴京，掳走徽、钦二帝，历九帝、享国167年的北宋落幕。次年五月，在宗泽、汪伯彦、黄潜善等人的拥戴下，徽宗第九子、康王赵构在应天府（今河南商丘）称帝，改元建炎，是为宋高宗，南宋伊始。

　　南宋朝廷本系草创，而金人之战略目的既未彻底达成，仍不时南下侵扰，"虏骑所至，惟务杀戮生灵"[297]，屡历战事的中原疲敝史甚。新政府未及稳住阵脚，就被迫从秦岭、淮河一线退居长江以南。建炎四年（1130年）

---

294　（明）徐象梅.两浙名贤录[M].杭州：浙江古籍出版社，2012.
295　（元）张铉.至正金陵新志[M].南京市地方志编纂委员会办公室，编译.南京：南京出版社，1991.
296　卢靖，辑.湖北先正遗书：集部[M].上海：商务印书馆，1914.
297　（宋）徐梦莘.三朝北盟会编[M].上海：上海古籍出版社，2008.

以前，宋高宗基本处于居无定所、疲于奔命的状态，一面应付内乱，一面躲避金人追击，一度甚至遁海避敌，"从行无寝具，帝以一貂皮自随，卧覆各半"[298]，狼狈至极。中央政府百司凌乱，随銮驾四处奔逃，行迹不定。直至1141年"绍兴和议"，宋以屈辱的代价向金纳贡、称臣，才勉强换来以淮水—大散关为界的南北分峙局面。

山河易帜，祸福倚伏，南京城的命运不可避免携裹其中，随军国大势波动。对于南宋政权来说，淮河是长江的外围防线，保江必先固淮，而在两淮防线溃塌之后，作为沿江地区首当其冲的堡垒城市和都城临安的屏障据点，建康长期面临一线军事压力，常以陪都之名履御敌之实，城防屡事兴筑，更多次遭遇实战，一再陷入存亡攸关之境地。终南宋之世，建康作为长江流域军政、经济中心的地位不可撼动，是仅次于首都临安的最重要城市。

### 9.2.1 择都之争

南宋立国江淮以南，势本孱弱，自建立之初，如何处理外交关系——是立志北伐，恢复中原，还是偏居江南，希图苟安，就成为必须解决，却始终未得妥善解决的问题。基于此，朝野上下多个派别展开过旷日持久的斗争，尤以择都之议最为激烈。

起初，主战派代表人物李纲主张三都并建，即以长安为西都、襄阳为南都、建康为东都。岳飞则提议皇帝当回銮汴京，振奋时局，伺机抗金。然而现实却是，川陕、荆襄、江淮客观上连成一线，共同构筑了南宋牢不可破的陆上国土防线，主观上民计军需仍仰赖东南，定都之争逐渐转向建康与临安。其实，争论焦点本不在于对这两座城市高下的判定，其在经济上、

---

[298] （清）毕沅. 续资治通鉴[M]. 北京：中华书局，1999.

交通上固然各有利弊，伯仲难分，本质上是主战还是媾和的博弈，金兵轻易跨过长江，横行江南腹地的行为直接影响了宋高宗当局的决断，故定都大计，久拖不决。事实上，宋高宗在位三十五年，几度驻跸建康，均只作短时间的停留，徒有慷慨陈词，实为惺惺作态。

建炎三年（1129年），高宗御笔亲改江宁府为建康府，又在诏书中信誓旦旦："建康之地，古称名都，既前代创业之方，又仁祖兴王之国，朕本緜代邸光膺宝图，载惟藩潜之名，实符建启之义。盖天人之允属，况形胜之具存，兴邦正议于宏规，继夏不失于旧物，其令父老再睹汉官之仪，亦冀士夫无作楚囚之泣。江宁府可改为建康府，其节镇旧号如故。"[299] 南京被重新冠以六朝故都之名，取代开封府成为留守之地，南宋当局似有重振朝纲、恢复中原之意。然而当年十一月，金兵即渡江攻占建康，高宗旋即南逃，惺惺作态之意暴露无遗。

图 9-1 经济发达，形势至重，宋元时代的南京是中央政府镇遏东南最重要的城市

---

299 （南宋）李心传, 编纂. 建炎以来系年要录[M]. 胡坤, 点校. 北京：中华书局，2013.

当时世人普遍认为"国家之根本在东南,东南之根本在建康。雄山为固,长江为池,舟车漕运,数路辐辏,正今之关中、河内也"[300]。主战派大臣李纲、卫肤敏等人更多次上奏痛陈利弊,类似"天下形势,关中为上,襄邓次之,建康又次之……宜以长安为西都,襄阳为南都,建康为东都,各命守臣葺城池,治宫室,积糗粮,以备临幸。三都成而天下之势安矣"[301] "唯建康实古帝都,外连江淮、内控湖海,为东南要会""扬州非驻跸之地,乞早幸江宁。今钱塘亦非帝王之都,宜须事定亟还金陵"[302]之声不绝于朝堂。即便在定都临安已既成事实多年后,呼吁移都建康者依然大有人在。1164年隆兴和议后,恢复中原、提兵北上早已无望,爱国人士陆游还不忘针砭时弊:"车驾驻跸临安,出于权宜,本非定都。以形势则不固,以馈饷则不便,海道逼近,凛然常有意外之忧……然大江天险,都城临之,金汤之势,比六朝为胜,岂以淮为固耶?"他还在《登赏心亭》诗中写道:"黯黯江云瓜步雨,萧萧木叶石城秋。孤臣老抱忧时意,欲请迁都涕已流。"[303]

迫于形势,宋高宗屡次表达北伐意愿,前后三次前往建康,设行宫"以备巡幸",更一度诏筑太庙于建康,大造"今地之可都者,莫如金陵"之舆论。然靖康之变记忆犹在,金军攻势又凶悍频密,惊惶积弱的南宋政权终究倒向了畏敌与偏安。绍兴八年(1138年),最终定临安为"行在"。临安位居两浙中心,又是大运河南方终点,似可稍图安居,相形之下,"建康不如临安之为巩固矣……与虏仅隔一江而居,烽烟之警,无日无之,六宫百官,何以安处?此南宋所以不终都建康也"[304]。

南渡以后,南宋朝廷在兴元府(今陕西汉中)、江陵府(今湖北荆州)、

---

300 (南宋)李心传,编纂.建炎以来系年要录[M].胡坤,点校.北京:中华书局,2013.
301 (清)毕沅.续资治通鉴[M].北京:中华书局,1999.
302 (元)脱脱,等.宋史[M].北京:中华书局,1985.
303 (南宋)陆游.陆游选集[M].王水照,高克勤,选注.北京:人民文学出版社,1997.
304 (明)顾起元.客座赘语[M].孔一,点校.上海:上海古籍出版社,2021.

建康府、镇江府（今江苏镇江）等地设置十支御前诸军都统制司，统制正规军精锐，严格布防。建康作为大江南地区第一面北门户，时刻处于抗金前沿，一方面军机防务殊重，城中有庞大驻军，城北沿江地带戒备更为森严。而另一方面，虽有大江天险可守，又有虎踞龙盘之势，建康终难逃兵戈之患。

须当注意的是，金宋及后来蒙宋的交兵迫使大批北方移民为避战而南迁，涌入腹地广阔的江南。间接导致了永嘉南渡、安史之乱后，中国历史上的第三次人口大迁徙。南京素有纳侨传统，东晋、刘宋时代，都城建康周边即设置许多侨州、侨郡、侨县用以安置北民，关于这一点，谭其骧先生在《晋永嘉丧乱后之民族迁徙》一文中强调过："江苏省所接受之移民，较之其他各省特多，以帝都所在故也……至侨民麇集之地，则江南以今之江宁、镇江、武进一带为最。"[305]安史之乱后，"天下衣冠士庶，避地东吴"[306]，唐帝国"辇越而衣，漕吴而食"[307]，俨然大势已去。

从靖康之乱到金宋对峙的几十年间，北方移民相携南迁，成为中国人口北消南长的转折点。"据正史的户籍记载，西汉元始二年，江南户口不过占全国的十五分之一。到北宋末年却已占全国一半以上……当时两浙、淮南、江南东、江南西四路，个别户数都超过一百万，冠于全国。"[308]充沛的人力资源让南方地区的进一步开发成为可能，本已有相当规模的江南经济因此更具活力。建康仍为接纳流民的要地，几乎是移民渡江流寓的首选地，北来定居、务农、经商者甚众，政府亦采取相应优待措施劝课农桑，恢复垦殖。建康府城及其周边地区贸易、手工业愈加繁盛，"市廛五方杂处，生聚之盛……询汉唐诸史未有也"[309]。"勤无旷土，富无负租……游民行

---

305 谭其骧. 长水集 [M]. 北京：人民出版社，2011.
306 （唐）李白. 李太白全集 [M]. （清）王琦，注. 北京：中华书局，2011.
307 （清）董诰，编. 全唐文 [M]. 上海：上海古籍出版社，1990.
308 陈正祥. 中国文化地理 [M]. 北京：生活·读书·新知三联书店，1983.
309 （南宋）叶梦得. 石林燕语 [M]. 北京：中华书局，1984.

商分屯之旅，假道之宾客，杂沓旁午，肩摩毂击，穷日夜不止"[310]。据此，后人实可了解，南宋时期的南京不仅以军政大镇之姿屹立于外交与军事前沿，亦是当时全国民族融合与经济繁荣的优秀范例，而市农、人丁的兴旺亦与城池兴筑形成良性互动关系，进一步滋养了城市的发展，所谓"罗绮一城，富六朝之风物；弦歌千里，锦万世之衣冠"[311]正是两宋年间金陵繁华的生动写照。

### 9.2.2 两迁府治

两宋相袭，建康府辖治不变，仍据有上元、江宁、句容、溧水、溧阳五县。上元、江宁两县仍为次赤级县，分理城内四厢二十坊，同城附郭而治。余下三县为次畿级，一如旧制。

建康府治原设在南唐宫城内，建炎三年（1129年）宋高宗首次驾临建康，先驻跸保宁寺神霄宫，后以南唐旧宫为行宫，又称"皇宫""大内"。如此，府治不得不改迁他处，起先寓治在饮虹桥保宁坊地界的保宁寺。绍兴三年（1133年）起又迁往江南东路转运司廨署，新府治"在行宫之东南隅，秦淮水之北"[312]，"西邻南唐御街，北沿青溪，即今内桥东南、中华路以东、锦绣坊巷、慧园街以北、王府园小区一带"[313]。府治坐北面南，穿过仪门、府门、过清心堂方为府衙正堂——悬有御题匾额的"忠实不欺之堂"。"安抚司金防在西防之西，制置司金防在仪门之东，府都金防在仪门之西。"[314]自此直到南宋统治结束，包括建康知府、行宫留守、制置使、安抚使、宣

---

310　（南宋）周应合.景定建康志[M].南京：南京出版社，2009.
311　（南宋）楼钥.攻媿先生文集[M].北京：北京图书馆出版社，2005.
312　（南宋）周应合.景定建康志[M].南京：南京出版社，2009.
313　南京地方志编纂委员会办公室.南京通史：隋唐五代宋元卷[M].南京：南京出版社，2016.
314　（南宋）周应合.景定建康志[M].南京：南京出版社，2009.

抚使、兵马都督在内的当地所有军政人物，全部在该处设治办公。

## 9.2.3 累修其城

终南宋之世，建康府频繁修筑城池，可考的不下九次，多因边防形势所迫和皇帝驻跸所需，建设工期都不长，规模也有限。究其原因，莫出国步维艰，财政拮据，"国耻未雪，诸多顾忌，未克任意施展，仅就州城府治兴葺重造，故云'皆从简省'"[315]。

第一次修筑发生在建炎元年（1127年），高宗甫一登基，即"赐钞盐钱十万缗，使修江宁城及缮治宫室，以备巡幸"[316]，并要求江宁知府翁彦国力行俭省，勿尚华饰。结果翁知府非但不惜民力，更横征暴敛，另从江西征调数百万块城砖水陆并用运往建康，沿江州县民怨一片沸腾。高宗一方面宣谕责备，一方面又默认了右相李纲所谓"创修宫室，一新城池，鸠工聚材，计置砖灰，工程浩大"[317]的解释，在原本十万贯钱之外，再拨两浙、淮南盐钱四十万贯以资营缮，并增修景灵宫，用以供奉先帝诸后，勉强承袭汴都景灵宫旧名。数十日后又诏令"成都、京兆、襄阳、荆南、江宁府，邓、扬二州皆储资粮，修城垒，以备巡幸"[318]。建康一城之缮治逐渐发展成为南宋北境防线自西向东的一轮筑城风潮。

第二次修筑在建炎三年（1129年），即高宗诏改江宁府为建康府当年。是年三月，苗傅、刘正彦二将发动的兵变被扑灭，主张朝廷南逃苟安的投降派势力受挫，高宗本人险遭下台危机。压力所迫，高宗移驻江宁府稳定军心，鼓舞士气，慷慨陈词道："以江宁府王气龙盘，地形绣错，据大江

---

315 梁思成. 中国建筑史 [M]. 北京：生活·读书·新知三联书店, 2011.
316 （北宋）司马光. 资治通鉴 [M]. 北京：中华书局, 2011.
317 （南宋）李纲. 李纲全集 [M]. 长沙：岳麓书社, 2004.
318 （元）脱脱, 等. 宋史 [M]. 北京：中华书局, 1985.

之险,兹惟用武之邦,当六路之冲,实有丰财之便。将移跸暂住大邦,外以控制于多方,内以经营乎中国。"[319] 御驾所至,缮治工程随即展开。江东安抚使李光奏请增筑行宫后殿,修盖三省、枢密院、百司及营房,高宗一应准奏并嘱咐:"第令具体而微,毋困民力……但令如州治足矣。"[320] 不料当年八月,金人再度南下,饮马长江,渡江只在旦夕。国步维艰,高宗惧敌畏战,仓皇逃离建康,移跸临安,筑城修宫事宜不了了之。

第三次兴筑发生于金军占领建康期间,由金人主导。始于建炎三年(1129年)十一月,建康知府陈邦先献城以降,引金军入城,终于翌年六月入夏前,金人焚城掠财渡江北去,历时约半年。金人原有长驻建康的打算,故驻留期间"陆修城垒,水造战船"[321],并沿钟山、雨花台军营设栅开河以资护卫。然而考虑到暑天伊始,军士不耐酷暑,东南雨水也将增多,于骑兵作战不利,遂又北撤。金人来去匆匆,临逃前不忘大肆破坏,劫掠焚烧,将城中府廨馆阁付之一炬。其时,官员汪藻曾在奏折中称:"金人在建康筑城,为度夏计,臣虽幸其不然,然心窃忧之,以为中原困于腥膻而得少休息者,正赖其不能触热,故尝以寒方至,未暑先归……金人已渡复回者累累不绝……乃反去而复回,其欲留建康明其……建康为东南咽喉、国之门户也。天下转输、朝廷号令,未有不由此而通者。若金人果长据此,则东南馈饷遂绝。"[322] 这条史料显示,一如以往所有北方民族南侵的惯例,金人也总是在秋高马肥时挥师伐宋,久而久之,南宋一方掌握了规律,控江"防秋"待战遂成传统。而金人由于深入汉人腹地,军备给养供应本不便利,又不善于对占领地区的控制与巩固,故而建康城唯一一次由金人实施的修城行动便如草原铁骑一般,来去匆匆,毁誉参半。

---

319 (南宋)周应合.景定建康志[M].南京:南京出版社,2009.
320 (清)毕沅.续资治通鉴[M].北京:中华书局,1999.
321 (南宋)周应合.景定建康志[M].南京:南京出版社,2009.
322 (南宋)徐梦莘.三朝北盟会编[M].上海:上海古籍出版社,2008.

等到绍兴元年（1131年），叶梦得以江东安抚大使身份镇抚建康时，目之所及尽是荒残景象，之前屡次营建成果付之东流，江防要地、国防重镇建康不得不再次进行修治。同为要地，与建康隔江相望的六合县也在修整之列。两年前金兵铁蹄蹂躏淮泗，轻易渡江，让宋廷意识到巩固江防之必要，遂有了黄天荡战役之后的这次筑垒修缮。"绍兴二年，步帅阎仲请于朝，就旧壕筑城，命步司统制杨世元董其役。北门曰德胜，东门曰宁真，西曰清滁，南曰通济"。此次修治，筑就包砖正城一座，"通长八百六十四丈五尺"[323]，开入宋以来，官筑六合城垒之先河，拱卫了建康府的北面门户。

第四次和第五次修城时隔两年，分别是绍兴五年（1135年）与七年（1137年）。这期间，宋金双方兵力胶着于川陕、江淮之间，而宋军稍有胜绩，时局相对缓和。高宗结束了在绍兴的流亡生涯返回临安，不断命建康守臣着手修城浚壕，缮治行宫，以备再次驻跸。鉴于累经战事，民力凋敝，建设工期又与农桑时节重叠，为不妨碍农事，官府不得不从附近太平、广德、宣城、池州等地征调三千民夫配合在城厢兵一同执役，应付繁重的工程。绍兴七年三月，宋高宗在岳飞的护送下二度驻跸建康，"四月癸巳，筑太庙于建康，以临安府太庙为圣祖殿。戊戌，修浚建康城池"[324]。囿于储备短缺、民力困乏，本轮修治工期短促，不久即告停。

第六次修筑是在绍兴八年（1138年）。其时恰逢金廷内部改朝换代，无暇南顾，他们扶植的伪齐政权多行不义也应声倒台。北面的威胁暂时解除，坚心乞和避战的南宋暂获喘息，与金"议和"表面上取得重大进展。和议虽成，军备却不可松弛，出于居安思危的考虑，高宗知会宰相秦桧："宜

---

323　江苏省地方志编纂委员会. 江苏省通志稿2: 方域志·都水志·建置[M]. 南京: 江苏古籍出版社, 1993.

324　（元）脱脱, 等. 宋史[M]. 北京: 中华书局, 1985.

于沿江筑堡驻兵，令军中自为营田，则敛不及民，而军食常足，可以久也，仍修建康，为定都之计，先宗庙，次太学，而后宫室。"[325] 至于修治工程开展进度究竟到何种地步，史无铭文，有待进一步考证。

第七次修治在绍兴三十二年（1162年）。此期间因金国内乱，无暇南顾，金世宗甚至遣使谕宋"罢兵，归正隆所侵地"[326]，双方战事暂休，常常谈金色变的宋高宗得以第三次也是最后一次巡幸建康。相关接驾工作随之展开，修缮府城、行宫自是其中最重要的一环。阔别三十二年再临建康，高宗仍只停留了月余即离开。至此，南宋初年建炎、绍兴以来，与建康府城有关的缮治工作告一段落。

第八次修治发生在隆兴年间和乾道初年（1163—1165年）。此时已是宋孝宗治下，新帝御极，似有锐意恢复之态，对建康府的修整在大江南北先后开展：隆兴二年（1164年），戍守六合的郭振奉江淮宣抚使张浚之命，率步军在六合城北建成砖构城垒两座，砖砌之城称"北城"，"西展思治坊，北展太平坊之地，又于城北开壕积土因为城垒"，与"正城相通，长五百七十五丈三尺，砖包砌"[327]。浮桥之南夯土之城称"南城"，"长五百五十四丈五尺"[328]。另一种看法则认为，南城为既有，此期间郭振并非新筑，仅为修复，并"参照宋朝墙砌法，多采用砖顺砌，间或一排丁砖纵向平砌，黄泥沙浆，层层'收分'"[329]。两年后行将工毕，步军司陈敏曾奏："六合县北大城修筑包砌，将已圆备，见将创造到万人敌、马面子、团敌、通过楼二十二座，接续卓立，以为杆"[330]，足见其设施完备，防御

---

325 （南宋）李心传，编纂. 建炎以来系年要录 [M]. 胡坤，点校. 北京：中华书局，2013.
326 （元）脱脱，等. 金史 [M]. 北京：中华书局，2019.
327 六合县志编纂委员会. 六合县志 [M]. 北京：中华书局，1991.
328 江苏省地方志编纂委员会. 江苏省通志稿2：方域志·都水志·建置 [M]. 南京：江苏古籍出版社，1993.
329 骆远荣. 六合宋城 [J]. 江苏地方志. 2012（4）. 30-31.
330 （清）徐松. 宋会要辑稿 [M]. 刘琳，刁忠民，舒大刚，等，点校. 上海：上海古籍出版社，2014.

功能卓著。在江南，乾道元年（1165年）建康府因"城池颓塞，久而弗治"[331]获朝廷拨款二十万贯钱，知府汪澈受命主持兴筑工程，计划维修鹊台、女墙等城防设施。

第九次修筑是在乾道五年（1169年）。时任建康知府的史正志善察时局，精通政事与兵务，对建康的战略地位有清醒认识与细致规划，甫一上任即奏陈孝宗应加固城垣，谨防敌人偷袭。坐镇建康期间，史正志外筑城垒，增固城防，圈地设立船场，增造战船，修缮或新建了镇淮桥、饮虹桥、东冶亭、二水亭、青溪阁等一系列重要市政建筑；内修政务，发展文化，设建康贡院，助力科举，主持修撰《乾道建康志》十卷。"虎踞龙蟠何处是，只有兴亡满目……儿辈功名都付与，长日惟消棋局。"[332] 这首《念奴娇·登建康赏心亭呈史致道留守》为当时担任建康通判的辛弃疾所作，他与史知府志同道合，履职期间，二人振举职务，护城爱民，政绩斐然，常聚议抗金大计，寄望中原统一，在南京的文化史和城市建设史上留下一段佳话。

建康府最后一轮营缮工作基本在宋理宗景定年间（1260—1264年）完成，并于宋度宗咸淳元年（1265年）收尾。马光祖三知建康府，百废修举，防拓要害，对府城进行了规模巨大的改造与修治。其间他疏浚城壕达4765丈之多，开壕所获之土又用以培厚城垣，增筑羊马墙，创修硬楼四所，筑瓮城，作粮仓，知无不为。其继任者姚希得也大力重修府城诸门，砌筑街坊，修整税亭、备屋、廊宇等。两任知府于城防建设之余，对市民阶层呼吁的市政设施增修多有助力，赏心亭、白鹭亭、折柳亭、伏龟楼、佳丽楼、知稼亭等一众文化景观的新建与重修，对于南京城园林文化、市民文化的勃兴有着重要意义。而后马光祖再度复任，又创修四城门接官亭，务求规制完善。

赏心亭

---

331 （南宋）周应合. 景定建康志 [M]. 南京：南京出版社，2009.
332 （南宋）辛弃疾. 辛弃疾集编年笺注 [M]. 辛更儒，注. 北京：中华书局，2015.

图 9-2 赏心亭在宋代号称金陵第一胜迹,苏轼、辛弃疾、陆游等人都曾登临观览,留有佳作

图 9-3 承袭南唐规模的宋建康府城屡事增筑,垣高池深,防御功能卓著,入元后又沿用近百年

得益于相对频繁的修整与营缮，两宋时期的南京城不仅是当时南方社会经济发展的物质实证，也是政治分裂、军事对峙的时代背景所造就的特殊范例。特别是南宋后期屡事修整后的建康府，垣高池深，防御完备，功能齐全，直到元代还在使用，世人称颂，《至正金陵新志》就曾载："盖至景定数十年间，更易多矣。今集庆旧规，大抵皆马制置光祖所记。"[333] 值此华夏震荡、局势维艰的特殊历史时期，南京城未曾间断的城市建设，重塑了一己之身，夯实着其作为长江中下游政治、经济中心城市的地位，再度提高了南方城市在中国城市体系中的历史地位，泽被后世，传承深远。

---

333　（元）张铉.至正金陵新志[M].南京市地方志编纂委员会办公室,编译.南京：南京出版社,1991.

## 9.3 军政中心 领袖东南

有元一代,南京的"陪都"地位不再,但其作为集庆路、江东道和江南诸道行御史台治地,下辖三省十三道,统四百五十县,地跨江汉南北,东尽江左,西接夜郎,南越海表,继续被中央政府倚为重地,延续了宋以来卓越的政治、经济、军事地位。在元空前庞大的帝国版图上,自建康而集庆,南京始终都是南方中国最重要的城市。

### 9.3.1 宋元易代

公元 1234 年,金亡于蒙古,宋人"端平入洛",短暂恢复开封、洛阳、应天"三京",蒙古军以此为借口大举挥师南下攻宋。灭金期间,宋与蒙古短暂的联盟关系宣告破裂,战争爆发。双方的领土攻守战持续了 46 年之久,结束于崖山海战后,南宋全军覆没,陆秀夫背着八龄少帝赵昺蹈海自尽的 1279 年。宋元易代过程漫长、战事卓绝,然而从元军占领建康(南京),到以其为基地,直取南宋京师临安,却只用了短短一年时间。

襄阳之役苦撑七年,宋军终失其城,元军打开取襄平淮、浮汉占鄂的新局面,进入占领土地与消灭汉人抵抗军队有生力量双管齐下的新阶段。自此,蒙古铁骑高歌猛进,一路蔽江东下,沿途市镇大多望风归附。南宋陪都建康则是该战略实施后取得的第一座大城市。

元世祖至元十二年(1275 年)二月,蒙古军统帅伯颜于丁家洲(今安徽铜陵东北)之战中大获全胜:"(宋)军马十三万……溺死无算,得船二千余艘,及其军资器仗、图籍符印。"[334] 宋室权臣贾似道从督战前线

---

334 (明)宋濂,等,撰.元史[M].北京:中华书局,1976.

遁逃至扬州，江东、淮西诸郡应势俱降，建康完全暴露于一线，沿江制置使兼知建康府兼行宫留守赵溍仓皇逃往京口（今江苏镇江），都统徐王荣、翁福等人献城以降。元军得以"师次建康之龙湾，大赉将士"[335]。三月，蒙古人兵不血刃取得建康府。南京进入由元人经略的时代。

驻军建康，元军一改往日每得一城即掠杀震慑的弊习，一未屠掠，二未扰民，伯颜甚至恪守忽必烈的训诫"令诸将各守营垒，毋得妄有侵掠"[336]。建康易主，南宋京师临安失去了最后的屏蔽，统一进程加速。

改朝换代之际，建康城内除南宋行宫遭到些许破坏，其他基本保持了前朝风貌，过渡平稳，繁华延续，大批西北移民亦随之到来，城中不乏蒙古人、色目人、契丹人、畏兀儿人行商、为官、定居。如此景象，在拒不投降、不食周粟而死的宋臣文天祥看来，是"山河风景元无异，城郭人民半已非"的寥落，更是"万里金瓯失壮图，衮衣颠倒落泥涂"[337]的悲情。在稳定发展后的元民撰写的地方志书里，又是另一番景象："金陵之降，市不易肆，休养生息，几及百年，生齿日繁……礼乐兴矣。"[338]情势既易，立场自不相同，人们对南京城市图景的勾勒自然完全两样。

### 9.3.2　经略建康

《元史》卷五十八《地理志》有云："唐以前以郡领县而已，元则有路、府、州、县四等。大率以路领州、领县，而腹里或有以路领府、府领州、州领县者，其府与州又有不隶路而直隶省者。"[339]尽管写进正史的正式行政机构只有

---

335　（元）刘敏中.平宋录 校正元亲征录[M].（清）何秋涛，校正.北京：中华书局，1985.
336　（明）宋濂，等，撰.元史[M].北京：中华书局，1976.
337　（南宋）文天祥.文天祥诗选[M].黄兰波，选注.北京：人民文学出版社，1979.
338　（元）张铉.至正金陵新志[M].南京市地方志编纂委员办公室，编译.南京：南京出版社，1991.
339　（明）宋濂，等，撰.元史[M].北京：中华书局，1976.

路、府、州、县四级，但众所周知，元帝国幅员之广，远超汉唐，主政者又是占全国人口绝对少数的蒙古族人，非设行省不足以统治。在实际操作中，最高行政机关中书省之下还有行中书省，一称行省。行，有在外之意，行宫、行辕都取此意，行省即中央驻派地方代行职权的分支机构，统务辖区内"钱粮、兵甲、屯种、漕运及其他军国重事……距离省治远的地方，另设宣慰司……作为行省的派出机构"[340]。行省而下才设道、路、府、州、县。

元时，南京是多重行政建置的汇集地。一作路治，前名建康，后名集庆，先后隶属江淮行省和江浙行省下的江东道；二作为中央监察机构御史台的外派机构之一——江南诸道行御史台的治所，监临东南三行省、十道的监察、提刑事务；三是一度作为江淮行枢密院、行宣政院的治所，统领江南军务、宗教事务。

1275年元军初得建康，大都方面旋诏令军事统帅伯颜以行中书省入驻建康，在原南宋建康府衙设治办公。按照钱穆先生的分析，"元代的地方政权不交在地方，乃由中央派行中书省管理……所以行中书省只是流动的中央政府"[341]。此时此刻，行中书省几乎与元军同时把持建康府，当真不在于行政便利，其实在于军事控制。鉴于当时周边战事未平，朝廷又暂设建康知府和江南东路安抚使二职，用以招抚其他江南州县。《南京通史：隋唐五代宋元卷》称："元灭南宋的过程中，建康地区因为是元军进军路线上的重镇，其行政区划设置大多具有临时的性质。"[342]这与《南京建置志》所述"元代初年用兵，每于新入其版图地区，分置安抚司治理，稳定后再设路，以总管府治之"[343]的情况基本相符。

---

340 赵华富. 论忽必烈"行汉法"的原因[J]. 史学月刊, 1985 (4). 22-28.
341 钱穆. 中国历代政治得失[M]. 北京：生活·读书·新知三联书店, 2001.
342 南京市地方志编纂委员会办公室. 南京通史：隋唐五代宋元卷[M]. 南京：南京出版社, 2016.
343 马伯伦. 南京建置志[M]. 深圳：海天出版社, 1994.

1276年，元人于建康设江东道宣慰司，管辖相继归降的江东诸路，亦以故建康府治为府衙。

1276年，宋帝赵㬎在临安退位降元，与谢太后一起被俘，号称"北狩"，江浙一带原南宋腹地尽归元版图，政局趋于稳定，元政府乃罢建康宣抚司，设建康路，辖上元、江宁、句容、溧水四县，1291年，溧阳县也并入，遂成定制。1275年，溧水、溧阳两县民户均超五万户，升为州，仍在建康路治下。同年，原建康宣抚升任江东道宣慰使兼建康路达鲁花赤（蒙古语"掌印者"的音译，一作达噜噶齐，为成吉思汗所设，为蒙元帝国地方各级的最高长官，多由蒙古人担任），为行政长官并负有监督之责。江东道宣慰使的署衙称宣慰司，设在原南宋建康府治内，"其地当在今内桥东南，中华路以东，东锦绣坊巷、慧园街以北，王府西园一带"[344]。建康路达鲁花赤则在原南宋都钱府址办公。

1292年，元帝国第一级行政机构之一的江南诸道行御史台，在扬州、杭州、江州、宣州、建康等多地反复游移后，最终定治建康，以原南宋皇帝行宫为治所。江南诸道行御史台，简称"江南御史台"，百官按察、司法刑狱、钱粮农务、民吏兴弊等大小事宜一应监理，辖治江浙、江西、湖广三行省以及"江东建康、江西湖东、浙东海右、江南浙西、岭北湖南、江南湖北、海北广东、岭南广西、福建闽海、海北海南"[345]十道，权辖极广，作用在于"监临东南诸省，统制各道宪司"[346]。江南御史台治地一直在南京，直到至正十六年（1356年），朱元璋强渡天堑，攻取集庆（南京），江南御史台治所才移至绍兴直至元朝灭亡。而"吴王"朱元璋进驻南京后的一个办公与生活场所便是元江南御史台官署。

---

344　马伯伦. 南京建置志 [M]. 深圳：海天出版社, 1994.
345　吕宗力. 中国历代官制大辞典 [M]. 北京：商务印书馆, 2015.
346　（明）宋濂，等，撰. 元史 [M]. 北京：中华书局, 1976.

终元之治，元政府仅设京畿（中台）、江南（南台）、陕西（西台）三个行御史台，"元中台建于大都，西台建于陕西，南台建于建康。其余各道设廉访司，隶于三台"[347]。西台治所设在奉元路（今陕西西安），南台设在建康，一个控扼关中西陲，一个监临东南沿海，平分秋色，纠察非违、镇遏军民的意图非常明显。

除此之外，南京在元治下还曾是江淮行枢密院和行宣政院的驻地。江淮行枢密院位于东锦绣坊，今王府西园周遭，执掌军务，行宣政院设在水西门赏心亭，统领江南地区宗教事务。设于南京的其他政务机构除前文提及的江东宣慰司，还有衙署位置约在今张府园一带的江淮等处财赋提举司，以及直属行中书省的集庆路总管府。集庆路总管府又名达鲁花赤总管府，治所在城内屡有迁移，一度设于西锦绣坊，即内桥西南侧，中华路以西、天青街以东区域。

综上可知，在元朝统治者心目中，南京地区兼有地缘优势和历史积淀，堪当领袖东南的重任，在元代国家政治、军事格局中占有举足轻重的地位。

### 9.3.3 改称集庆

南京在元代有建康、集庆两种称谓。

1275 年元军进驻建康府，一直袭用南宋旧称。1329 年，元文宗上台，次年改即位前的出居之地建康为集庆，寓意"汇集喜庆"。此举与南宋光宗先受封恭州王，后受禅即皇帝位，赐升潜邸恭州为重庆府，以贺"双重喜庆"异曲同工。

第一重喜庆发生在 1324 年，图帖睦尔被泰定帝封为怀王，获赐皇家黄金印。次年他离开大都出居建康，以建康路为怀王府所在地，王府故址

---

347 （明）叶子奇. 草木子 [M]. 吴东昆, 点校. 上海：上海古籍出版社, 2012.

在今朝天宫东王府大街一带；第二重喜庆即天历元年（1328年）图帖睦尔由怀王而皇帝，于次年改建康路为集庆路。

对此，《元史》卷三十三《文宗本纪》有载："天历二年，改潜邸所幸诸路名：建康曰集庆，江陵曰中兴。"[348]《至正金陵新志》也称："天历二年，以文宗潜邸，改建康路为集庆路。户二十一万四千五百三十八，口一百七万二千六百九十。领司一、县三、州二。"[349]

地名虽改，建置未易，集庆路仍辖上元、江宁、句容、溧水、溧阳五县。到元朝末年，因人口户数的变动，溧水、溧阳升格为中州，仍隶属集庆路，余下仍为县制。元代路制分上、下两个等级。显然，地当要冲、经济富庶的集庆路是等级更高的上路。

文宗图帖睦尔是在历经皇权争夺的血雨腥风后登上帝位的，早年深陷皇权派系斗争漩涡，一度被流放至海南岛，后获封怀王，出镇江陵（今湖北荆州）、建康等地，深受汉文化熏陶，与当世饱学名士虞集、柯九思等人多有交游，热爱诗歌、书画、篆刻，多有诗文、画作传世，是元代诸帝中汉文化修养较高的一位，《书史会要》甚至评价文宗："甚有晋人法度，云汉昭回，非臣庶所能及也。"[350]《登金山》《望九华》等诗是他对江南山水的赞美。《自集庆路入正大统途中偶吟》更为知名："穿了罴衫便著鞭，一钩残月柳梢边。二三点露滴如雨，六七个星犹在天。犬吠竹篱人过语，鸡鸣茅店客惊眠。须臾捧出扶桑日，七十二峰都在前。"[351]抒发了图帖睦尔作别集庆，星夜兼程奔赴大都继皇帝位的迫切心情。

事实上，改名集庆是元文宗敕造大龙翔集庆寺的衍生事件，修寺在前，

---

348 （明）宋濂,等,撰.元史[M].北京:中华书局,1976.
349 （元）张铉.至正金陵新志[M].南京市地方志编纂委员会办公室,编译.南京:南京出版社,1991.
350 （元）陶宗仪.书史会要[M].北京:北京师范大学出版社,2016.
351 （清）顾嗣立.元诗选·二集[M].北京:中华书局,1987.

改名在后。入继大统前，文宗留居江南数载，笃信佛法，即位后即在建康"潜邸"旧址周遭广征土地，营建大龙翔集庆寺，经费一应由大内拨付，甚至为了督造事宜专门成立了集庆万寿营缮都司。天历三年（1330年）寺庙落成，"缭以垣庑，辟之三门，而佛菩萨天人之像设，缨盖床座严饰之具，华灯音乐之奉，与凡所宜有者，皆致精备，以称上意焉"[352]，尽依宫室之制，规格超凡。更延请杭州大慧派禅僧大䜣入住掌门，门内僧侣一律免除赋税差役，又诏敕江南行台御史中丞赵世延、奎章阁侍书学士虞集为寺撰文刻石，香火之盛、地位之高，冠绝五山。

初建时，大龙翔集庆寺地界在"城正北隅闪驾桥北"[353]，据南京师范大学王志高教授考证，元代闪驾桥即今鸽子桥，"寺址中心应在今张府园地区，大致南以今建邺路北为线，北到富民坊，南抵钟山南路，西至木料市、大香炉"[354]。而等到明万历年间葛寅亮修《金陵梵刹志》时，大龙翔集庆寺不仅早已改称天界寺，寺中殿宇也毁于洪武二十一年（1388年）的一场大火。

虽遭变故，但盛名不坠，改名重建后的天界寺于"都城外南城凤山，离聚宝门二里"[355]重开山门，规模甚大，建筑类型至为完备，与大报恩寺、灵隐寺并称金陵皇家敕建三大寺。先后有善世院、僧录司这两个全国最高僧司衙门在寺内设席办公，总辖全国僧尼。洪武初年，朱元璋召集宋濂、王祎主持为前朝修史，皇皇二百一十卷《元史》也是在天界寺内完成的。

终元之世，大都当局在集庆并无大规模城池修治，唯大龙翔集庆寺实可称为元朝一百多年统治之内，南京城中最大的一项建筑工程。所幸，此

---

352　（元）张铉.至正金陵新志[M].南京市地方志编纂委员会办公室，编译.南京：南京出版社，1991.

353　（元）张铉.至正金陵新志[M].南京市地方志编纂委员会办公室，编译.南京：南京出版社，1991.

354　王志高.龙翔集庆寺考略[J].江苏地方志，1997（4）：54-56.

355　（明）葛寅亮.金陵梵刹志[M].何孝荣，注解.南京：南京出版社，2011.

寺不只为修行圣地，亦可被视为我国传统史学文化的策源地标之一，终不辱使命。

南京以集庆为名历时二十几年，到至正十六年（1356年）朱元璋夺城，改集庆路为应天府为止。

## 9.3.4　城建低潮

政治地位的沉浮决定了城市定位的转变。蒙古人主政时期，疆土空前辽阔、民族关系庞杂难理、多元文化碰撞激烈，维稳求治成为集庆领镇江南的第一要务。元代统治者首次入主以定居与农耕为主导的华夏社会，却很难摒弃本民族淡薄的建城观念，更难忘记的还有在灭金、伐宋战争中，蒙古骑兵曾经吃尽了攻城、围城的苦头，教训如此惨痛，让他们对建城修垣意兴阑珊——当然，修元大都除外。

关于这一点，地理学家陈正祥认为："多数现存的城都是明代修筑的，这和明继承元这一事实有关。蒙古人是游牧民族，对妨碍他们横冲直撞的城没有好感。《元史》和《元一统志》等书，绝难看见造城的记载。有一个时期，曾禁止汉人筑城或补城。所以到元朝被推翻时，许多城已破损不堪，必须彻底修理或重建。"[356] 据此我们足以了解，在豪放粗犷草原文化的强势影响下，元代中国城市却难有大规模的兴筑，兵争虽息，发展殊缓。这其至也是朱元璋夺取政权后，醉心于举国上下筑垒修城的原因。主观上，由于前元不事筑治，到明时城垣破败，防御能力、礼制功能俱降，不得不兴全国之力大肆筑治，加之明时边患从未断绝，中后期海警又起，客观上也促成了全国筑城运动的蔓延。

怎样的历史环境催生怎样的社会风潮，在全国皆陷入筑城低潮的元代，

---

356　陈正祥. 中国文化地理 [M]. 北京：生活·读书·新知三联书店，1983.

集庆纵然是地方政区之翘楚，却已无关社稷安危，对内无须再应付巡幸，对外更不必筑垒御敌，自不必像南宋时那般苦心孤诣屡兴筑治。

### 9.3.5 偶有缮治

从1275年伯颜取得建康到1356年朱元璋占领集庆，八十余年内，南京城沿袭旧观多，格局拓展少，鲜见城垣修筑与改作。

集庆路继续使用南宋建康府城的城墙及城门，城垣的周回、形制、四至范围几无变化，仍因袭杨吴、南唐时的五座陆门、三座水门。居民坊里虽改称"隅坊"，隅下三十五坊却一如南宋旧制。全城设正南、东南、西北、正东、正西、正北、东北、西南八个隅，坊间不设墙，以街巷为界，公私出入、市井交往十分便利。

《至正金陵新志》卷一《地理图考·行台、察院公署图考》明确表示："今集庆旧规，大抵皆马制置光祖所记。"[357] 这说明元治下的南京绝大部分时间都还在使用南宋末年建康知府马光祖及其继任者姚希得主持修治的城垣、疏浚的城壕、营缮的桥梁，城中留存的建筑依然是他们当时整葺过的赏心亭、白鹭亭、伏龟楼、横江馆……无怪乎《宋史》高度评价马光祖"三至建康，终始一纪，威惠并行，百废无不修举云"[358]。

宋元易代，建康城中南宋行宫基本得以完好保存，但仅仅过了三年又生变数。南唐以来创建的宫城区不断被蚕食、改造。当此忽必烈大帝倾力营建大都之重要时刻，天下良材皆征徙至大都，曾屡事修缮的建康府行宫材瓦也在被拆、精选、北运之列。"拆其材瓦赴北，以地属财赋提举司，

---

357 （元）张铉. 至正金陵新志 [M]. 南京市地方志编纂委员会办公室, 编译. 南京: 南京出版社, 1991.

358 （元）脱脱, 等. 宋史 [M]. 北京: 中华书局, 1985.

民佃为圃。其宫殿、府寺、台榭遗址犹存。阙门今为军总铺警火之所。"[359] 分析《至正金陵新志·古迹志》中的这一条材料不难发现,原南宋行宫建筑框架虽在,宫墙之内却早已辟为田圃,供人垦荒,该地界偏西仍作衙署为财赋提举司所用,硕果仅存的一座阙门也被改造为军总铺警预警火情的瞭望台。所谓"今集庆旧规……天下一统,城郭沟池,悉废为耕艺"[360],由此可见一斑。

元末,全国各地民变四起,江淮之间起事者尤众。至正十二年(1352年),在杭州失守、宣城告急,溧水、徽州、宜兴、溧阳、丹阳相继易帜的紧急关头,老臣纳麟再赴集庆,坐镇南台,总制江浙、江西、湖广三省军马,奉命镇压红巾军起义。《元史》曾载,义军前锋甚至已进犯至钟山周边,集庆情势十分危急,纳麟"至则修筑集庆城郭……部署士卒,命治书侍御史左答纳失理守城中,中丞伯家奴戍东郊"[361]。具体的修缮明细史无明文,今已无从查考,鉴于纳麟此任历时仅一年推测,又出于紧急应对民变的需要,当无大规模建设。

以上几乎堪称史载元人修南京城之孤例,余下便只有元后期部分道路与城壕的修治,如元顺帝至元年间(1335—1341年)疏浚的北壕潮沟故道,疏浚龙光河、天津桥下河道,以及在上元县砌筑的接官亭驿路。至正二年(1342年)甃砌长干桥至上门堧街的一段270丈长的出城大道。其中以大德五年(1301年)和至正三年(1343年)两度整治玄武湖惠及后世最甚。

查阅元代今江苏省辖境内大小事件,赫然发现,八十余年间江淮地区旱涝频发,动辄田禾无收。南京玄武湖在宋代被"废湖为田",已消失

---

359 (元)张铉.至正金陵新志[M].南京市地方志编纂委员会办公室,编译.南京:南京出版社,1991.
360 (元)张铉.至正金陵新志[M].南京市地方志编纂委员会办公室,编译.南京:南京出版社,1991.
361 (明)宋濂,等,撰.元史[M].北京:中华书局,1976.

二百多年。集庆两次浚湖盖因当年水患突出，城内水道湮塞，内涝严重，当局不得不复田还湖、恢复生态。第二次大规模疏浚玄武湖见《元史》卷五十《五行志》："至正三年十二月，浚后湖（即玄武湖），上至钟山乡珍珠桥，下接金陵龙湾大江，通一十七里。"[362] 类似记载也见于《至正金陵新志》，该书完稿于至正三年，与本次治湖在同一年，编纂者张铉长期在集庆路学任职，此条文献源自路州司县呈报事迹，史料价值不言而喻。不过较之六朝，此时湖面已大幅缩减了三分之二，也未能够恢复到北宋时代的二百顷余。《后湖志》《万历应天府志》《客座赘语》都认为元人浚湖力度有限，"盖自是以后，惟有一池，而他皆蓄畬之所也"[363]"元大德中仅一池"[364]或"惟有一池，他皆田地"[365]，真正大规模复浚湖水，辟之为皇册库禁地还要等到洪武之后。

有道是"元都于燕，去江南极远，而百司庶府之繁，卫士编民之众，无不仰给于江南"[366]，京师远在幽燕之地，中央政府不得不兴师动众开拓海运航线，后又大力发展河运，截弯取直，贯通京杭大运河，以便将南方的物资经水路北运，供大都所需。集庆纵不临海，也无运河渡津，却因地势得宜，成为中央倚重的漕运粮船第一中转站，官府在城西北龙湾广建仓廒，鼎盛时达四十座、两百余间，蔚为壮观，湖广来的财赋钱粮都在集庆积贮、装拨、转运。

元文宗至顺年间（1330—1332年）集庆本地人戚光著有《集庆续志》，戚氏褒议金陵之语后来为《至正金陵新志》卷八《风俗》所引，乃曰："金

---

362　（元）张铉. 至正金陵新志 [M]. 南京市地方志编纂委员会办公室，编译. 南京：南京出版社，1991.
363　（明）赵官，等，编纂. 后湖志 [M]. 南京：南京出版社，2011.
364　（明）礼部，纂修；（明）程嗣功，修；（明）王一化，纂. 洪武京城图志　万历应天府志 [M]. 南京：南京出版社，2017.
365　（明）顾起元. 客座赘语 [M]. 孔一，校点. 上海：上海古籍出版社，2021.
366　（明）宋濂，等，撰. 元史 [M]. 北京：中华书局，1976.

陵山川浑深，土壤平厚……岁时礼节饮食，市井负衔讴歌……人物敦重质直，罕翾巧浮伪。庶民尚气能劳，力田远贾，旧称陪都大镇。今清要之官，内外通选，人品伦鉴，居东南先。士重廉耻，不兢荣进。"[367]

寥寥数语可视为元代南京发展成果的一种展示。元人深刻认识到这座区域中心城市的重要性，其民淳朴务实，斯地文教兴盛，商市繁华，而充分挖掘其作为南北水路枢纽与东南战略要地的潜质，历百年发展，承前启后，意义重大。

"金陵山水甲江南，凡昔号胜绝……江山之形势，咫尺千里，盼睐四极。"[368] 在这篇《九日登石头城诗并序》中，后人仍然能够读出，金陵形势之重，风物之美，以及在元人的认知中她冠绝江南的魅力。元明易代，朱元璋选择以集庆路为基地，拓版图，兴帝业，或因他来自淮西濠州，与金陵有天然的地缘亲近性，上述因素自然更加难以忽略。

---

367 （元）张铉.至正金陵新志[M].南京市地方志编纂委员会办公室,编译.南京：南京出版社,1991.
368 （元）许有壬.许有壬集[M].傅瑛,雷近芳.校点.郑州：中州古籍出版社,1998.

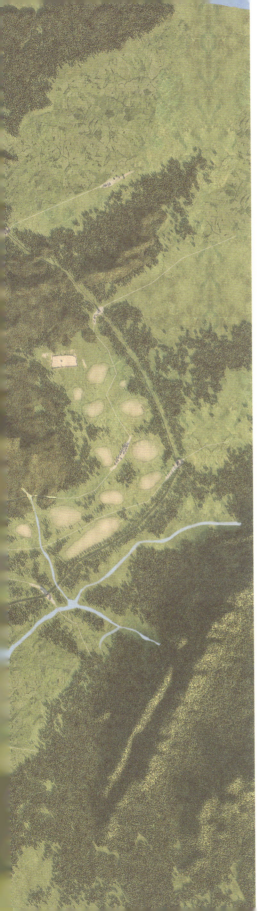

# 第10章　大明帝都

有明一代，南京先为开国都城，首次以统一王朝京师形象示人，太祖、惠帝、成祖三代帝王在此发号施令，凡五十三载；后为留都，与北京互相倚重，肩负财赋重地、水陆枢纽、外交窗口多重使命，并仍具有历代陪都均难企及的行政功能与政治意义，地位显要。

史所罕见的明初三都中，凤阳以帝乡晋级中都本已是孤例，未正式定都而以都城之制兴工，又在行将完工之际罢建，在古代都城中更是绝无仅有；北京是立国数十年后综合局势、权衡利弊后最终议定的新都，尽鉴中都、南京、元大都之精华，后来居上；唯南京，与大明基业的肇建关联最密，自始至终都是明王朝的根基所系。

南京是元明易代之际营建的第一都，也是我国都城营造史上全砖石结构第一城。它的建造，开明代全国大规模筑城之先河；它的落成，标志着中国古代城市发展、都城营造臻于巅峰。其在礼制布局、形制结构、构筑技艺、防御价值、营造美学上的造诣，均集历代之大成，进一步奠定了南京一代名都的历史地位。

## 10.1 审时度势 应天而为

元至正十六年（1356年）三月，朱元璋所部攻取集庆路，改称应天府，意在"应合天意"。之后四十余年，在他能力与雄心的驱动下，这座通都大邑有了格局上的重大调整与重建，"外在规模和辉煌程度上远超历史上的任何时期"[369]，一代帝都宏观体系终于构建，南京成为当时世界上最伟大的城市之一。

图 10-1 明太祖朱元璋不仅是大明王朝的缔造者，也是南京城空前巨制的总设计师

---

369 （美）牟复礼.1350 至 1400 年的南京[J].方骏，王秀丽，节译.中国历史地理论丛，2001（3）：31-45.

### 10.1.1 拔城之初

金陵古都控江制淮、物阜形胜，军事战略价值史不绝书，淮西起义军领袖朱元璋对其瞩目已久。两年前克滁阳（今安徽滁州），他也只作暂时盘踞计，其意仍在渡江与远略。所以当郭子兴提出不如据滁称王，朱元璋坚持认为，"滁，山城也，舟楫不通，商贾不集，无形胜可据，不可居也……集庆城池，右环大江，左枕崇冈，三面据水，以山为郭，以江为池，地势险阻"370，两相比较，高下立判。

此期间，不断有人建言献策，畅言据金陵对夺天下的重要性。谋士陶安认为："取（金陵）而有之，抚形胜以临四方，何向不克？"371 将领冯国用称："先拔之以为根本。然后四出征伐……天下可定。"372 名儒叶兑谒朱元璋于军帐中，献书《武事一纲三目》论天下形势："夫金陵，古称龙蟠虎踞帝王之都。进则越两淮以北征，退则画长江而自守。藉其兵力资财，以攻则克，以守则固，百察罕能如吾何哉？"373 这些来自幕僚的发声代表着朱元璋军事集团的主流意愿，攻取集庆亦是详尽考察与周密部署后的成果。

为达成目的，朱元璋不得不先行扫清外围障碍，拿下集庆周边的和阳（今安徽和县）、太平（今安徽当涂）、溧水、溧阳、句容等，形成环围之势。在此过程中，他们也对集庆周遭形势有了更为细致的研判。即便准备已足够充分，前两次军事行动仍告失利，第三次夺城也是在突破元政府军江上防线、断其后援后才扭转战局。终以江南行台御史大夫福寿自刎于城中凤凰台，中丞蛮子海牙向东遁逃投奔张士诚，陈兆先、康茂才率部数

---

370　中研院历史语言研究所,校印.明实录附校堪记[M].黄彰健,校勘.北京：中华书局,2016.
371　中研院历史语言研究所,校印.明实录附校堪记[M].黄彰健,校勘.北京：中华书局,2016.
372　（明）胡广,等,撰.明实录[M].扬州：广陵书社,2017.
373　（明）胡广,等,撰.明实录[M].扬州：广陵书社,2017.

万人归降作结,"集庆之战"圆满收官。

  这座积淀深厚的古城曾在宋高宗建炎三年(1129年)被南下的金兵攻陷,侵占半年有余,次年岳飞收复建康(南京时名),金兀术率部北撤前曾纵火烧城,损毁严重。此后历南宋政府数次重修,基本恢复了南唐旧观,至元末城市格局大体未变,元代《至正金陵新志》认定:"今集庆旧规,大抵皆马制置光祖(马光祖,南宋后期政治家,曾出任建康知府)所记。"[374] 元朝最后一次修筑发生于1352年,为防范蜂起的江淮起事者,临危受命担任南台御史大夫的纳麟,曾小规模抢修过若干城防工事——四年后,朱元璋兵临城下。

  进驻应天,朱元璋获得了较为丰厚的城市遗产,大体是杨吴、南唐定廓,宋元因袭的原南唐金陵城,沿中轴线自北向南依次为:1.原六朝建康城残存区域;2.原南唐宫城,大体相当于南宋行宫区,历两宋与元多次改造、破坏(《江南通志》卷三十:南唐宫,在上元县内桥北,宋为建康府治。高宗绍兴二年,修为行宫。元至元五年,拆故宫材木输之大都,遗址仅存)后留存的官府办公区与普通居民区;3.原南唐宫城以南,历代相沿的繁华商业区和人口聚居区。元末明初关于南京城的所有拓建、新修、增筑都是在上述基础上完成的。

  面对丰硕的实战成果,《明实录》有载,夺城之后,一日朱元璋在徐达等人的陪同下周览城郭,畅怀道:"'金陵险固,古所谓长江天堑,真形胜地也。仓廪实,人民足,吾今有之。诸公又能同心协力以相左右,何功不克?'达曰:'成功立业非偶然,今得此,天授也。'乃改集庆路为应天府。"[375]

  从此,应天府成为朱元璋定鼎江南、戡定群雄、统一全国的坚实根据地。

---

374  (元)张铉.至正金陵新志[M].南京市地方志编纂委员会办公室,编译.南京:南京出版社,1991.

375  (明)胡广,等,撰.明实录[M].扬州:广陵书社,2017.

图 10-2 明定都应天,历史上南京第一次成为大一统国家的首都,城垣建设达到空前规模

## 10.1.2 问鼎之后

元末,天灾不断,战祸频仍。朱元璋拥兵并非最多,所据地盘亦有限,相当长一段时间里,他在群雄混战中并不占优势。

1356 年克集庆时,中原红巾军正与元政府军在河洛地带激战,先有刘福通克洛阳,后有张士诚越战越勇连夺平江路(今江苏苏州)、湖州、杭州、嘉兴等地,煊赫一时。荆湘重镇,诸如汉阳、常德、衡州、岳州、澧州同样被各股势力反复争夺。安庆在集庆上游,号称"万里长江此封喉,吴楚分疆第一州",其时仍在元军手中,故取得应天数年内,周围形势不甚明朗。朱元璋若想在江南稳住阵脚,首先必须凝聚军心,笼络民意,集中一切人力、物力、财力服务战争,稍有不慎便将功败垂成。筑城并非这一阶段的要务。

史料表明,在 1356 年至 1366 年的十年里,应天城内兴工的确不多。朱元璋仅将原元御史台官署改为办公驻地,"除了筑龙湾、虎口城,设置军卫等军事设施和改建国子学以外,基本没有较大规模的建设"[376]。当然也有学者综合研究成果、文献考证与实物遗存勘察后,提出了新颖的"准外郭"论,即应天为朱元璋所据后,一条"由清凉山至狮子山为中心、金川河和玄武湖共同组成的、南京新城沿江城墙防御带,不仅存在,还确曾在与陈友谅对垒的'龙湾之战'中发挥过重要作用"[377]。以上种种都是大规模营建应天的先声,朱元璋之后给予城垣建设的热情与投入远超此前,这是不争的事实。

### 10.1.3 起讫年代

1366年是营建南京城的转折年。这一年,朱元璋掌控了举旗以来最广大的土地:向西荡平了两湖、江西原陈友谅旧地,南面业已取得湖州、杭州及其周边土地,北面则"完全攻克徐州以南张氏(张士诚)辖境,北接扩廓(扩廓帖木儿)势力范围"[378]。对此,吴晗的分析是:"当朱元璋开始组织军事力量时,刘福通部下的红军正在跟元朝军队作战,元军顾不上来打朱元璋。而朱元璋占领区的北面都是红军,这样,就把他和元军隔开了。朱元璋可以趁此机会壮大自己的武装力量,占领许多城市。"[379]

当年蜂起反元的各路势力中,郭子兴病故,徐寿辉被杀,刘福通战死,陈友谅败死……年末,连小明王韩林儿也在渡江时溺亡,长久以来被朱元璋奉为正朔的"龙凤政权"(即韩宋政权,1355—1366)宣告结束。外部乱局日益肃清,应天府内部亦在稳步扩充实力。朱元璋身边云集着以徐达、常遇春为代表的,与朱元璋同起于青萍之末的发小故交。这些人在实战中

---

376 中国古都学会.中国古都研究(第二辑)[M].杭州:浙江人民出版社,1986.
377 周源.元末明初南京"准外郭"考[J].地方文化研究,2018(1):86-96.
378 沈起炜.中国历史大事年表(古代)[M].上海:上海辞书出版社,1983.
379 吴晗.吴晗论明史[M].北京:北京理工大学出版社,2016.

成长为将帅之才，另有刘基、宋濂、章溢、叶琛等一众饱学贤达相继入帐，以为参谋。徽州名士朱升提出"高筑墙，广积粮，缓称王"的九字箴言获得嘉许，被奉为"国策"，相关措施一经推行成效卓著，这是同时代其他军事集团难以望其项背的。

自"吴国公"而"吴王"，朱元璋有意加快建立一己政治体系，决战元军、建立帝国的雄心日盛。鉴于政治、军事环境的巨大改善和物质基础的奠定，宏大的筑城计划终于在至正二十六年（1366年）动工，"丙午八月庚戌朔，拓建康城"[380]——学界通常认定，明都南京城的营建以此为始。

"初建康旧城，西北控大江，东进白下门外。距钟山既阔远，而旧内在城中，因元南台为宫稍庳隘。上乃命刘基等卜地定，作新宫于钟山之阳，在旧城东白下门之外二里许。故增筑新城，东北尽钟山之趾，延亘周回凡五十余里，规制雄壮，尽据山川之胜焉。"[381]

除了这段节选自《明太祖实录》卷二十一的寥寥数句，传世文献几乎从不涉及当初建造南京城垣、宫室的原始资料。所有相关规划、用料、耗费以及工程技术类记载，一概难知其详。汉学家牟复礼曾不无疑惑地写道："我们的确知道有采石场被开辟，有砖厂、瓦厂被建立起来，以及成千上万的工匠和建筑者家庭被从各地征调到南京，但我们找不到任何对建筑工作本身的叙述。这些细节并不吸引负责修撰历史记录的那些人的注意。"[382] 2008年出版的《南京城墙史话》对大家共同的疑惑有过几点分析："一种说法认为技术性报告被史官忽略了，没有记载；另一种不同说法是更可能被删改了；还有一种意见认为这批存放在南都禁宫内的原始资料被明中期

---

[380] 中研院历史语言研究所,校印.明实录附校勘记[M].黄彰健,校勘.北京:中华书局,2016.
[381] 中研院历史语言研究所,校印.明实录附校勘记[M].黄彰健,校勘.北京:中华书局,2016.
[382] （美）牟复礼.1350至1400年的南京[J].方骏,王秀丽,节译.中国地理历史论丛,2001（3）:31-45.

的一场大火焚毁了。"³⁸³

除了施工细节阙如，南京城墙工毕时间也各有其说：

始纂于弘治十年的《大明会典》将南京城墙完工时间认定为"洪武二十六年"，即1393年；

《明太祖实录》的成书时间更早，它确认的时间节点为洪武二十九年（1396年），原因在于是年三月，朝廷还"令吏民有犯流罪者，甓京师城各一尺"。³⁸⁴

我们认为，明初都城南京的营建，始于元至正二十六年（1366年），至明洪武二十六年（1393年）基本结束。两年后，明太祖朱元璋敕礼部纂修《洪武京城图志》，并"命工绘图，颁示天下"。这是明代南京第一部官修方志，详尽记载明初都城南京的规模建置情况。据《明太祖实录》："（洪武二十八年）乙亥，洪武志书成。其书述都城、山川、地理、封域之沿革，宫阙门观之制度，以及坛庙、寺宇、街市、桥梁之建置更易，靡不俱载，诏刊行之。"³⁸⁵

至于后来的一些营建记载，如上文洪武二十九年的建设、建文元年（1399年）建省躬殿，永乐元年（1403年）修皇城萧墙及卫士直庐，永乐三年（1405年）改筑西华门外皇城西墙，永乐九年（1411年）修京城上方、高桥二门等，都只能视为零星补修与完善。

还有人注意到《明实录·太宗文皇帝实录》卷一百十九有记"永乐十二年（1414年）正月己亥，命工部停运营造砖，罢遣军夫，悉归休息"³⁸⁶，认为工讫时间下限可追溯至1414年。然而，上述该材料只能证明，朱棣登基后，已经开始营建北京紫禁城时，对南京城墙的修缮工程也依然重视，

---

383　朱明，杨国庆. 南京城墙史话[M]. 南京：南京出版社，2008.
384　中研院历史语言研究所，校印. 明实录附校勘记[M]. 黄彰健，校勘. 北京：中华书局，2016.
385　中研院历史语言研究所，校印. 明实录附校勘记[M]. 黄彰健，校勘. 北京：中华书局，2016.
386　中研院历史语言研究所，校印. 明实录附校勘记[M]. 黄彰健，校勘. 北京：中华书局，2016.

屡有兴工，但并非无休止进行下去，最终还是停止了城转的烧造，遣返相关役作人员，正式宣布停工。故将1414年视为南京城墙工毕时间明显是有失偏颇的。南京城四重城垣、庙坛宫室制度宏观体系，早已于洪武年间构建完成。

总之，当下所有的研究成果都只能是基于各类文献的零星记载，并据南京山水地理形势、历代沿革与明南京城形制的相互关系再分析与再论证的结果。

### 10.1.4 营建时序

明都南京能够成为世界城市营造史上首屈一指的杰作，与决策者的悉心规划、建设者的倾力投入和一以贯之的严厉役作制度密不可分。朱元璋举全国之力修城，超过三十年的漫长营建可分为如下三个阶段：

初创期（1366—1367年）

初创期历时一年，始于1366年（元至正二十六年）八月筑城令下达，结束于1367年（元至正二十七年）九月新宫落成。

首期工程重点在于拆除应天府旧城（即集庆路城）东、北两面的城墙，取土填塞燕雀湖的大部分，整为平地后用于新（皇）宫和庙坛的建设，扩筑新城墙，新城旧垣连为一体，并开挖护城河环绕其外。

这一阶段，元政权固然大势已去，但王朝毕竟没有覆灭，国内斗争形势依然激烈。但"应天府集团"取得了政治、军事、经济上的多重优势，让朱元璋日渐具有决胜把握，故有能力在应天开展如此规模的营造。所谓"元南台为宫稍庳隘"只是其中很小的一个因素，这位据有江南的雄主分明已开始着手为推翻大都、缔造统一后的建都、营宫做准备了。他召集人手做规划，并付诸行动。

刘基等人奉命卜定的"新城"周回五十余里，原集庆路旧城"二十五里四十步"被部分拆除后剩十里，加在一起的"新都"周回总长约六十里，既包容旧城精华，又作全新宫室，超过了汉以来王朝都城多在四十至五十里内的规模。

本轮工程突击性极强。1366年八月庚戌动工，次年"二月丁朔，拓旧城完工"，"八月癸丑，圜丘、方丘、社稷坛成。九月甲戌，太庙成。……癸卯，新宫成"[387]。一年多的时间里，完成了包括填燕雀湖在内的诸多工程，役作之重、速度之快令人瞠目。"如果史料没有欺骗后人的话，我们对当年南京城市建造中的速度感到非常吃惊。"[388]《南京城墙史话》曾作此叹。南京市博物馆李蔚然更明确质疑："在砖石未备、竹木无着、劳力缺乏、燕雀湖未填、财力不继的情况下，想在九个月内完成新宫的建设，实非易事……结合洪武元年正月朱元璋谕群臣'天下始定，民财力俱困，要在休养安息，惟廉者能约己利人，勉之'的内容来看，新宫的建造是不可能完成的。"[389]

种种推测提供了看待工程速度与结果的新角度，实际情况究竟如何，在未有更充分证据揭露之前，我们仍只能以文献为第一手参考资料。然而，《明实录》明确显示，朱元璋的登极大典，李善长率文武百官上表致贺，以及大宴三品以上官员都是在崭新的奉天殿举行的，三品以下诸臣"悉列宴于丹墀"则更说明，不仅新宫最重要的大殿主体建筑已完工，周围附属设施也已就绪，否则无法举行帝国告成最重要的典仪。新作宫室与新辟的城东区域自此正式启用。

史载："吴元年作新内。正殿曰奉天殿，后曰华盖殿，又后曰谨身殿，

---

387　（清）张廷玉, 等, 撰. 明史 [M]. 北京：中华书局，1974.
388　朱明, 杨国庆. 南京城墙史话 [M]. 南京：南京出版社，2008.
389　李蔚然. 论明代南京城 [J]. 东南文化，2001（7）：31-36.

皆翼以廊庑。奉天殿之前曰奉天门，殿左曰文楼，右曰武楼。谨身殿之后为宫，前曰乾清，后曰坤宁，六宫以次列。宫殿之外，周以皇城，城之门，南曰午门，东曰东华，西曰西华，北曰玄武。"[390]

新落成的宫殿建筑群虽已被要求"去雕琢奇丽"，"朴素不为饰"，却无损其制度的恢弘与完整。前朝后寝分明，三殿六宫翼然，墙垣、城门俱在，礼制性建筑——天地分祭的圜丘、方丘，分坛而祭的太社、太稷一应俱全。

1367年的"吴王新宫"即是后来的南京紫禁城，是南京四重城垣最核心的"宫城"部分。它依托礼制规范而建，集历代大成，与中都宫城、皇城的构建关联紧密，对后来朱棣营建北京宫室产生了不可磨灭的影响。

1368年正月初四日，朱元璋在应天祭告天地，即皇帝位，国号大明，建元洪武。

此时统一的兵锋还在推进中，传统旧京诸如洛阳、长安、开封都未被纳入帝国版图，元大都亦未被攻克。故朱元璋并未宣告以应天府为都。直到当年八月，才诏以开封为北京，以应天府为南京，南京之名正式载于史册。这是中国历史进程中最后一个"南京"，从此以为专称，沿用至今。

### 改建期（1368—1375年）

改建期历时八年，始于1368年开国之后继续拓建应天，结束于洪武八年（1375年）罢建中都。

这一阶段特色为异地并建，在应天和距离应天大约四百里的淮阳小城临濠（1374年朱元璋赐名凤阳，设府治）同时开工，而后者为重点。

大明伊始，万象更新，为表此前"奋扬威武，四方戡定"的盛大武功，一代雄主定年号为"洪武"。此时朱元璋已是富有四海，作为出身赤贫阶层、靠农民战争起家的新任统治者，他无法超越自身的历史局限，仍不可避免

---

[390] 中研院历史语言研究所，校印. 明实录附校勘记[M]. 黄彰健，校勘. 北京：中华书局，2016.

地保有传统中国光宗耀祖、衣锦还乡的夙愿。洪武二年九月，下诏以临濠为中都，理由是"临濠则前江后淮，以险可恃，以水可漕"，"至是始命有司建置城池宫阙，如京师之制"[391]。中都是完全按照京师的规制来规划和建设的，耗费了惊人的人力、财力和物力。营建中都七年内，南京城内几乎没有大规模工程开展。中央政府所在的应天城内只陆续改造了部分地段城墙，兴建包括洪武门、功臣庙、神祇坛、山川坛、先农坛在内的若干礼制性建筑。

诏建中都得到了淮西勋贵们的支持，也伴随着不少反对意见，洪武八年（1375年），在财政吃紧、役作劳费等诸多不利因素的共同作用下，皇帝终罢中都之役，重新集中力量建设南京，南京城的建设至此进入了高潮迭起的时代。

### 扩建期（1375—1393年）

扩建期绵延十余载，自洪武八年（1375年）罢建中都，一直到洪武二十六年（1393）年。

洪武八年四月，朱元璋下诏罢中都役作，结束了由乡土情结引发的、为期约六载的、艰难的择都探索。中都既已罢建，营建重点再次转回南京。洪武十一年（1378年），罢大梁"北京"建置，仍称开封府，以南京为京师。"明王朝成为中国历史上第一个立足江南而完成全国统一大业的封建帝国。"[392]

择都完毕，朱元璋在亲撰的《阅江楼记》里袒露心声，表示不再执着于建都父母之邦，亦肯定了当帝国疆域廓定，南京"道里居中"的优势：

"朕生淮右，立业江左，何固执于父母之邦。以古人都中原，会万国，

---

391 中研院历史语言研究所,校印.明实录附校勘记[M].黄彰健,校勘.北京：中华书局,2016.
392 马伯伦.南京建置志[M].深圳：海天出版社,1994.

当云道里适均，以今观之，非也。大概偏北而不居中，每劳民而不息，亦由人生于彼，气之使然也。朕本寒微……创基于此。且西南有疆七千余里，东北亦然，西北五千之上，南亦如之，北际沙漠，与南相符，岂不道里之均？万邦之贡，皆下水而趋朝，公私不乏，利益大矣。"[393]

时移势易，数年前择都大讨论时，群臣争论的关中险固、洛阳居中、北平宫室完备自不再提。同年，凤阳皇陵前的御制碑告成。碑文中，皇帝细数奋身行伍、建业肇基之艰辛，文末不忘谒告考妣，帝国京师已定，大加溢美道："依金陵而定鼎，托虎踞而仪凤凰。天堑星高而月辉沧海，钟山镇岳而峦接乎银潢。"[394] 定都南京或许仍只是计出权宜，毕竟晚年朱元璋还念念不忘西安，派太子朱标亲赴考察，但扎根江南、定都南京的优势也是显而易见的，甚至是其他地方难以企及的。朱元璋终究在他的时代，实现了帝国当前所必需的南北平衡。那么，扩建南京就变得极有必要、十分紧迫了。

扩建期，南京城处处增益，宫室方面，洪武八年（1375年）下半年起，改作太庙、社稷坛，重建奉先殿，改造五府、六部，建钟鼓楼与城隍庙，改建大内宫殿等一系列工程陆续展开。宫城改建自是重中之重，号称"今所作，但求安固，不事华丽，凡雕饰奇巧，一切不用，惟朴素坚壮，可传久矣。吾后世子孙，守以为法"[395]。至洪武十年十月大内宫殿改作完毕，"台榭园囿之作、游观之乐"皆不为，"制度皆如旧，而稍加增益，规模亦闳壮矣"[396]。制度"不侈"，为朱元璋所称善。

城墙、城门方面，京城城墙加厚增高与部分段新筑兼而有之，十三座内城门据形势相继开建，事实上这是第一阶段初创期的未竟部分与补充部

---

393 （明）朱元璋. 明太祖集 [M]. 胡士萼, 点校. 合肥：黄山书社, 2014.
394 （明）朱元璋. 明太祖集 [M]. 胡士萼, 点校. 合肥：黄山书社, 2014.
395 （清）张廷玉, 等, 撰. 明史 [M]. 北京：中华书局, 1974.
396 中研院历史语言研究所, 校印. 明实录附校勘记 [M]. 黄彰健, 校勘. 北京：中华书局, 2016.

分。通济门与聚宝门及其瓮城,仪凤门、三山门、洪武门等一一落成,端门、承天门楼、东西长安门改建工毕。洪武二十三年(1390年)四月,外郭始筑,墙以土筑,辅以人工包筑,尽据岗垄之势,将南京城周边的防御制高点悉括郭内,一代帝都的形制与规模进一步得以完善。

繁重的工役最早由驻扎在应天府的数万名士卒承担,称"军役"。扩建期内劳动力所需更甚,朝廷又从南直隶十八府、州,并江西九江、饶州、南康三府征调庞大民夫在农闲时节轮流赴京供役,称"丁役"。"集天下工匠于京师,凡二十余万户""工匠造作,以万万计。所在筑城、浚陂,百役具举"[397]一类的描述史不绝书,用"举全国之力"形容实不为过。

二十余年间,南京城内基本上每年都有新建设,施工频繁、内容丰富、涉及广泛、开展有序,最终在洪武晚期完成四重城垣和京师各区域的布局。明初南京城由此臻于全盛。

---

397　(清)张廷玉,等,撰. 明史[M]. 北京:中华书局,1974.

## 10.2 相天卜地 稽古革新

南京城池历经演变,至明代而有震古烁今之革新。最显著的特点就在于充分利用既有自然格局,塑造出城池与山体岗阜、河流湖泊之间彼此依存、相互成全的关系。这种融天工人力于一体的手法,为中国传统都城营造史上所罕见。

如前所述,历史文献对城墙修筑有关的工程技术原始资料一概欠奉,决策者们如何将传统风水理论赋予城建规划,六百多年来,后世同样莫衷一是。有一种说法是,南京京城城垣与天象密切相关,寓意"中国自三代以后,得国最正"[398]的平民皇帝朱元璋开创大明,肩负着与天下百姓同心一体、和衷共济的使命,"反映了朱元璋等人对南京所处东南,偏于一隅地理位置的缺憾,利用天象星宿文化在建造京城时的校偏心理,从而隐喻南京的都城是'寰宇'中的'国之中土'"[399]。

南京城的设计处处有玄机,对宏观建置的把握和对细节的观照同样到位。皇权核心所在——宫城三大殿奉天殿、华盖殿和谨身殿得名,便暗含着膺天命、正其位、修其身的隐喻,以及对天、地、人三才合一崇高境界的追求。所谓"奉天",《明会要》解释为:"明人主不敢以一人肆于民上,无往非奉天也。"[400] "华盖"是中国传统天文星官系统中隶属于紫微垣的尊贵星曜,象征太祖定鼎江山是膺天之命。至于谨身,则是告诫帝王要时刻修身勤谨,垂范天下。朱元璋本人"忧危积心,日勤不怠"的处世态度是一以贯之的,不啻为"谨身"的最佳示范。而在敕建"三法司"刑部、都察院、大理寺时,朱元璋特别将其安排在城北太平门外,一片位于"玄

---

398 孟森. 明史讲义 [M]. 上海:上海古籍出版社, 2019.
399 杨新华. 南京明故宫 [M]. 南京:南京出版社, 2009.
400 (清) 龙文彬. 明会要 [M]. 北京:中华书局, 1998.

武之左，钟山之阴"的区域，取名"贯城"——"贯法天之贯索也。是星七宿如贯珠环而成象，乃天牢也"，同时要求司职者杜绝邪私，秉公执法，"以身心法天道而行之"。[401] 凡此种种，根本上其实都是在强化君权神授、皇权至上、国居中土的思想，而南京城的整体构架也在风水堪舆思想的指导下，步步升华，趋于完满。

元末明初，最高决策层制定的城市扩容改造规划，是建立在对自然、历史、社会、文化、军事防御形势的充分考量之上的。一番苦心孤诣的运作，传统的"国之中土"有了新的发展与变通：不仅帝国运作的枢纽——皇宫及其附属庙坛官署置身都城之中，而且南京城本身也变成了雄峙天下的寰宇中心。这样一座既"非古之金陵，亦非六朝之建业"[402] 的正统之都，才最终符合朱元璋对都城的全部要求，即德绥威服、稽古革新，以及超越偏安。

在改造与扩容的过程中，朱元璋和他的幕僚团队做到了因地制宜、讲求实际、锐意创新，不但满足了当时复杂的功能需求，还为之后六百年这座城市预设了足够的发展空间，实现了利益的最大化——此处言及的利益，既指当时当世那个宫阙陵寝所在、形势险要所系、府库图集所储，艺术斯文至盛、东南财赋尽汇的帝都，亦包括千年未有之大变局到来后，那个屡毁屡建、屡仆屡起，奋身融入城市现代化浪潮的南京。

多年后，言及国初太祖定鼎南京和永乐中成祖迁都北京，成化、弘治时代的史官邱濬在《治国平天下之要》中有过著名论述："高皇帝定鼎金陵，天下万世之大利也；文皇帝迁都金台，天下万世之大势也。盖财赋出于东南，而金陵为其会；戎马盛于西北，而金台为其枢。"[403] 此说未必能尽述明初都城变迁的全貌，终究在分析明初择都与解决社会主要矛盾的关系上，作出了纲领性阐述。

---

401　（明）朱元璋. 明太祖集 [M]. 胡士萼，点校. 合肥：黄山书社，2014.
402　（明）朱元璋. 明太祖集 [M]. 胡士萼，点校. 合肥：黄山书社，2014.
403　（明）邱濬. 大学衍义补 [M]. 长春：吉林出版集团，2005..

这场起初讳莫如深，事后又屡被张扬渲染的"相天卜地"，事实上是元末明初中国传统思想文化与当时统治阶层碰撞后，群体智慧的彰显，时代特色鲜明，其深刻内涵通过丰富的外在形式得以表现。

首先，注重城防。六朝建康、南唐江宁远离长江、位居岗阜之下的种种防卫弊端，在明初改造时被革除殆尽。圈山据水，应筑尽筑，布控所有制高点，并首次将城周推至江滨。帝业肇基者们历数十年苦战，拔城略地，对城防的看重"促使他们不徒求形式，而取务实的态度。同时也可窥见他们对'高筑墙'思想的具体运用"[404]。

其次，两条中轴。一条是东吴奠都以来的传统城市中轴线，北起玄武湖南至聚宝山一线，六朝宫城、御道、城南闹市均坐落其上；另一条是明初新拓京师城郭，伴随城东皇城区的增辟，三大殿正中出午门沿御道至洪武门直达正阳门的新轴线便诞生了。决策之初，规划者一早就意识到只要用旧城、沿旧制，新宫城便难有立足之地。朱元璋深忌六朝国祚不永，城北六朝故城遗址区域虽旷达可用，却不在考虑之列。若征用城南传统商市居民区既劳师动众，又有失民心，于维稳不利。"太祖方欲收拾人心，自不能坏民居以成宫室。"[405]而城西地域不阔，岗丘盘亘且临江，有明显的防卫之虞，也不适合。权衡利弊，城东既不狭促，又有群山拱卫，唯一要解决的就是填湖造地的问题，即所谓"移三山、填燕雀"。这便是后来刘基卜得的——钟山之南，旧城之东的新宫之地，此地"背倚钟山'龙头'富贵山，既符合风水理念，又能创造出气象宏伟的效果"[406]，明清两代宫殿自南而北中轴线即为全城骨干的模式自此开启，而"讲求空间配置合理和空间功能有效发挥，及减少不同功能空间的互相干扰"便成为明都南京城市规划的鲜明特点。

---

404 季士家. 明都南京城垣略论 [J]. 故宫博物院院刊, 1984（2）:70-81.
405 （清）谷应泰. 明史纪事本末 [M]. 北京：中华书局, 1977.
406 潘谷西、陈薇. 明代南京宫殿与北京宫殿的形制关系 [C]. 中国紫禁城学会论文集（第一辑）,1996.

再次，城非方正。既拓新城，又筑新宫，新旧区域并不隔开，而是连成一体，将六朝建康城并石头城、南唐江宁府城等全部括于城内。城郭东西窄，南北长，"城门十三座，走向沿地形和水道需要而灵活转折……与《考工记》所谓'方九里，旁三门'完全无关"[407]，呈现出世所罕见的不规则形状。而宫城与皇城偏据东南一隅，亦打破了历代都城平面方正、宫城居中的传统。

图10-3 拥江带湖，依山带岗，城非方正，尽据地险，明代南京城达到建置巅峰

新的南京城东至钟山西麓，以前湖、燕雀湖、玄武湖为天然护城河，北括富贵山、覆舟山、鸡笼山，向西绕过狮子山南下，以清凉山等山岗为凭，尽数收纳城西北临江之地。南面继续沿用杨吴城壕并拓其宽度，以壮其势，制造出当时乃至后世都殊为难得的山水城林的景观效果。如此布局，既为南京特殊的地形条件使然，又有防守上的充分考量，此为明南京城稽古革新之最大体现。

最后，四重城垣。外郭、都城、皇城、宫城由外及内，依次环套，尽括历代诸城、岗丘、河湖，深远影响着其后南京城的发展。

---

407 郭湖生. 中华古都 [M]. 北京：中国建筑工业出版社，中国城市出版社，2021.

## 10.3 四城环抱 空前绝后

上溯先秦，下及近世，中国历代都邑因循前迹有序迭代，多有增益。南京地处江南，建城史与建都史均晚于中原诸城，然四重城垣之建构，其当为首创。经此创制，传统中国都城营造体系更趋完善。

明南京城四重城垣自内而外分别是宫城、皇城、都城、外郭，"每重城墙都包含了当时的筑城动机和文化内涵"[408]，具有鲜明的时代地域特征。作为"近世都城"[409]延续的经典案例，它形制完备，规模恢弘，深刻影响了明清两代北京城垣的规划与修筑。

### 10.3.1 宫城

宫城，亦称大内、紫禁城、紫垣，为皇帝日常起居、处理朝政，接受朝臣使节朝贺、觐见以及皇室成员居住的禁地，在四重城垣之中居最内一重。

宫城始建于元至正二十六年（1366年）十二月甲子，大部分建筑落成于次年九月癸卯，洪武十年（1377年）之前屡有兴工，颇有增筑，开一

---

408 杨国庆，王志高. 南京城墙志 [M]. 南京：凤凰出版社，2008.
409 据张学锋《"近世都城"的出发——以南唐金陵城为例》一文，多宫制布局的东吴建业城不存在明显的中轴线，依然是对秦汉多宫制的继承，被视为中国古代都城的最后一例。而曹魏邺城"将原本各自相对独立的宫殿集中到一起，建筑单一的宫城，并将之安排在都城中轴线的北段，由里坊构成的社会生活空间，从东、南、西三面围绕宫城"，开创了所谓的"邺城模式"，这种建城风格为其后的魏晋洛阳城、北魏平城和洛阳城、东魏北齐邺城、隋唐长安城和洛阳城所延续、发扬。从北宋开始，中国历史进入"近世"阶段，五代作为"中世"向"近世"的过渡期，其中的南唐金陵城抛弃了对"中世"都城大而无当的整改，打破封闭里坊的同时，朝着更加开放、合理化、活泼化的方向发展演变，被作者看作"近世都城的出发"。

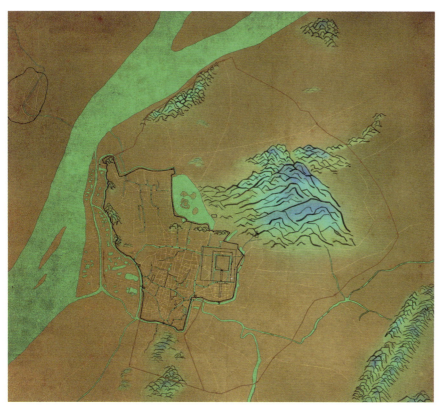

图 10-4　明代南京城四重城垣格局

代新制。明初，它的改建是以中都宫城为蓝本的，而后又成为北京宫城的营建范本。明代三都绵延，营造探索不止，其程迤逦，其势也壮。在累年营建的过程中，南京宫城作为"十四世纪世界最伟大的宫廷建筑之一"[410]，其所确立的里程碑式意义不可磨灭。

宫城坐北朝南，平面略呈长方形，坐落于南京城东侧钟山西趾之阳，

---

410　朱偰. 南京明故宫制度与建筑考 [M]. 南京：南京出版社，2021.

以钟山"龙头"富贵山为大内镇山，尽展"筑皇城于是山，绵国祚于万世"[411]的威仪气象。其后，中都宫城席凤凰山以为殿、北京宫城背倚万岁山均踵其迹。

宫城分为外朝三殿（奉天殿、华盖殿、谨身殿），内廷三宫（乾清宫、省躬殿、坤宁宫）和左右六宫三部分。外朝、内廷以乾清门为界。前朝是国家与政权的象征，居于绝对主导地位，占有宫城的大部分空间，疏朗有致而又倍显纵深与壮阔，以此凸显君权神授，皇权至上；后寝为帝王家宅，是帝后及其家人生活的场所，又称内朝、内廷。

宫城所有建筑左右全系对称，旨在彰显"左辅右弼""文东武西"之布局思想。所有院落均为传统密集组合样式，主殿、配殿以廊庑相连，庭院栉比，布局严整，等级森严，富于整体性与连贯性。此之谓明代官式建筑的典范样本。据建筑历史学家傅熹年院士的研究："明初的南京官式是在南宋以来江浙地方传统的基础上形成的。永乐年间建北京宫殿，南京官式遂成北京明官式，形成一代新风，而北方金、元建筑中的官式遗风从此消失。"[412]

明代官式建筑发轫于南京，传承光大在北京，北京明官式与南京明官式一脉相承，北京紫禁城三大殿、社稷坛享殿、成祖长陵裬恩殿均为南京官式建筑风格北徙后之代表作品。一言蔽之，"南京所开创的宫殿格局形制，是十四至十九世纪中国都城建设的重要原型"[413]。

## 宫门

宫城起初有四门，为吴元年（1367年）宫城初落成时所建。洪武十

---

411　（明）柳瑛. 成化中都志 [M]. 上海：上海书店出版社，1990.
412　傅熹年. 试论唐至明代官式建筑发展的脉络及其与地方传统的关系 [J]. 文物，1999（10）81-93.
413　中国紫禁城学会，编. 中国紫禁城学会论文集（第五辑）[C]. 北京：紫禁城出版社，2007.

图 10-5　1888 年外国人镜头中的南京午门，彼时午门两阙俱在，沧桑之中仍不失巍峨

图 10-6　南京午门今貌，午门所在区域现被辟为午朝门公园对外开放

图 10-7 南京午门须弥座花纹细节展示

图 10-8 午门城楼无存,仅余柱础近百个

年（1377年）改作后增至六门。

南面门开三座：正南门为午门，左、右掖门分列两侧。午门因居中向阳，位当子午，故得名。这是自中国有帝制以来，皇宫宫阙正门首次以"午门"命名。

南京午门平面呈倒"凹"字形，"翼以两观，中三门"[414]，是朝廷传达文告、皇帝处罚朝臣的"廷杖"之地，象征着礼治与威仪。洪武六年正月初四日，"午楼"便阁，朱元璋曾诏赐御史中丞陈宁、太子赞善大夫宋濂甘露浆，宋濂还因此特别撰写了《御赐甘露浆诗序》。洪武三十年（1397年）《大明律》告成，朱元璋曾登上午门城楼，对文武百官发表演说。

自午门向南出端门、承天门，沿御道经洪武门可达"国门"正阳门，被奉为万世圭臬的"天子五门"[415]体现在明都南京即上述五门。奉天、华盖、谨身三大殿所构成的"三朝"，与此五门合称"三朝五门"，此制后亦为北京宫城所袭。

宫城东、西两墙稍南段分别开东华门和西华门，两座城门均设有三座拱券，分别位于"文华殿东，稍南"和"武英殿西，稍南"[416]，前者坐西向东，后者坐东向西，遥遥相对，两门距离宫城中轴线的距离均为340米。东华门、西华门分别与皇城的东安门、西安门相对。

宫城北面正门称玄武门，向北通皇城北门北安门。明中叶，玄武门在南京当地即有"厚载门"的俗称，其意源自《易经》坤卦："地势坤，君子以厚德载物。"专记万历朝及其以前朝章国故的《万历野获编》有云："今禁城北门名厚载，即玄武门也。相传已久。"[417]今称"后宰门"系民间讹传误称。

---

414　（清）张廷玉，等，撰.明史[M].北京：中华书局，1974.
415　（西汉）戴圣.礼记[M].胡平生，张萌，译注.北京：中华书局，2017.
416　（明）李东阳，等，撰.大明会典[M].扬州：广陵书社，2007.
417　（明）沈德符.万历野获编[M].北京：中华书局，1989.

万历《大明会典》对洪武十年改作后的大内宫殿诸门作如下描述:

大内宫殿,阙门曰午门,翼以两观,中三门,东西为左、右掖门。午门之内曰奉天门,门之左右为东西角门。门内正殿曰奉天殿,御以受朝贺。殿之左右有门,左曰中左门,右曰中右门。两庑之间,左曰文楼,右曰武楼。奉天殿之后曰华盖殿,华盖殿之后曰谨身殿,殿后则后宫之正门。奉天门外两庑间有门,左曰左顺,右曰右顺。左顺门外为东华门,内有殿为文华殿,为东宫视事之所。右顺门外为西华门,内有殿曰武英殿,为上斋戒时所居。[418]

众所周知,元末明初宫城兴建是通过填燕雀湖取得建筑用地,故宫城所及之地本为松软洼地,以密集木桩夯筑奠基。"木桩夯实基础之上,除城门铺以石质须弥座和条石外,其他则为砖建。"[419]"城门基座,外侧均为青石,根据所置城门基座不同位置稍加雕琢、修饰而成,距地面高度为1.2—1.5米。"[420]据王国奇的《南京明故宫午门勘测简报》揭示:"(午门)须弥座自下而上,分圭脚、下枋、下枭、束腰、上枭、上枋,圭脚雕作如意云纹式样,束腰处雕作椀花结带图案和套方结带团,整体来说,装饰不多,但雕刻工艺甚微精细。"[421]与史书所述的"制皆朴素,不为雕饰"基本相符。

### 城楼

宫城主要城门皆设城楼,如东华门、西华门、玄武门。午门作为天

---

418 (明)李东阳,等,撰. 大明会典 [M]. 扬州:广陵书社,2007.
419 杨新华. 南京明故宫 [M]. 南京:南京出版社,2009.
420 杨国庆,王志高. 南京城墙志 [M]. 南京:凤凰出版社,2008.
421 王国奇. 南京明故宫午门勘测简报 [J]. 文物,2007(12):66-72.

子居所的南门，在级别上高于宫城其他诸门，城楼规制最盛。"午门城楼俗称五凤楼……城楼地面铺有细料方砖；城楼梁柱最粗直径不小于 0.98 米；城楼回廊外侧有青石栏，栏间石柱顶端设有荷花苞形柱头；瓦为琉璃，瓦当图案饰以龙形；楼门涂以朱红。"[422] 以上为《南京城墙志》对五凤楼的描摹。历史上南京午门城楼的具体形制史无详载，按照梁思成先生对元、明、清建筑特征的分析认为，城楼与瓮城、箭楼、闸楼"为坚强之防御建筑，紫禁城之门楼角楼，均单层，其结构装饰与宫殿相同，盖庄严华贵，以观瞻为前提"[423]。除了参照北京紫禁城午门城楼形制，我们亦能通过考古勘察得知南京午门城楼之概略："按照中国古代建筑柱网排列规律分析，中部为主体建筑，规模较大，两侧附属建筑物相对较小，主次建筑间距 3 米。中间一组原建筑面阔应为九间，进深五间……两侧附属建筑平面近方形，面阔进深均为五间"[424]。此描述与朱偰在《南京明故宫制度与建筑考》中所述的"（五凤楼）楼凡五门，楼甚高壮，青锁罘罳，翼以左右楼……东西楼下为左右掖门，门亦有殿庑"[425] 高度契合。

永乐迁都后，南京午门的实际功能不复存在，其后修缮不止，损毁更无常，入清后日益残败。1929 年，东西两翼阙台遭拆除，整体形制被改变，"五凤楼"亦毁圮无存，台顶仅余青石柱础 96 件。如今的午门是明故宫遗址上规模最大的地面建筑遗迹，城台高 12 米，东西长 80 米，南北宽 28 米，有 5 个拱券门，两侧 4 米宽的登城马道为二十世纪八十年代复建添加而成，依稀可见当年的宏大规模。

东华门城楼虽无存，但城台保存完整，南北两侧包砖墙有些许塌落，

---

422　杨国庆, 王志高. 南京城墙志 [M]. 南京：凤凰出版社, 2008.
423　梁思成. 中国建筑史 [M]. 北京：生活・读书・新知三联书店, 2018.
424　王国奇. 南京明故宫午门勘测简报 [J]. 文物, 2007（12）：66-72.
425　朱偰. 南京明故宫制度与建筑考 [M]. 南京：南京出版社, 2021.

里层仍可见实心砖砌筑的墙体。2002 年东华门经修缮和景点设置后成为城门公园，向公众开放；紫禁城西门西华门，从 1367 年建成以来直至二十世纪三十年代抗战前墙体始终保存完好，民国后期遭拆除，经文献档案分析大概率与明故宫机场扩建有关，今仅门址残存。整个遗址东西长 22.05 米，南北残宽 26 米，灰白色大理石块垒砌雕凿的须弥座清晰可见。西华门门址位于今南京中山东路 524 号附近。紫禁城北门玄武门早已无存，毁圮年代不详。

### 宫墙

宫墙即环绕宫城之城墙。南京宫城南、北垣稍短，东、西垣稍长，呈长方形，并非四方四正。宫城"城高三丈""基厚二丈五尺""顶收二丈一尺二寸五分"，折合今制，分别相当于高 10 米、墙基厚 8 米、顶宽 6.8 米。宫城周回"南北各二百五十六丈二尺，东西各三百二丈九尺五寸"[426]，周长约相当于今天的 3.46 千米，其中南北宽 0.76 千米，东西长 0.97 千米。

宫城墙垣绝大部分由砖石砌筑，城门及城门附近墙体基座则辅以石质须弥座和条石，其上建材仍为城砖。宫墙之上绵延着尺寸"四尺五寸五分"的垛口约 2370 个。

### 城壕

宫城四周有护城河环绕，因宫禁之地系天子所居，故而宫城护城河又称"御河"，民间习称御河为"玉带河"，大约因为"御""玉"两字同音之故。内、外五龙桥下之水更被称为"金水河"。

金水河一说由来已久，"帝王阙内置金水河，表天河银汉之义也，自

---

426　（明）李东阳，等，撰. 大明会典 [M]. 扬州：广陵书社，2007.

周有之"[427]。明代文献《龙江船厂志》卷二《金水河渔船·按》有载："金水河即古燕雀湖也。王宫既宅，则是水萦络宫墙，如故之御沟矣。"[428] 蒋赞初《南京史话》认为，宫城护城河部分水源来源于前湖与青溪，环绕宫城周围，"包括今御道街的外五龙桥河、午朝门内的五龙桥河以及后宰门到解放路一带的玉带河等等，并经过竺桥、玄津桥、复成桥和大中桥流入秦淮河"[429]。

这条半天然半人工的水系以被填塞的燕雀湖残留部分余水为主水源，得人工引流修凿之利，更受天然河湖泽被，贯通并顺应了青溪、琵琶湖等天然水体，朱偰在二十世纪三十年代考证宫城城壕"宽约三丈至五丈不等"[430]，明尺度一丈约合今制 2.83 米，可大致推断河宽当在 9 米至 15 米之内。

此水经外城墙过紫禁城东墙入宫墙，"每至春夏两季，流如潮涌，澎湃之声，闻达数里"[431]，过多处"铜宝"（铜芯涵管），在午门、承天门附近汊分两段：北段为御河支脉，自宫城西垣偏北段入城，经西华门、午门内五龙桥一路向东趋南，由南垣偏东段出城，汇入宫城外的城壕，即朱偰所说的"青溪发源钟山，潴为前湖，由半山寺后入城，经明故宫之后西流至竺桥，入壕而绝"[432]；南段为御河干流，经皇城外护城河，汇入杨吴城壕。

宫城护城河工毕时间不详，推测为吴元年宫城初竣时所开，洪武初年得到进一步拓宽整治，与皇城护城河连贯一体，河道复杂，涵闸众多，是

---

427　（明）王三聘，辑．古今事物考 [M]．上海：商务印书馆，1937．
428　（明）李昭祥．龙江船厂志 [M]．南京：江苏古籍出版社，1999．
429　蒋赞初．南京史话 [M]．南京：江苏人民出版社，1980．
430　朱偰．南京明故宫制度与建筑考 [M]．南京：南京出版社，2021．
431　葛定华．金陵明故宫图考 [M]．南京：南京出版社，2021．
432　朱偰．金陵古迹图考 [M]．北京：中华书局，2006．

一个拥有复杂地面与地下水道的水系,最后均流入秦淮河,被视为明初都城水系布置的点睛之笔。

**桥梁**

明初,宫城河道上的桥梁数目不明,确切可知的桥梁唯内金水桥。"金水河"之名古已有之,"金水桥"称谓始于《明太祖实录》卷二二二中所记的"洪武二十五年(1392年)戊子改建大内金水桥成"[433]。

大内金水桥即内金水桥,是御河上最重要的桥道,在午门内正北,又称"内五龙桥",与承天门南金水河上的"外五龙桥"有内外之别。[434]

内金水桥跨金水河而建,单孔拱券式样,通体石制,内包砖土芯,桥面以巨块青石铺砌。中三路正对午门正中三门券,为皇帝专用,两侧才供王公百官行走。"桥面宽度自中间向两侧分别为6.26米、5.41米、4.56米,左右对称,五座桥间距相近,6.2米左右。"

历六百余年沧桑,南京内五龙桥留存至今,五座桥基仍保持原跨,但桥上石栏缺失无存,余者皆为明代原物。此桥是南京明故宫遗址上重要的历史物证。南京宫城金水桥为北京紫禁城金水桥之先驱。金水桥制度为中都、北京营建所因袭,成为明清宫殿格局诸多定式之一。

## 10.3.2　皇城

皇城,也称子城、内城,为中央行政机构和国家宗庙所在地。皇城坐北朝南,环套宫城,平面略呈倒"凸"字形,其外有护城河环绕。东西宽约2.5千米,南北长约9千米。在南京四重城垣中,皇城居于由里及外的第二重,

---

433　(明)礼部,编纂.明太祖实录[M].上海:上海书店,1982.
434　孙晓倩.明初官式建筑石作营造研究[D].南京:东南大学,2018.

图 10-9　今天的南京内五龙桥仍保持原跨,但桥栏早已无存,静静诉说着历史的变迁

图 10-10　经由北京紫禁城内金水桥,我们可以遥想明初开国时,南京皇宫内内五龙桥的样貌

是南京宫阙制度趋于完善的重要组成部分。皇城今大致在"逸仙桥以东、中山门内南京博物院以西、大光路以北、佛心桥以南"[435]的区域。

洪武元年（1368年）八月二日，明军攻取大都，元亡。一个月内，大将军徐达两次派专人丈量大都宫阙尺寸，"八月戊子……计度北平南城周围凡五千三百二十八丈故金时旧基"，"八月癸巳……计度故元皇城周围一千二十六丈"[436]，并于次年向朱元璋敬呈"北平宫室图"，而后中都、南京宫室俱有了两重城垣的设计。尽管《明实录》一再强调元廷为外夷，大明驱夷正夏，承袭的是汉、唐、宋制度，但综上可见，明初大兴土木时，固然对宋故都汴京和六朝京师建康城的布局做了反复比较，却也并非没有参考拥有典型两重城墙布局的金中都宫城和元大都大内。华夏民族都城发展史就是在这漫长的创造、吸纳、借鉴、融合中繁盛壮大的。

明南京皇宫城池并非按严格计划一次性建成，宫城先行落成，皇城实系大明建立后陆续增筑、不断改易终致完善的结果。如，洪武初年的规制为环套宫城等距而建，永乐三年（1405年），皇城西墙西拓、重筑西安门，东西间距增宽，主体才呈矩形；又例如，洪武十年（1377年）太庙、社稷坛均已改作完毕，洪武十一年端门、承天门上城楼工讫，然而直到洪武二十八年后还在建东、西长安门并置皇城四门粮仓，所谓的"稍加增益"远不止稍加，具体多达近二十项。

因此，明初很长一段时间，"宫城"一度也被称为"皇城"，时人常视两重墙垣为一体，而并不特意强调内外，甚至有研究从《洪武京城图志》中总结出规律，"内城之内各门，乃按南东西北，分列各个方向的内、外城门……内外之分让位于方位之别"[437]。所以，当时的文献中多有"皇

---

435　马伯伦.南京建置志[M].深圳：海天出版社，1994.
436　中研院历史语言研究所，校印.明实录附校勘记[M].黄彰健，校勘.北京：中华书局，2016.
437　李新峰.论明代北京皇城的瓮城结构[J].上海师范大学学报（哲学社会科学版），2020（2）：138-152.

城""宫城"混用不分的情况是完全可以理解的,认识观念逐渐厘清存在一个演变的过程,明代中期逐渐确定。"洪武十年(1377 年)改建完成的南京大内之外也建成了周十四里的内城,并且通过任命皇城门官,明确了大内之外的外墙也称皇城,确立了明代大内两重城的格局。"[438]

众所周知,皇城内套宫城偏处城东,其占地皆为刘基卜地填湖所得。这在当时无疑是一个相当大胆的决定,且有违"圣人之处国,必于不倾之地"[439]的古训,但仍获首肯并如期兴工。既选址于低洼之地,便难免生出地基下沉之虞,唯有尽可能在施工手段上找补——铺垫巨石、密集打桩、灰料土层加固,种种手段不可谓不夯实。然而洪武末年,皇宫南高北低、排涝不易的问题还是一一凸显。太祖晚年在《祭光禄寺灶神文》中表达了悔意:"朕经营天下数十年,事事按古就绪。惟宫城前昂后洼,形势不称。本欲迁都,今朕年老,精力已倦,又天下初定,不欲劳民。且兴废有数,只得听天。"[440]

600 多年后,南京市文物研究所 2007 年的明故宫遗址勘察报告显示:通过对(午门)各门洞须弥座上沿测量与比较发现,这些须弥座不在同一平面上,东西方向看,中间高,向两边渐低,南北方向更为明显,北段整体向下沉降,其中中孔北端下沉约 47 厘米,西孔北端下沉约 26 厘米,西掖门北端下沉约 11 厘米。[441]现代测量手段得出的数据在 600 多年后佐证了史料记载之确凿。极尽周全建起的殿宇宫室,确实存在技术性层面的缺陷,一定程度上留有遗憾。

438　郑欣淼,晋宏逵.中国紫禁城学会论文集第八辑[M].北京:紫禁城出版社,2012.
439　(周)管仲.管子校注[M].黎翔凤,撰.梁运华,整理.北京:中华书局,2009.
440　(明)李贤,等,撰.大明一统志.[M].西安:三秦出版社,1990.
441　王国奇.南京明故宫午门勘测简报[J].文物,2007(12):66-72.

图 10-11　明故宫地表建筑如今所剩无几，闹市区的路牌昭示着此处显赫的历史

## 城门

皇城各门如下：

洪武门，皇城正南之门，皇城兴建始于此门。《明实录》中有"洪武元年九月戊申，置洪武门千户所"的记载，洪武十九年（1386年）改建后的洪武门，为三券城门、单檐歇山式城楼制式。在整个皇城的倒"凸"字形格局中，洪武门位于下部矩形的底端，直对都城正阳门。作为皇城正南门，洪武门相当于后来北京紫禁城前的大明门，凡国家大事则启，平时关闭。自洪武门向北，沿御道过外五龙桥，分别是承天门和端门；洪武门东首有长安左门，西首有长安右门，此二门又称东、西长安门，"位于承天门外'五石桥'东西两侧，城门外为长安街，是进出皇宫最频繁的两座城门"[442]。

承天门，端门正南第一门，为皇城正南中门，在外五龙桥之北；

端门，午门正南第一门，端门之北有左、右阙门；

---

442　杨新华. 南京明故宫[M]. 南京：南京出版社，2009.

东长安门，亦称长安左门，在承天门外东侧；

西长安门，亦称长安右门，在承天门外西侧；

东安门，皇城东垣之门，在皇城东垣近北处、宫城东门东华门水平线以东；门内又设东上门，东上南门，东上北门。东安门外有东安门街，向东偏北通向京城东门朝阳门。

西安门，皇城西垣之门，在皇城西垣近北处、宫城西门西华门水平线以西；门内又设西上门、西上南门、西上北门。明初西安门规格殊高，仅次于午门，因其据地利之便，正对着达官贵胄经由西安门大街进出皇宫的交通桥道玄津桥。现今存世的西安门为明永乐三年（1405 年）拓西安门外地，改皇城西垣时重筑，城门三座拱券完整留存，最北侧的门券内甚至还保有明代的路面。

图 10-12　清末民初，残破的西安门远景，明初的繁华显赫的景象早已湮灭不复

图 10-13　明京师南京皇城西门西安门今貌，附近建起的地铁站以这座城门命名，以示纪念

北安门，皇城北垣之门，在皇城与宫城南北中线稍偏西。门内又设北上门、北上东门、北上西门。北安门内设有宫城宦官衙署。洪熙元年（1425年），明仁宗朱高炽因有意将都城迁回南京，特设南京内守备一职，首任南京内守备为多次出洋、载誉归来的大航海家郑和。其时，郑和就在北安门内办公，负责营缮宫室、塔寺。

城墙

皇城城墙也称皇墙、萧墙。依规制，墙顶铺设板椽，椽上覆黄色琉璃瓦。比较宫城、皇城城墙，有内崇外卑之别，而史料并未有详细记载，根据东南大学建筑学院潘谷西教授 2002 年对明故宫遗址的踏勘测量，皇城墙基宽约 3 米，并以《营造法式》为准则推算皇城城墙高度当在 5—6 米，顶宽约为 1.8 米。

皇城城垣周长，其说不一。《明太祖实录》记录，洪武六年（1373 年）筑毕的皇城城周"二千五百七十一丈九尺，为步五千一百四十三，为里十有四"[443]，折合今制约为 8.23008 千米[444]，也有勘测者将皇城西部按照东部尺寸计算，认为折算后相当于今天的"8228 米"[445]。潘谷西主编的《中国古代建筑史》第四卷《元明建筑》又称遗址实际测量周长约为 7.4 千米，与前两组数据出入较大。永乐三年（1405 年），成祖诏拓改皇城西墙、重建西安门，将皇城西垣西拓至杨吴城壕、玄津桥以东，宫城原居皇城正中从此变更为略偏皇城之东的格局。此时，皇城周长增至 10.323008 千米。

皇城故迹今绝大部分无存，西安门、玄津桥是仅有遗存。

### 皇城内重要建筑

宫城墙与皇城墙围合的空间内布置有大量礼制类建筑与官署。太庙在端门之左，庙街门之内。社稷坛在端门之右，社街门之内。太庙与社稷坛隔御街相对，严格遵循《考工记》"左祖右社"的布局精髓，亦参考了中都的营建规制，移建于端门御道东、西两侧，终"建为一代之典"。

南京皇城

皇城北垣之内是皇宫禁卫军羽林左、右卫驻地；西安门内，西垣以东偏南是内宫二十四衙门[446]所在地。

"自午门而南，有大道直达洪武门，道均为大石砌成，即旧所称御道也。午门南里许，又有五石桥并峙，如内五龙桥然，是为外五龙桥。其南二里，即为明时之正阳门。自午门至正阳门，御道两旁，尽为田舍，居民多以宫墙残砖，构为庐居。明代建筑，已当然不可考见矣。"[447]

---

443 中研院历史语言研究所, 校印. 明实录附校勘记 [M]. 黄彰健, 校勘. 北京：中华书局, 2016.
444 杨国庆, 王志高. 南京城墙志 [M]. 南京：凤凰出版社, 2008.
445 梁庆华, 邢国政. 南京明故宫范围有多大 [J]. 南京史志, 1989（6）：41-43.
446 二十四衙门分为十二监、四司、八局。十二监为：司礼监、内官监、御用监、司设监、御马监、神宫监、尚膳监、尚宝监、印绶监、直殿监、尚衣监、都知监；四司为：惜薪司、钟鼓司、宝钞司、混堂司；八局为：兵仗局、银作局、浣衣局、巾帽局、针工局、内织染局、酒醋面局与司苑局。
447 葛定华. 金陵明故宫图考 [M]. 南京：南京出版社, 2021.

在1933年出版的《金陵明故宫图考》中，时任国立中央大学教授的葛定华如此描述他在南京明故宫周遭"跛陟"时所见的御道。彼时之御道今称"御道街"，在午朝门公园以南、光华路以北，拓建自明皇城洪武门至承天门前外五龙桥的御街和承天门至午门前的御道故址，道旁遍植雪松与水杉，道宽约30米，全长约2.4千米，笔直通向光华门（明代正阳门），已成南京城内最具历史积淀的景观大道。

明初，御道是连接宫城内外最重要的道路，是皇城中轴线重要组成部分与观瞻所在。北起午门，经端门、承天门、洪武门，南至京城正南之正阳门，两侧设有千步廊，为外朝议政、行政区域，同时也兼具举行国家典礼、颁布法令的功能。

图 10-14　御道，南京为帝都时的天家之路，今名御道街，笔直向南，掩映在参天的行道树中

立国之初，太祖效法唐宋制度专设千步廊，于光复华夏礼制之余，更大大拓展了外朝的运作空间、加强了宫城的防御与守卫。千步廊两侧依据"左文右武"规制布列中央官署。御道东面是中央政府机关办公地，自北往南依次是宗人府、吏部、户部、礼部、兵部、工部（六部中唯刑部在太平门外三法司办公区域）。其东自北向南又布列有翰林院、詹事府、太医院、城东兵马司；御道西面是中央军事掌管机构所在地，自北往南，依次为中军都督府、左军都督府、右军都督府、前军都督府、后军都督府以及太常寺。其西自北向南又有通政司、锦衣卫、旗手卫、钦天监、府军前卫，"六卿居左，经纬以文；五府处西，镇静以武"[448]的特点极其鲜明。

永乐十九年（1421年），朱棣迁都北京，新作的宫室"凡庙社、祈祀、场坛、宫殿、门阙，规制悉如南京，而高敞壮丽过之"[449]，千步廊制度同样为明北京城所继承。

### 10.3.3 京城

京城，也称都城，城隍。"都者，国君所居，人所都会也"[450]，明代南京四重城垣由内而外，都城居第三重，其所圈之内，即是明初全国政治、经济、文化的枢纽核心。东北尽钟山南岗，西北括临江之地，北依山、湖，南临聚宝，秦淮河流贯内外，并以前湖、琵琶湖、玄武湖等作为天然护城河，凭高据深，形势独胜。周回九十六里，冠绝当时。全砖石构筑，超前轶后。

城郭并非方正，西北窄，东西宽，略作不规则多边形。因地制宜开

---

448 （明）礼部，纂修；(明)陈沂，撰.洪武京城图志 金陵古今图考[M].南京：南京出版社，2006.

449 中研院历史语言研究所，校印.明实录附校勘记[M].黄彰健，校勘.北京：中华书局，2016.

450 （唐）徐坚，张说，等.初学记[M].北京：中华书局，2004.

十三门，"曰正阳、通济、聚宝、三山、石城、清凉、定淮、仪凤、钟阜、金川、神策、太平、朝阳"[451]，全然摒弃讲求对称的传统，加倍注重防卫与实际需要。门洞普遍采用拱券砖砌式，有的还根据形势设有内、外瓮城与闸楼，极尽御守之能事，另设东、西水关调节进出水。一干设计均高度契合朱元璋对京师建置"非古之金陵，亦非六朝之建业"[452]的崇高要求，尽展九州一统的雄浑气势，也予建都"国之中土"之传统理念以全新阐释，开一代新制。

都城城墙的修筑始自元末明初，罢建中都后增筑不止，直到朱元璋晚年，仍不时下达由获罪吏民补筑京师城垣的号令，前后历时二十八年。兴工年限之长，史所罕见。

明以筑城著称于史，南京城堪称开篇巨制，中国古代城垣建筑、都城营造亦在此时登上巅峰时刻。

城门

独特的城郭形状，以及因山形水势灵活转折的城墙走向，让城周九十六里的南京城拥有了以往历代从未出现过的十三座城门，完全无涉《周礼·考工记》中所谓"匠人营国，方九里，旁三门"之定式。

京城十三座城门结构复杂、形制各异，均为洪武年间所筑，每座城门上都建有城楼，以壮观瞻。主城门、瓮城门都是单门制式。

城南设正阳、通济、聚宝三门，城西有三山、石城、清凉、定淮、仪凤五座门，城北四门称钟阜、金川、神策、太平，城东一门曰朝阳。十三座都城城门中，正阳、通济、聚宝、三山、石城、神策六门设有瓮城。瓮城形制不一,建置考量依据城门所处位置而定，又分为多瓮城类、单瓮城类，

---

451　（明）李东阳，等．撰．大明会典[M]．扬州：广陵书社，2007．
452　（明）朱元璋．明太祖集[M]．胡士萼，点校．合肥：黄山书社，2014．

图 10-15 明代南京京城轮廓、十三座城门及护城河分布示意图

或内瓮城型和外瓮城型——多重内瓮城城门是明代首创。

### 正阳门

正阳门坐北朝南，位于皇城中轴线最南端，与洪武门、承天门、端门、午门俱在一线上。

按照传统五行风水理论，明王朝属火德，主南方，古代以正对皇宫的南门为最尊，京师正南之"国门"因此得名"正阳"。南京正阳门地位煊赫，门本冲要，相当于迁都后的北京大明门。事实上，正阳门位居正南完全出于礼制的需要，外国使节来访须自此入朝，"孝陵大祀牲牢、国学二丁祭品、户部粮长勘合，俱由正阳正门入"[453]。若按照地理方位，都城地理意义上的南门是聚宝门，明初的南城兵马指挥司就设在聚宝门外，反而东城兵马指挥司设于正阳门外[454]。

正阳门"长九百零八丈，垛口一千三百二十六座"[455]，城门内外均设有长方形瓮城，其中，内瓮两座，城上有闸楼，外瓮一座，尺寸大于内瓮，"内瓮城门与京城城门呈直线而设，外瓮城门开于瓮城东侧墙体，皆为拱券城砖砌筑，无条石"[456]。正阳门前后共四道城门，规模之崇宏，在三山门和过去一直认为在形制上登峰造极的聚宝门之上。[457] 这种内外双筑、珠联璧合的瓮城设计为南京独创，在中国城垣建筑史上占有重要地位。

十九世纪末以来，民间一度讹称正阳门为"洪武门"，究其原因，多为太平天国覆灭，清军克复金陵后修《同治上江两县志》误载正阳门"本洪武门"之故。

---

453 （明）施沛，撰；徐必达，等，修. 金陵全书：南京都察院志 [M]. 南京：南京出版社，2015.
454 （明）胡广，等，撰. 明实录 [M]. 扬州：广陵书社，2017.
455 （明）施沛，撰；徐必达，等，修. 金陵全书：南京都察院志 [M]. 南京：南京出版社，2015.
456 南京市地方志编纂委员会办公室. 南京通史·明代卷 [M]. 南京：南京出版社，2012.
457 杨国庆. 流传海外的晚清金陵全图还原光华门瓮城全貌 [N]. 扬子晚报，2011-04-11.

1928年,为纪念辛亥革命江浙联军由此入城光复南京,国民政府改正阳门为光华门,寄意光复中华。门洞也改一为三,以备现代化交通之需。1937年南京保卫战期间,位于阻遏日军进攻复廓阵地南线左翼的光华门周遭发生过极为惨烈的血战,城门被日军炮火炸塌,不复昔日壮观景象。1958年,拆城大潮席卷全国,光华门及其瓮城未能幸存,唯余城门遗址与地名沿用至今。

### 通济门

通济门坐北朝南,"东至正阳门界,西至聚宝门界,长五百一十一丈七尺,垛口七百四十四座……势当八达之冲,居多四民之业"[458],明时为神机火器出入、商贾市民频繁往来之门,又扼内外秦淮分界点,是城南重要的交通、军事关隘,防守甚严。

图 10-16 民国年间的通济门及船型内瓮城旧影

---

458 (明)施沛,撰;徐必达,等,修.金陵全书:南京都察院志[M].南京:南京出版社,2015.

十三座京城城门中，通济门瓮城占地最广，累积四进门垣，其中三道在主城门内。内瓮城上建有城楼，内部火药库房、藏兵洞一应俱全。主城门东西各设马道、步道一条。独特的船形内瓮造型，兼具艺术美学造诣与审美情趣，巧妙映衬了此地南临秦淮、毗邻东水关的枢纽地位，"通济"之名当之无愧。

南明弘光元年（1645年，清顺治二年）五月，扬州失守、镇江投降，长江防线崩溃。南京城危在旦夕之际，弘光帝朱由崧竟于辛卯日二漏时分，携"一妃与内宫四五十人跨马从通济门出，文武百官无一人知者"[459]，以致城守无备，一朝狼狈，通国恨之，上演了南京城墙防御史上最荒唐无稽的一幕。

三十年来，历次考古发掘表明，"通济门瓮城并没有采用在城垣地下深挖基槽的普通做法，而是采取了大型建筑的地基做法，即整片区域挖深坑至3米左右，后填充黄土、碎砖瓦、石灰，层层交错夯筑而成，与明故宫文华、武英二殿，明孝陵享殿，静海寺基础结构类同，从侧面证明了明代通济门的重要性"[460]。

通济门城门、瓮城以及周遭城垣的地面部分已在二十世纪五六十年代悉数被拆，唯余地下基础部分，即便所剩无几，仍为学界进一步了解其结构、筑造、四至范围提供了珍贵资料。

**聚宝门**

聚宝门，明以前旧称"南门"，今称"中华门"。明洪武十九年（1386年）改筑增制，因门外遥对聚宝山（今雨花台），改名"聚宝门"。

---

459 （清）计六奇. 明季南略[M]. 北京：中华书局，1984.
460 骆鹏. 南京明代通济门瓮城遗址的历次考古发掘与认识[J]. 苏州文博论丛，2010(1)：53–58.

作为南京城地理意义上一以贯之的南大门，聚宝门扼城南交通咽喉，前临外秦淮河，后依内秦淮河，南北两侧以长干桥和镇淮桥贯通，其历史最早可追溯到东汉末年孙权奠都建业时。彼时称"大航门"，南临淮水，位居吴都城南要冲，金陵古都南大门自此肇始。东晋、南朝时仍吴之旧，不断加筑、改造，南门周遭军事、经济地位日益重要，"朱雀门"遂名满天下。至杨吴跨淮筑城时，南门在演变中迭代。

明南京城聚宝门就是以南唐都城南门为基础登上建置巅峰的，外壁以巨型条石砌筑，高峻险固，观瞻极盛。顾起元所赞的"南都城围九十里，高坚甲于海内。自通济门起至三山门止一段，尤为屹然。聚宝门左右皆巨石砌至顶，高数丈，吾行天下，未见有坚厚若此者也"[461]，反映的正是以聚宝门为核心的南城三门的恢弘气势。

《南京都察院志》有记："本门冲繁，东至通济门界，西至三山门界，九百五十三丈五尺，垛口一千二百零二座"[462]，城门主体分三层，皆呈直线设置：木构城楼居最上层，依明制，推测应为三重檐歇山顶；下面两层以砖、石砌筑，此为京城十三门中唯一一座两层结构城台。城门北面内侧加筑"目"字形结构的瓮城三道，登城曲道为二十世纪八十年代为方便游客登城而设，和东、西登城礓磜两道，均为战时运送军需物资的快道，可助军士策马直登城头，故又称"马道"。马道之下，东、西两侧设筑藏兵洞27个，作辎重粮草储备之用，能容三千士兵屯驻。

四重垣门，每一道都安装有能够上下启闭的千斤闸，闸门内侧巨型木门以铁皮裹覆。此设计至为精妙，两军交战千钧一发之时，若来敌冲破城门，仍可置其于瓮城，放下闸门，截为三段，藏兵洞中守军全部出动，即可分而歼之，瓮中捉鳖。

---

461　（明）顾起元. 客座赘语 [M]. 孔一，校点. 上海：上海古籍出版社，2012.
462　（明）施沛，撰；徐必达，等，修. 金陵全书：南京都察院志 [M]. 南京：南京出版社，2015.

图 10-17　明代聚宝门今名中华门,西北方向俯视视角下的中华门瓮城、藏兵洞和礌礓

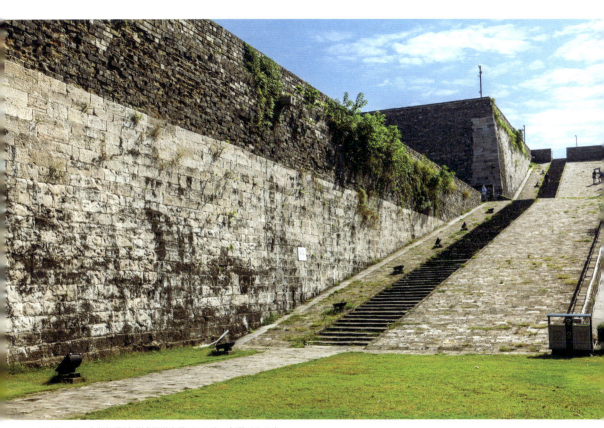

图 10-18　中华门瓮城登城马道宽约 11.5 米，长约 86.1 米

历史上，南门便为兵家必争之地，苏峻之乱、北宋克南唐、常遇春领兵攻集庆，皆由金陵南线破防；而来自门西的江防威胁也不得不防，故朱元璋格外重视城南防御，再筑聚宝门时亦倍崇其制，这是其战略位置使然。"高大、巍峨的聚宝门建筑，是明太祖向天下炫耀丰功伟绩及强盛国力的窗口，更是其威慑敌人的利器。"[463]

图 10-19　1937 年 12 月，南京保卫战中，中华门正面迎击日本侵略者的进攻

在 1937 年 12 月的南京保卫战中，中华门是阻遏日军总攻的重要阵地，中国将士有死无退，将瓮城卓越的军事防守功能发挥到极致，捍卫了国家尊严。

今中华门瓮城东西长 116 米，南北进深 128 米，总高 19.42 米，总面

---

463　郑孝清. 南京城墙研究 [M]. 南京：南京出版社，2016.

积达 14 848 平方米，除城楼在 1937 年 12 月毁于日军空袭，基本形制未有大改易，为迄今存世的世界第一大瓮城。

### 三山门

三山门位于南京城西，坐东向西，外临护城河（今外秦淮河），城下南侧为西水关所在地，故也称水西门，内秦淮河自此出城汇入外秦淮河。

自南唐而宋、元，此门皆称龙光门，明初筑应天府时，因其坚固曾直接加以利用，洪武十九年（1386 年）重造新城门时，因南眺三山而改名三山门。"本门冲繁。南至聚宝门界，北至石城门界，长七百一十五丈，垛口八百六十四座，城下门券四层，右边水关一座。"[464]

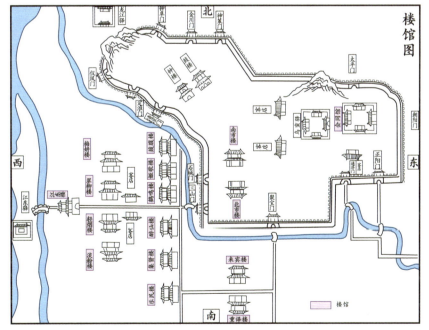

图 10-20 《洪武京城图志》中所记十六楼的分布情况（据《洪武京城图志》改绘，原图无叫佛楼）

---

464　（明）施沛，撰；徐必达，等，修. 金陵全书：南京都察院志 [M]. 南京：南京出版社，2015.

三山门式同通济门，也为三道内瓮城之制，呈船形，门垣四重，城楼四座，虽规模逊于通济、聚宝二门，但在十三座京城城门中依然名列前茅。依明定例，朝廷凡有表、诏、敕书，俱由三山门接送。三山门外建有集贤楼，是洪武年间敕建的"十六楼"之一，门内的三山门大街是南城最繁华的区域之一，《南京都察院志》有云："凡勋贵、乡绅、士夫、青衿及名流墨士胥居其中，盖文物渊薮。且良工巨商百货丛集，如三山街一带最冲要地也。"[465] 三山门现已无存，故址位于今南京城西南水西门大街与城西干道交界处附近。

### 石城门

石城门在南京城西，坐东向西，原为南唐、宋、元时代的大西门，明洪武年间改筑时因城门可遥望石头城，改称石城门。《南京都察院志》有载："本门冲繁。南至三山门界，北至清江门（清凉门）界，长三百九十七丈，垛口六百五十四座。"[466]

石城门瓮城的形制存在争议，据《南京都察院志》"城下门券二层"的记述，应当只有一重主城门和一重瓮城门，此说为《南京明城墙》和《南京城墙史话》所袭；而若据同治十三年（1874年）《同治上江两县志》、光绪二十四年（1898年）《江宁府城图》、1903年《陆师学堂新测金陵省城全图》及其后出版的数类南京地图则可发现，石城门均为两重内瓮城建置，持此观点者见诸《南京通史·明代卷》《南京城墙志》《南京明代城墙》和《南京明代城墙研究》等专著。

明代以降，石城门外是码头重地，舟次繁盛，商贾往来频密。当年的石城门即如今的汉西门（旱西门），现在保存于汉中门市民广场。

---

465　（明）施沛，撰；徐必达，等，修. 金陵全书：南京都察院志[M]. 南京：南京出版社，2015.
466　（明）施沛，撰；徐必达，等，修. 金陵全书：南京都察院志[M]. 南京：南京出版社，2015.

## 清凉门

清凉门位于南京城西，坐东向西，毗邻清凉山，故名。洪武六年（1373年）六月起专置清凉门兵马司驻守，洪武十二年（1379年）一度改称清江门，沿用至弘治年间（1488—1505年），后又复旧称。《南京都察院志》记曰："本门幽僻。南至石城门界，北至定淮门界，长七百二十五丈，垛口一千零五十。"

明中叶以前，清凉门外竖有渡船桅杆一根，数十年如一日，以为定制。相传元末渡江攻取集庆时，风浪甚高，江险重重，朱元璋幸得一桅相助才化险为夷。大明建立后，他命人在清凉门外横舟竖杆为祭，派人世代守护。明人祝允明（1461—1527年）在《野记》中撰文称："太祖初渡江，御舟濒危，得一樯以免，令树此樯于一舟而祭之，遂为常制。今在京城清凉门外，已逾百四十年矣。有司岁修祀，给一兵世守之，居舟傍，免其余役。或云，即当时操舟兵之后也。"[467]百余年后，顾起元（1565—1628年）在《客座赘语》中提到他曾亲见此杆："万历乙亥秋，余从先大夫登舟北上，犹见此杆，高仅可丈六五尺，一木栅围之，植地上，后不复见矣。"[468]砖石结构城门主体尚存，但城楼今已无存。

## 定淮门

定淮门位于南京城西，坐东向西。《南京都察院志》记曰："本门幽僻。南至清江门界，北至仪凤门界，长一千七十五丈，垛口一千五百二十八座。"[469]

洪武初年建成时，因指附近马鞍山为名，曾称马鞍门。洪武七年（1374年）正月置千户所于此，并正式改名定淮，取"稳定"之意。

定淮门瓮城存在争议。《南京城墙志》引《鼓楼区文物志》所述认为

---

467 （明）祝允明．苏州文献丛书：祝允明集 [M]．薛维源，点校．上海：上海古籍出版社，2016．
468 （明）顾起元．客座赘语 [M]．孔一，校点．上海：上海古籍出版社，2012．
469 （明）施沛，撰；徐必达，等，修．金陵全书：南京都察院志 [M]．南京：南京出版社，2015．

详情不明，"定淮门……东西深百数十米，南北宽亦百数十米，估计有一道两道瓮城"[470]。《南京城墙研究》之《南京明代聚宝门（中华门）城楼建筑形制研究》一文中梳理南京诸城门时分析认为定淮门和仪凤门、钟阜门、金川门、太平门、朝阳门几门"重点分布在城西北江防军事重地及城东北皇城区一线，避开了城南密集的居住商贸区及出入之要道，均设在少量人流之地……特别是城北军事区诸门，门前有长江，后有山岗，易守难攻，因而在洪武初年百废待兴，民力、物力有限的情况下，无需再耗费人力、物力设置瓮城"[471]。

### 仪凤门

仪凤门建于南京城西北狮子山南麓与绣球山之间，坐东向西，濒临长江，控扼江关，地位显要。《南京都察院志》记曰："本门冲要。南至定淮门界，北至钟阜门界，长五百八十丈，垛口五百八十座。城下水洞两座。"[472] 单孔城门，有城楼，无瓮城，落成于洪武十七年（1384年），与钟阜门在不足二里的地段项背而建，取龙凤呈祥之意，是城西北的两座双子星城门，成化时期（1465—1487年），都城已北迁，留都南京守城兵力不足，仪凤门又与钟阜门一起被堵塞。

仪凤门

---

470  鼓楼区文物志编纂委员会.鼓楼区文物志[M].南京：江苏文史资料编辑部，1999.
471  郑孝清.南京城墙研究[M].南京：南京出版社，2016.
472  （明）施沛，撰；徐必达，等，修.金陵全书：南京都察院志[M].南京：南京出版社，2015.

图 10-21 民国时期的仪凤门

### 钟阜门

钟阜门位于南京城北,坐西向东,与仪凤门项背而建。洪武初年称"东门",洪武十一年(1378 年)十二月丁巳改为钟阜门,因遥对钟山(亦称"钟阜")之意而得名。《南京都察院志》记曰:"本门荒僻。南至金川门界,北至仪凤门界,长五百一十四丈五寸,垛口七百八十座。"[473] 一般认为,钟阜门无瓮城。

### 金川门

金川门位于南京城北,坐南朝北,门洞设有水关涵闸,跨金川河而筑,河水由水关北向出城,故得名。《南京都察院志》记曰:"本门冲要。东至神策门界,西至钟阜门界,长七百三十五丈,垛口一千零五十座。"洪武四年(1371 年),置金川门千户所驻守,周遭除驻扎有龙江备倭首营陆

---

473 （明）施沛,撰;徐必达,等,修.金陵全书:南京都察院志[M].南京:南京出版社,2015.

图 10-22  2006 年复建的仪凤门

兵寨，还建有盐仓和饲养军马的草场，素以"重城设险，守可无虞"之称，然而明王朝建立以来第一次遭遇政权危机恰恰就发生于金川门。

建文四年（1402年）六月，燕王朱棣发动的"靖难之役"进入倒计时。北来的燕军自瓜洲渡江，兵临南京城下，驻扎于城北江滩，李景隆和谷王朱橞开金川门迎降，兵部尚书茹瑺等数十人亦降。燕军不战而入城。金川门之变宣告建文帝削藩彻底失败，朱棣夺位成功，永乐朝自此而始。

图 10-23　金川河入长江口今貌，明代金川门曾跨金川河而筑，现已无存

神策门

神策门在南京城北,坐南朝北,得名于洪武初年起戍卫在此的神策卫。洪武九年(1376年),置千户所驻守。《南京都察院志》记曰:"本门荒僻。东至后湖小门界,西至金川门界,长九百九十五丈,垛口一千五百五十九座。"[474]

图10-24　神策门今称和平门,是明代十三座京城城门中保存最为完好的城门之一

此门虽地处城北寂僻坡山处,据称出入多乡野村夫,但城门外仍建有瓦刀形单瓮城一座,风格独树一帜。该瓮城设二门,与主城门屈曲而开,依山而建,充分利用周围险峻的山势,体现了明初筑城因地制宜、据险设城的灵活理念。

清初,南方根基尚不稳,复明军事行动不断。顺治十六年(1659年)郑成功北伐南京,与清军交战,惜败于神策门下。清廷遂改神策门为"得胜门"。同治以后,复称旧名。进入民国,神策门又改名"和平门",一

神策门

---

474　(明)施沛,撰;徐必达,等,修.金陵全书:南京都察院志[M].南京:南京出版社,2015.

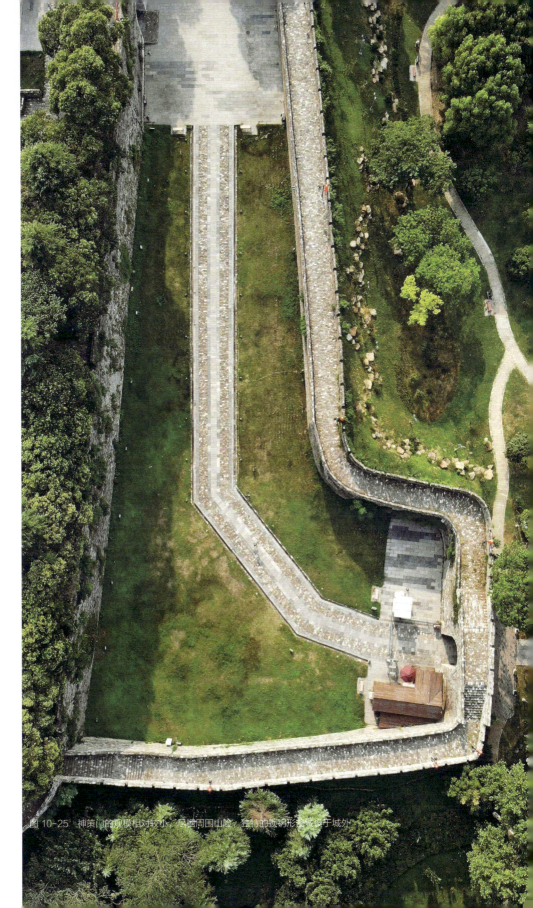

图 10-25 神策门的规模相对较小，凭借周围山险，独特的锁钥形瓮城设于城外

度挪作汽油库之用。今神策门形制完好，城楼系光绪十八年（1892年）仿效淮安府城楼重建而成，并非明代原物。明代京城十三门如今仅存四座，四门之中，唯神策门有城楼。

**太平门**

太平门在南京城北，坐南朝北，明代为三法司（刑部、都察院、大理寺）所在地，故得名。洪武四年（1371年），置太平门千户所。《南京都察院志》有记："本门冲要。东至朝阳门界，西至后湖小门界，长八百四十五丈，垛口一千三百二十七座。"太平门建于富贵山、覆舟山之间，依险于山湖，靠近南京唯一没有护城河保护的城墙"龙脖子"段城墙，扼钟山通城内最便近的通道，又乃司法森列之地，战略意义重大。

图 10-26　南京唯一没有护城河保护的城墙："龙脖子"段城墙

图 10-27 太平门段城墙今貌，古老的城墙与现代化都市林立的高楼相映成趣

清中叶，湘军与太平军曾在太平门附近展开血战，攻城时埋炸药，轰开城垣二十余丈，取得清廷克复金陵的重大进展。明代太平门早已无存，2014年落成的新门不复旧观，而是遵循现代城市之需，力求便捷城市交通。复建的太平门宽约 72.6 米，长、高均为 18 米，三孔券门，中券高 16 米、宽 12.5 米，两侧门券高 11.2 米、宽 13.4 米，可供八股机动车双向通行。

朝阳门

朝阳门即今中山门门址所在，在南京城东，坐西面东，故名朝阳。《南京都察院志》记曰："本门僻静。南至正阳门界，北至太平门界，长七百五十四丈五尺，垛口两千零五座。城下水关一座。"[475] 朝阳门紧邻宫

---

475　（明）施沛，撰；徐必达，等，修．金陵全书：南京都察院志[M]．南京：南京出版社，2015．

禁与孝陵,状似简易幽邃,实为要冲。"明代每年神宫监进贡苗姜、时样果、香脂均从此门入。"[476]

图 10-28　二十世纪初年,南京京城城垣东门朝阳门远眺图

图 10-29　1928 年国民政府为迎接孙中山灵柩归葬紫金山,兴建中山大道时,将原朝阳门瓮城拆除,修造三孔拱形砖门,改名中山门

---

476　南京市地方志编纂委员会办公室. 南京通史·明代卷 [M]. 南京:南京出版社, 2012.

明代朝阳门无瓮城，清代咸同年间，太平天国据南京为天京，与清军展开以城墙为据，长达十余年的攻防战，双方多次在朝阳门外交战，同治四年（1865年）太平军在城外偏北处增建半圆形瓮城，以资防御。

城河水系

明南京城四重城垣均有护城河环绕，人工、自然水系纵横交错，岗阜、河湖与城墙唇齿相依，其对城市景观的规划、对排水系统的合理安排、对水位控制的科学处理，对航道的高效利用，均达到了封建时代我国都城水利建设的至高水准，领先当时，惠及后世。

京城护城河的开挖大体与城墙建设时期相当，始于洪武元年疏浚后湖（今玄武湖）、石灰山（今幕府山）、龙湾（今狮子山一带）的河道，初期工程工毕于洪武五年（1372年）年底，其后时有疏浚、兴工，至洪武中后期臻于完善，河道蜿蜒曲折，形态自然，沟通了长江、秦淮河和金川河三大水系，网络全城。

图 10-30　京城护城河城西北仪凤门、狮子山段，明代此段城壕最宽处超过百米

都城水系结构十分复杂，既有对旧有城南南唐城河的改造与修整，又有在原沟渠基础上的疏浚、拓宽与通联，比如连钟山南麓的霹雳沟，令其

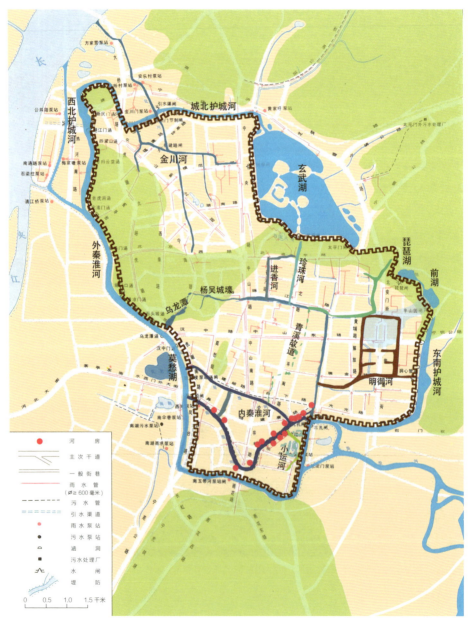

图 10-31　南京拥有全世界最长的护城河水系，周长达 31 159 米

自东向南在通济门外汇入秦淮河；更有大刀阔斧改玄武湖入江水道，建城北护城河的创举。总体格局大致如下：南面、西面以外秦淮为壕，绕城为池，西流北趋至仪凤门外汇入长江，城北凭借金川河、玄武湖筑严密护城河体系，趋东又对燕雀湖残留部分加以利用，城东倚岗阜无护城河，未能与北城壕贯通，折向东城垣又引发源自钟山的天然水体入壕，在朝阳门外南经平桥，经正阳门外夔角桥，南下流经通济门外九龙桥汇入淮水，经东水关入城。

明代南京的水系调节

图 10-32　东水关为全砖石结构，与西水关相对，是明代京城两座水关之一，秦淮河由此入城

《肇域志》有云："城壕绕城，阔二十五丈，周四十五里。"[477]

今实测，南京护城河水系周长 31 159 米[478]，为世界第一，城河深度在

---

477　（明）顾炎武. 肇域志 [M]. 上海：上海古籍出版社，2012.
478　南京城墙保护管理中心. 帝都王城：从良渚王城到大明帝都 [M]. 南京：东南大学出版社，2021.

图 10-33 明代南京城墙水关涵闸分布示意图

6—7米之间，平均宽度为60—100米，最宽处位于玄武湖段，今宽1743米[479]，各项指标在我国历代都城护城河中均居前列。与以往历代都城城壕以人工开凿为主的方式不同，明南京城护城河充分利用天然水体，唯个别地段以人力挖凿实现贯通。

洪武年间都城初建时，设计者便有预见性地根据地形地貌在环城各处设置了水关、涵洞多处，进水闸8座，出水闸口17座，其中以东水关、西水关和武庙闸最具规模，最有代表性。其作为护城河的技术辅助衍生，实现了对城内外水系的灵活调控与技术保畅，护卫了城池的安全，也为帝都南京城区扩大、人口增殖、生产经营频密而产生的高需求用水问题提供了有力保障，缔造出一个水量充沛、航运高效、景观独特、防御完善的护城河生态系统，集城河一体理念之大成。

### 10.3.4　外郭

外郭，又称罗城、郭城，明代南京都城四重城垣之最外圈，在正史中被称为"京师外城"或"外城"。

洪武二十三年（1390年）四月，鉴于京师防御结构的严密与完整，也为了满足都城空间发展的需求，朱元璋下令在京城城垣之外再筑外郭。按照先筑城门、后连垣体的步骤展开建设，兴工频仍，收尾工程甚至一直持续到永乐朝。

翌年二月，十余座城门相继落成，郭垣轮廓粗具，朝廷始置诸郭门千户所，"铸印给之"[480]，执行与京师内城近乎一致的戍卫、管理制度，即

---

479　杨国庆, 杨新华. 南京明城墙最新科学测绘与调查[C]. 第二届世界遗产论坛——世界遗产与城市发展之互动学术研讨会论文集, 2006. 126-132.
480　（明）礼部, 编纂. 明太祖实录[M]. 上海：上海书店出版社, 1982.

外郭十八门

"凡南京里城正阳等一十三门,外城一十八门关,俱于各卫拣选精壮官军守把"[481]。

### 形制

京师外郭平面略呈菱形,近方形。旧时号称周回180里,实际长度约60千米,各段砖筑部分总长度约20千米,垣顶宽三丈许,合今制约10米。郭内面积达230平方千米,拥山含水,规模空前。除附郭险要处用砖砌城墙、开设城门外,余下垣体大多依据城外围的黄土岗垄而筑,故外郭在南京当地又有"土城头"之称。

城垣起自西北江滨上元门,沿江岸向东北,将幕府山围入城中,绵延至燕子矶一带开观音门;折而东南,在钟山东麓经最东端的麒麟门再转西南,尽包周围山体;沿城东南岗垅修筑到南端的夹岗门再折向西北,直抵西部长江边江东门。北、东、南三面"阻山控野",西面则以长江天堑为防。

### 城门

《明太祖实录》卷二零一记载,洪武二十三年(1390年)四月庚子,"置京师外城门驯象、安德、凤台、双桥、夹冈(岗)、上方(坊)、高桥、沧波、麒麟、仙鹤、姚坊、观音、佛宁、上元、金川凡十五门"[482],次年又临江建江东门,京师外城十六门遂成。这是有关南京外郭城门的最早记载,然文献记载多有差异,十五门、十六门、十八门乃至二十门不一而足。

综合《洪武京城图志》《永乐大典》《金陵古今图考》《南京都察院志》《客座赘语》《明史》等各类记述可知,上元、佛宁、观音、姚坊、仙鹤、麒麟、沧波、高桥、上坊、夹岗、凤台、江东十二门不存在歧义,有异议

---

481 (明)施沛,撰;徐必达,等,修. 金陵全书:南京都察院志[M]. 南京:南京出版社,2015.
482 (明)礼部,编纂. 明太祖实录[M]. 上海:上海书店出版社,1982.

的主要在于安德、驯象二门的大、小之分，同时，上元门西的外金川门、江东门西北的栅栏门以及石城关的建造顺序和落成时间，各家也各有考据，难成定论。

史料对外郭城门表述的增、删、取、舍其实是外城建造过程的展示，体现了都城建置等级次序和变化增益的过程。无论如何，明朝南京外郭城门数量之多，不仅为中国城市史所仅有，在世界上也堪称无双。现辑录以系统、详尽著称的《南京都察院志》对南京外城诸城门的描摹：

江东门：南边城垣六十丈，至堂子巷河止；北城垣九十丈，接石城关界。城楼一座，垛口三十座，官厅一座，直房三间，锁钥一副。

驯象门：北至赛公桥，南至安德小门，长七百四十二丈五尺。本门阅视外城会齐之所。官厅三间，后厅三间，厢房二间，神庙一座，直房四间，锁钥一副。

安德小门：北至驯象门界，南至安德大门界，共长二百七十二丈。本门系后续添，不通要道，原无给有令牌。官厅三间，直房三间，城隍庙一间，盘诘房一间，锁钥一副。

安德大门：西至安德小门界二十丈，东至凤台门界五百丈。官厅三间，直房三间，锁房一间，锁钥一副。

凤台门：西至大安德门界，东至夹岗门界，共长九百二十丈。城间垛口一百四十八座，东边围墙十一丈，西边围墙十五丈，护门栅栏一座，官厅六间，直房六间，锁房一间，锁钥一副。门里对厅官山一座，上有松树，载于册籍；门外过军桥一座，相视厅一所，沿城水洞五座。

双桥门：东边起至清水塘止，计五十号，共长一百五十丈；西边至丁字墙，计八十号，共二百四十丈。大门一座，大官厅一座前后六间，每计府厂阅操会齐处所。城隍庙一座，直房一座，锁钥一副。

夹岗门：西至凤台门丁字墙一号起，东至上坊门界，共计一千十八丈。西边水洞一处，城门锁钥一副，城隍庙一座，官厅二层，直房三间。

上坊门：西至夹岗门界，东至高桥门界，共计五百五十五丈五尺。临门五丈有上坊关石桥中立，五券，官厅六间，左右茶厨房六间，春秋阅城小饭之所，直房二间，玄帝庙宇一座，锁钥一副。

高桥门：西至上坊门界，东至沧波门界，共计一千零五十丈，垛口三十七座，小关一座，设有锁钥委官二员。本门轮拨军余守把。水洞二处，官厅六间，直房一间，神庙一座，锁钥一副。

沧波门：南至高桥门界，北至麒麟门界，共计一千六百零三丈。本门系阅视外城的摆饭之所。门楼五间，官厅五间，后厅五间，厢房八间，军余直房三间，把总厅三间倒塌，城券一座，锁钥一副。

麒麟门：右至沧波门界，左至仙鹤门界，共长一千三百五十丈。城楼一座，官厅三间，直房三间，栅栏二扇，月墙一道，城隍庙一座，锁钥一副。

仙鹤门：右至麒麟门界，左至姚坊门界，共计一千二百八十丈。门楼一座，官厅三间，神庙一间，锁房三间，锁钥一副。

姚坊门：南至仙鹤门界，北至观音门界，共长一千四百九十丈。大门楼一座，大官厅三间，后厅三间，卷蓬三间，茶房二间。春秋二季阅视外城腰跕摆饭或即于本门上城。神庙一座，大水关三券。

观音门：南至姚坊门界，北至佛宁门界，共长一千六百五十一丈。门券一座，垛口六座，水洞三座，官厅三间，直房三间，土地庙二间。

佛宁门：倚山为廓，东至观音门界，西至上元门界，共长一千一百四十五丈二尺。城门二扇，上系坚实板枋，下系透明通水栅栏。盖本门一遇山水发动，即为出水之所，屡被冲坏。原有神庙一间，倒塌无存；官厅三间渗漏，檐墙倒塌；直房三间，倒塌无存；水洞一座，石桥损坏，盘诘房三间，倒塌无存。

上元门：北边倚山为城，至佛宁门山界原无丈尺，南边砖石城至外金川门界止，长七百一十三丈五尺。水洞一座，垛口八十座，城楼一座，官厅三间，神庙二间，直房二间。

外金川门：东城墙六百二十二丈，西水城系木栅栏二十九丈，在城河之中。门券三座，中间系成祖经由，至今不敢擅开。城垛四十一座，里外拦马墙倒塌，基址见存；东西官厅六间，三间渗漏，三间倒塌；直房四间，二间朽坏，二间倒塌，止存基址；神庙三间；水洞三券；门外盘诘房一间，倒塌无存。

石城关：南至水洞城四十丈，北至圩埂城长三十七丈。官厅三间，直房三间，城隍庙一间，门券渗漏，通河水城未修补，锁钥一副。

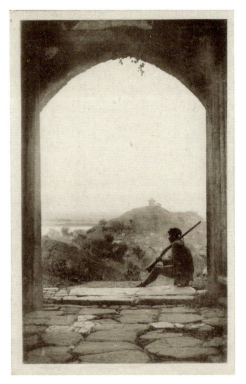

图 10-34　民国时期，观音门内视角看郭外，一名士兵正在远眺临江岗阜

价值

外郭的建造，既是对南京既有三重城垣的补充、完善，更是帝都城池战略防御体系的再规划与再实践。太祖"复筑土城，以卫居民，诚万世之业"[483]的宏阔构思后来在帝都北迁后仍被仿效。嘉靖年间，朝中屡议增筑

---

483　（清）龙文彬. 明会要 [M]. 北京：中华书局，1998.

郭城事宜，"高皇帝定鼎金陵，于时即筑外城。文皇帝迁都北京，密迩边塞，顾有城无郭者，则以缔造，方始未暇尽制耳。迩因边警，圣上俯俞言者之请修筑"的奏疏最终被明世宗朱厚熜所采纳，始修北京郭城。虽然后囿于财政之困，仅建城南郭门七座和28里长的土芯包砖郭垣，仍可见南京形制的传承。

"作为政治军事因素浓厚的都城，南京明外郭郭区和城墙的修建体现了国家的政治需求和军事需求"[484]，然外城的意义绝不只是一道防线、若干关卡的构建。城垣与城门是外郭的重要组成部分，但不是全部。外郭涵纳的区域空间，从及这若干区域所具的功能价值同样重要，甚至更加重要。

依据史料文献，京城以外，外郭以内的南京城可分为如下几部分：

（1）石城关、外金川门、上元门、佛宁门、观音门沿线的城西北江防区；（2）城北丧葬卫戍区；（3）卫戍区与京城之间的国家官署区：该区域为大理寺、刑部、都察院及黄册库所在地；（4）钟山以东，姚坊门、仙鹤门、麒麟门、沧波门一线的农牧场卫戍区，包含大片农田，也是军队卫所驻扎地；（5）城东南转正南，沧波门、高桥门、上坊门、夹岗门一线的交通运输区；（6）京城东南隅与交通运输区之间的皇家祭祀禁区，天地坛、神乐观、神机营、大校场和军营在本区域内；（7）外秦淮河南岸与凤台门之间的手工业市场暨寺庙区，本区域为传统的秦淮河沿岸市肆居民密集区，另有能仁寺、天隆寺、天界寺、报恩寺云集；（8）城西南江防区与驯象门、安德门之间的江畔市场、楼馆区，江东门内有驿站、酒楼、塌坊、旅店布列。

外郭的存在令都市空间的分配更趋合理，水陆交通、商市贸易、市民生活因此多有受益。"明代南京京师外城遗址是反映中国古代都城在制度上发展到巅峰时期的重要实证性遗产，它使南京成为今天唯一保存有宫城、

---

484　南京城墙保护管理中心,南京大学文化与自然遗产研究所.南京明外郭遗址研究[M].南京：南京师范大学出版社,2021.

皇城、京师内城、京师外城四道城垣遗迹的古代都城空间规划与构筑体制的都城遗产，也证明明代南京都城是中国也是世界古代都城中最为宏大的城市。"[485]

## 10.4　天工人力　功能卓著

明初为都半个多世纪，留给南京的不止相当规模与数量的历史古迹与文化遗产，也有古代城垣防御史上无可匹敌的杰作，当然还有六百多年沿用不衰、常用常新的水陆复合型城市格局。南京城坚韧不拔、融汇包容的襟怀与气魄皆由此锻造而来。

"南都城围九十里，高坚甲于海内。自通济门起至三山门止一段，尤为屹然。聚宝门左右皆巨石砌至顶，高数丈。吾行天下，未见有坚厚若此者也。"[486]四百年来，顾起元写在《客座赘语》卷九的这段话流传甚广，如今已成形容南京城雄浑其外、坚固其中的最佳注解。的确，明初兴造南京城兴工之长、役作之繁、用工之众、采办之巨、烧造之多、涉域之广、督工之严，均为中国古代都城营造史上所罕见。这座旷世城垣能屹立数百年巍然无恙，原因无外乎勘合地貌、优选建材、长于工艺、多法砌筑、因地制宜。

当世人惋惜于南京宫城、皇城、外郭，或湮废于战火，或消弭于岁月

---

485　南京城墙保护管理中心，南京大学文化与自然遗产研究所.南京明外郭遗址研究[M].南京：南京师范大学出版社，2021.
486　（明）顾起元.客座赘语[M].张惠荣，校点.南京：凤凰出版社，2005.

图 10-35　南昌府都昌县为南京城墙烧制的城砖

之时,当庆幸迄今仍有 25.091 千米长[487]的墙垣存世。虽残损剥离但雄丽不减,并且她仍是迄今存世的规模最大、保存原真性最好的古代城垣。中国传统都城营造所能达到的规制、风格、选材、工艺之最,我们仍能从她身上记取。

### 材料

从筑造细节来看,南京城墙无论是建筑材料还是建筑方式,都达到引领时代的一流水准。

身为我国第一座全砖石城垣,南京京城城墙顺应了当时攻城火器发展的潮流。城砖,又称官砖、官甓、砖料、营造砖,是这项国家工程中最大宗的建筑耗材,在数十年漫长营建中,用量超一亿块。为适应防火、抗压、坚固等需求,所用城砖一律由官方督造,规定尺寸,统一运输、调配,对质量的要求也极高。这一时期供应京师的城砖绝大部分按照 4∶2∶1 的比例制造,规制为长 40 厘米,宽 20 厘米,厚 10 厘米,重量在 10—20 千克之间,黏土质地的细密青灰砖是主流,偶有褐黄色和灰白色。

京师城砖的烧造单位涉及全国 37 府、162 州县以及工部和军队卫所烧造的 196 个署名单位。[488] 浩繁的烧砖任务由各地分摊,砖文皆铭记兴造单位与责任人,"敲之有声,断之无孔,方准发运"[489],责任到人,凭此验收、赏罚,以"物勒工名"之制确保最小建筑材料的品控。与此同时,木料的

---

[487] 中央政府门户网站 2006 年 2 月 16 日发布《南京文物局公布:南京明城墙总长度为 35.267 公里》。文中称"经过实地勘察与科学测绘,工作组最终确认了有关南京城墙的最新数据:南京明城墙总长度为 35.267 公里,其中地面遗存为 25.091 公里,遗址部分 10.176 公里;城墙现状基本完好类总长度为 22.425 公里,城墙现状遗迹类总长度为 2.666 公里;城墙最高 26 米,城墙顶部最窄处为 2.6 米,最宽处 19.75 米;城墙现存护城河全长为 31.159 公里,城墙与护城河间距最宽处为 334 米,最窄处为 9 米"。

[488] 朱明娥. 旷世城垣——南京明城墙[M]. 南京:南京出版社,2018.

[489] 中研院历史语言研究所,校印. 明实录附校勘记[M]. 黄彰健,校勘. 北京:中华书局,2016.

采办、石料的征调均有相关流程与标准，度法空前严厉，从源头上保证了工程建设的品质。

图 10-36　位于中华门瓮城东首的南京城墙博物馆内陈列的各具特色的城砖

工艺

南京地处江淮丘陵地带，冈阜叠起，河湖交错。复杂的地形地貌对城池的营造工艺提出了很高的要求。视地段不同因材施工，是南京城墙天工人力的又一表现。

依山而建就顺行山势，以山体岩石为墙基，不另挖基槽，山、墙体融为一体。据冈垄之脊最著名的一例当属城西石头城赭红色砂岩之上的那段城墙，城西北卢龙山、四望山等段墙体亦作类似处理；临近河湖或低洼松软处，耐力、承重力均不足，就开挖深基槽，另筑墙基，取走松软的泥土，以木桩为基密集夯入，其上再铺井字形木排和巨型条石。"地处秦淮河冲击地的南城墙……中华门以西和光华门以东转角处，均曾发现这种基础下结构"[490]，类似现代建筑施工中常用的钢筋混凝土转嫁压力的技法，这使得墙基承重力相当可观。在传统营造学主导的明初，工匠们的这种处理方法是极其可贵的。事实证明，"这三段城墙经六百年而无沉降，亦说明达到了预期的技术要求"[491]；墙体的砌筑又分为城砖墙、条石墙、城砖条石混砌墙、包山墙、墙中墙等多种类型，不同地段墙体差异较大，墙体的高度与厚度亦因环境不同而大异其趣。

图 10-37　城墙内部砖层间的黏合剂

南京城墙的防水、排水措施处理堪称科学。墙顶以桐油、石灰、黄土封顶，厚约 1 到 2 米，分段夯实，其上铺砖，砖面向内微坡，再以一定间距砌自外向内的明沟，与城墙内壁边沿处的砖砌明沟配合，汇城顶之水。

---

490　工程兵工程学院《中国筑城史研究》课题组. 中国筑城史 [M]. 北京：军事谊文出版社，1999.
491　季士家. 明都南京城垣略论 [J]. 故宫博物院院刊，1984（2）：70-81.

每隔60米左右，又在墙身内壁砌筑出挑0.5—0.7米长的石质滴水槽，与水平垂直之下的墙基处的石槽遥相呼应，承接下泻之水[492]。而"墙基部分每隔一定距离也设有排水洞"[493]，再汇积水排出城外，防护措施与基础工程一样可靠、实用，凝结着劳动人民的智慧与汗水。

明城墙黏合剂

特有黏合剂的使用，保证了城墙历经风雨战火的洗礼，仍坚固如初。数百年来，明太祖以糯米浆筑城的轶事在民间流传不已。至于材料备制、施工技艺的详情，官修史书从来讳莫如深。正因如此，所谓夹浆、混合浆的传说更显扑朔迷离，从石灰、糯米汁、高粱糊到桐油、蓼草，不一而足。"筑京城用石灰、秫粥锢其外……皆纯白色，或稍杂泥壤即筑，筑者于垣中，斯金汤之固也"[494]是明人的观点，祝允明《野记》和马生龙《凤凰台记事》中的记述几乎完全一样；"蓼草……放水加温，可成黏液，与适量石灰、细砂伴合成混合浆，用于黏结砖石之用"[495]则是清人的揣度。

据南京文物考古工作者1978年对徐达五世孙徐俌夫妇合葬墓的发掘报告显示，"该墓系用同于城墙的黏合剂浇浆。在发掘时不单推土机无法施展，连尔后改用钢杆、铁镐都坏掉若干。对所得黏剂浇浆块所做的拉力、承压、渗透试验，对比现代水泥砂浆体，承压低于水泥砂浆，拉力与渗透均高于后者。可见这种混合浆黏剂具有韧性"[496]，从侧面论证了南京城墙砖石黏合剂的稳定与坚韧；2008年，浙江大学文保材料实验室用热重和红外光谱法对南京明城墙砌缝中的灰浆样品进行分析，认定其中确含有糯米浆成分，民间传说与相关文献的猜测得以证实，"糯米灰浆的发明和使用，使古代建筑不仅更加牢固持久，也更实用美观。今天我们在南京城墙砖缝、

---

492　杨国庆.南京明代城墙[M].南京：南京出版社，2002.
493　蒋赞初.南京史话[M].南京：江苏人民出版社，1980.
494　（明）马生龙.凤凰台记事[M].南京：南京出版社，2021.
495　季士家.明都南京城垣略论[J].故宫博物院院刊，1984（2）.70-81.
496　季士家.明都南京城垣略论[J].故宫博物院院刊，1984（2）.70-81.

石缝间看到的白色物质，就是古代的黏合剂——糯米灰浆"[497]。在南京城墙保护管理中心 2019 年开展的课题研究中，南京城墙部分段落中检测出了淀粉类物质，很可能为糯米水解后的产物，因此南京城墙"使用糯米汁筑城"的观点具有一定可信度。

### 守御

防御是城墙的原生价值和最基本功能。中国古代兵器虽然在宋元时已有长足发展，总体而言，冷兵器与火兵器交替并用仍是主流。元末明初，即朱元璋问鼎天下的阶段，威力较强的火器逐步登上历史舞台，对城池防御构成了巨大威胁，城垣建造工艺随之步上新高。南京城墙的防御功能，经历代更新演变，在兴造之前就有无与伦比的规划，落成后在各方面都突破良多，呈固若金汤之势。

宏观上，筑城选址充分倚靠周边地形与山水地貌，以长江天堑为护城首险，江中又有江心洲、八卦洲与主城互为犄角，"陆路依靠钟山、清凉山等冈阜丘陵，直抵江边狮子山……水陆两条防线构成瞰制大江、扼守都城北部安全的要地"[498]。又于江北新置江浦县，并将原隶扬州府治下的六合县划归应天府，使得首善之地突破隔江相望的传统，充分利用长江的军事交通优势，实现了跨江而治。

内外城垣构筑两道城池防线，布控所有制高点，便于居高克敌。城内广大腹地可屯重兵，灵活调遣。城门、瓮城等兵备亦有定制，每重城垣、每座城门都有兵力把守，数量众多，制度缜密，皇城、宫城守御自更不在话下。据胡正宁在《洪武永乐时期京师（南京）的卫军》一文中的论述，"按照'五千六百人为卫，千一百二十人为千户所，百十有二人为百户所'计算，

---

[497] 朱明城. 南京明城墙中的"混凝土"揭秘[J]. 江苏省地方志, 2019（4）:81-83.
[498] 杨国庆, 王志高. 南京城墙志[M]. 南京：凤凰出版社, 2008.

洪武二十六年（1393年），卫戍京师的兵力便达到23万人，而当时全国的总兵力不过184万左右……在全国总兵力中占有的份额，就一个城市来说是相当大了"[499]。永乐迁都后，南京守御呈缩减、松懈之势，宣德年间（1426—1435年）南都尚有6万守军，至万历年间（1573—1620年）仅有2万。

  细节上，南京城墙总体不规则，走势屈曲多变，倘若遇警，瞭望角度足够，也较易组织侧防，故未建角楼与马面，在这一点上与北京和西安城墙有异。但南京内城墙顶建有女墙，雉堞（13 616座[500]）、窝铺（200座）为数众多，城垣本身高度足够，一般在12—24米之间，足以令攻城战具望而却步；城门不仅在数量上偏多，还摒弃旧制，环城而建不求对称，重要城门建一重或多重瓮城，其中多重内瓮与藏兵洞均为首创。"有条件的更设置藏兵洞，将城门守御这一明显的薄弱部位，变成了防御作战强点，这是外瓮城无法做到的。"[501] 以南京城墙为先驱和代表的明代城防设计，既讲求功用又不乏大胆创意的种种举措，都是根据当时条件下的攻城器械为防御重点精心设筑的，在中国城垣建造史和军事防御史上都留下了浓墨重彩的一笔。

---

499 胡正宁. 洪武永乐时期京师（南京）的卫军 [J]. 明史研究，2004（8）：66-71.
500 13 616为《明史》数据，《南京都察院志》统计的垛口数量为12 809座。
501 中国古都学会，新郑古都学会，编. 中国古都研究（第十五辑）——中国古都学会第十五届年会暨新郑古都与中原文明学术研讨会论文集 [C]. 西安：三秦出版社，2004.

# 第11章 两江首府

清代南京称江宁，清军攻取南京后，旋改应天府为江宁府，原南京所在的南直隶被改为江南省。千年古都经历了从一国陪都到一省府城的剧烈沉降，旧有秩序遭遇巨大冲击。

往日尊崇地位不复，但南京"仍凭借其自身的历史惯性和优越条件而得到清廷的高度重视"[502]。军事上，统辖今苏、皖、赣三省的"两江总督"和下辖满洲、蒙古八旗军的江宁将军均驻节于此；行政上，江南布政使司、提刑按察使司、都使司、督粮、驿传等衙门在此设治。"两江保障""三省钧衡"的江宁是清政府统治东南的政治、军事、经济、文化中心。

从1645年清军入城，到1911年在辛亥革命浪潮的席卷下，江浙联军攻破江宁府城，南京光复，267年间，南京经历了如下几个阶段：鼎革后的恢复期、稳定发展的繁荣期、鸦片战争与太平天国时期的动荡期，以及开埠维新的变革期。

图 11-1　入清之后，南京改称江宁，政治地位一落千丈，但仍是清王朝统治中国南方的中心城市

---

502　南京市地方志编纂委员会办公室. 南京通史·清代卷 [M]. 北京：商务印书馆，2021.

既历递嬗，再经战火，后又置身于千年未有之社会变局中，南京城池的政治意义与防御价值日渐衰败。昔日的锦绣江山，皇皇城阙非但无法为这座千年古都谋求和平境遇，反而屡屡加重她首当遭难的筹码。经营江宁的得失成败，甚至关系到清政府半壁江山的安危，一系列重大事件皆由此引发——1842年鸦片战争后，近代中国的第一个不平等条约《江宁条约》（《南京条约》）在这里签订；1853年，太平天国起义军在此定都，改江宁为天京，欲与北京分庭抗礼；1864年，清政府"穷天下力"才最终克复被太平天国盘踞了11年的天京；1912年帝制终结，南京又成为我们这个古老的国度从集权走向共和的起点。

沧海横流，南京一次次被推到时代前沿。经济发展、人口递增以及交通工具的改进及快速变革都令南京城墙饱受城市化浪潮的冲击，格局渐变、屡毁屡修，历经城区重划和城门改易，艰难走向现代化。

图 11-2 清末，曾象征天家威仪的南京午门已是满目荒凉

## 11.1 满城改制 故宫湮废

### 11.1.1 三修满城

崇祯十七年（1644年）四月，崇祯皇帝朱由检在煤山自缢，明亡。清军大举入关，据北京为都，同时厚集兵力与西北农民起义军作战，暂予南方以喘息机会。六月，前明宗室福王朱由崧在南京被拥立为帝，年号弘光。翌年，旗人挥师南下，弘光帝被俘，存在仅一年的"南明"覆亡。

顺治二年（1645年）五月初九日，镇江陷落，十六日，豫亲王多铎所部几乎未遇任何抵抗便直驱南京城下。占领南京后，清军便打着"承制受其降，抚辑遗民"[503]的旗号开始了对前朝留都的一系列改造，其中最大的改易当属以明故宫皇城（在今南京市西部秦淮河以西、中山门以东、太平门以北，光华门以南区域）为基础，改筑八旗驻防城。

八旗驻防制度始于清入关前。随着统一战事的推进，清廷会在占领的重要城市分兵驻守震慑，专修城垒，以资驻防，专供八旗官兵操演、办公、居住之用。驻防将军为最高长官，处理辖域之内一切军务兼理八旗内部政务。顺治以降，全国各地驻防城甚多，但唯有"直省都会或州府重地"的驻防城才称"满城"，西安、济南、太原、杭州、福州等地皆有"满城"，江宁的战略地位举足轻重，自不能例外。

江宁满城位于城东南，略呈矩形，东、西向尺寸约为2100米，南北约长2980米，总面积约9平方千米。全城开五门：西墙两门，一曰西华门，重建于原西安门址，正对玄津桥，例新辟一门称"小门"，正对大中桥，此二门均通往城内繁华地；余下三面各一门，北门直接称后门，东为朝

---

503 （清）赵尔巽，等．撰．清史稿[M]．北京：中华书局，1998．

阳门，南为正阳门。正阳、朝阳二门被长期占用，普通平民东面出行必须从太平门或通济门绕行，严重阻碍了城市交通。

满城四至一向多有争议，结合文献图表，较为主流的观点是，驻防城西垣即西安门所在的明代南京皇城西墙向南一直延伸到通济门附近与明代都城城垣相连；北墙即北安门所在的明代皇城北墙向东一直延伸到朝阳门北侧附近，也与明代都城城垣相连。

终清之世，江宁满城共有三次修筑。三次修筑因时期有差，满城所至范围也有不同。

首期工程始于顺治六年（1649年），日役千人，历时两年方告竣工。"筑城于青溪之东，起太平门，沿旧皇城墙基至通济门止，开二门以通出入，为满洲大兵屯驻之地，驻防将军等开府于此。"[504] 圈定范围大略以太平门城门东侧城墙为起点，向西南延伸至皇城西北角与皇城西垣相接；在皇城西南角延伸至通济门东止。北、东、南三面城垣仍利用江宁府城（即原明南京内城）城垣，并不新筑。

第二次缮治大约在顺治十六年至十七年间（1659—1660年）之间，落成后规制更齐全，全城"长九百三十丈，连女墙高二丈五尺五寸，周围十八里九分五厘"[505]。城内，"建将军、都统二置于中，满洲八旗分屯左右，各立屋宇，星罗棋布"[506]，将军衙门以下房屋近万间。

第三次发生在同治三年（1864年）清军克复天京后，太平天国占据金陵十年余，多次从明故宫旧址取用城砖兴修天王府等，"毁明西华门一面墙，自西长安门至北安门，南北十余里，穷砖石筑宫垣九重"[507]。兵燹

---

504 （清）陈文述. 秣陵集[M]. 南京：南京出版社，2009.
505 马协弟. 清代满城考[J]. 满族研究，1990（1）：29-34.
506 （清）陈作霖，陈诒绂. 金陵琐志九种[M]. 南京：南京出版社，2008.
507 （清）莫祥芝，甘绍盘，纂. 金陵全书：同治上江两县志[M]. 南京：南京出版社，2013.

所致，旗人再入江宁时，满城业已"焚毁殆尽，废为菜园"[508]，故最后一次几乎全部重建。

据《清代满城的修建与特点》一文，太原、杭州、荆州等地的满城都是另划一块区域新建，江宁、西安、成都三地则是在城中旧址上进行改建。因为这些城市在明代为重城格局，至清代仍基本保留完好，在清初政局不稳、财力不济的情况下，这样做便于节省用度。[509] 事实上，江宁府数次大规模改筑耗费的人力、财力非但没有减少，反而对珍贵的历史遗迹造成了无可估量的损坏，受这种不着意于原物长存落后观念的驱使，我们的城市在历史进程中付出了无数惨痛的代价，明故宫的遭遇即为近世中国最显著的一例。

### 11.1.2 故宫劫难

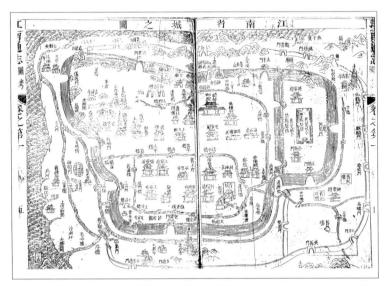

图 11-3　如图所示，明故宫在清代被改为满洲驻防城，建筑形制、既有格局遭到严重破坏（《康熙江南通志》中的《江南省城之图》）

---

508　陈迺勋, 杜福堃. 新京备乘 [M]. 南京：南京出版社, 2014.
509　黄平. 清代满城的修建与特点 [J]. 内江师范学院学报, 2013（3）：94-98.

图 11-4　这座石照壁是午朝门公园内的明故宫遗物之一，是明故宫入清后遭遇破坏的历史物证

改明皇城为满城，强化旗人与城中汉人的隔离，是入清以后南京城遭遇的第一次重大格局调整。昔日南京都城城墙，即清江宁府城城垣整体形制被改变，明故宫既有格局遭到严重破坏，发生根本性的、不可逆的变化。

一大批原明朝皇家建筑乏人看管、缮治，天坛崩圮、钟山原皇家陵园区域周遭的树木几被砍伐殆尽，作为薪柴运往城中售卖，庄严肃穆的明孝陵陵寝沦为兵丁的牧马场，昔日恢弘富丽的殿宇永不复旧观，满城内的"各级署廨86间，箭亭11座，校场1处在洪武门外，营房1500间"[510]，无不源自对前朝宫室的肆恣改造。

明代南京"衣冠文物盛于江南，文采风流甲于海内"的盛况此间已不复存在，"吴宫花草，晋代衣冠"历史轮回又再上演。在1684年，康熙

---

510　（清）鄂尔泰，等，修. 八旗通志[M]. 长春：东北师范大学出版社，1985.

江宁改制

帝首次南巡,路过江宁,曾目睹明故宫的残败与萧条,写下著名的《过金陵论》:"道出故宫,荆榛满目,昔者凤阙之嵬峨,今则颓垣断壁矣;昔者玉河之湾环,今则荒沟废岸矣。"[511] 等到咸丰辛酉科拔贡生、无锡籍诗人倪钊游金陵,写《过明故宫》时,目之所及,更已是"五龙桥北旧故宫,禾黍离离夕照中。阶下御沟沟下水,年年呜咽向东风"[512] 的荒凉景致,与唐人追忆建康繁华,写下"禾黍高低六代宫"别无不同。

图 11-5　1944 年明故宫东华门残垣旧影

---

511　清官修.清圣祖实录[M].台北:华文书局,1964.
512　张寅彭,编纂.清诗话全编[M].杨焄,点校.上海:上海古籍出版社,2018.

## 11.2 江宁府治 毁建无常

随着南京都城地位的丧失,南京宫城、皇城的政治功能也走到尽头,六部、监察院、国子监等中央机构均在裁撤之列。城内代之而起的有总督府、将军府、布政司衙门、江宁署府、知县衙门、都司署等各级衙署。

图 11-6　图示的大报恩寺塔复建于 2014 年,明代的原物毁于太平天国与清军围城鏖战时期

参考康熙《江宁府志》可知,清朝前期两江总督部院衙门设于江宁府治东北的"沐府东门"一带,大约在今长江路总统府周遭。所谓"沐府",乃指明朝开国功臣黔宁王沐英及其后代世代所居的府邸。重修后的嘉庆《江

宁府志》亦有"沐府，今为督宪署"[513]的记载，督宪系总督别称。太平天国占据天京（江宁）期间，总督府被改为洪秀全的天王府，分内城"金龙城"和外城"太阳城"两重，"范围南到今大行宫南面的利济巷和科巷，北抵杨吴城壕，东至今长江后街的黄家塘，西止于今长江西街"[514]。恢弘壮丽的天王府后大部毁于湘军入城后的焚掠，"十年壮丽天王府，化作荒庄野鸽飞"[515]即为当时江宁城中惨状之代表。

太平天国攻防战（太平门）

克城后，时任两江总督的曾国藩一度无处办公，只好在太平天国英王陈玉成在水西门油市大街的宅邸临时署理公务。后清廷在原址复建，围墙周围五百六十余丈，"新造正宅大小房屋四百八十七间，门楼、穿堂、走廊四百一十八号……花园、厅楼、亭阁六十三间……总计一千一百八十九间"[516]。署前东、西辕门外各有一牌坊，题额分别是"两江保障""三省钧衡"；江宁布政使司衙门在城南大功坊，今瞻园路太平天国历史博物馆所在地；江宁府署在内桥西南，今府西街一带。太平天国一役十载，江宁城中房屋十之八九毁于兵火，六朝以来文物遭重创，复城后，"金陵应修之工极多且巨"[517]，各级官署无不旧地重建，规模均大不如前，难以尽复旧观。

清江宁城市格局基本因袭明代旧制，即城南为商市居民区，城北为军事文教区。相对而言，城北发展不如城南，在西学东渐、洋务运动兴起之前，城市基本建设与开发较为缓慢。

府城城墙的日常养护力度总体不足。官方认定的维修任务由上元、江宁两个附郭县认领，原则上，上元县承接聚宝门以东向北直至太平门沿线

---

513 （清）吕燕昭.江苏历代方志全书：江宁府部[M].南京：凤凰出版社，2016.
514 蒋赞初.南京史话[M].南京：江苏人民出版社，1980.
515 （清）何绍基.东洲草堂诗集[M].上海：上海古籍出版社，2006.
516 （清）莫祥芝,甘绍盘,纂.金陵全书：同治上江两县志[M].南京：南京出版社，2013.
517 （清）曾国藩.曾国藩全集[M].长沙：岳麓书社，1985.

城墙的修缮，江宁县分管神策门以西南诸门所在地段。然而实际操作中，朝廷并无专款，城墙的修缮常囿于财政困难转而依靠临时筹措和乡绅富户捐助。凡文献记载的"大修"大多发生在战后，集中体现在顺治年间郑成功北伐南京之后及同治中太平天国战争前后，余者多凭当时的军事需要和社会经济状况量力而行，总体呈下降趋势。

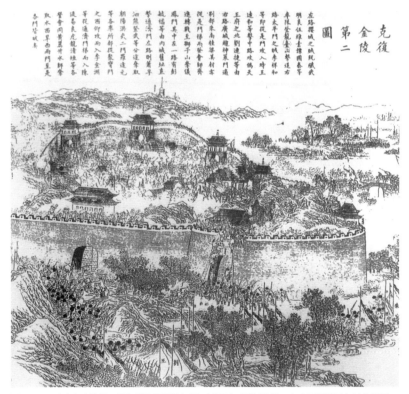

图 11-7 《克复金陵第二图》描绘了同治年间，清军攻破城墙防线，自太平门等处入城的场景

## 11.3 旧垣沧桑 改良革新

纵观全城，原明代京城十三座城门入清后启闭常有波动，建筑规制变化巨大。

明嘉靖（1522—1566年）前后，其实已有钟阜、仪凤、金川三门先后闭塞，尔后定淮门封闭，实开约九门。清朝初年，重开定淮门，但又掩塞了清凉门、神策门两门。顺治十六年（1659年）清廷对垒郑成功，取得"神策门之役"的胜利，江南提督梁化凤重开仪凤门与神策门（其时已更名得胜门）。但因朝阳、正阳二门仅供满城中人出入之用，道光中进一步关闭定淮门，故长达185年的时间里，偌大的江宁府城仅有太平、神策、仪凤、石城、三山、聚宝、通济七门畅通。即便在传统农业、手工业时代，对于江宁这样"绾毂两畿，辐辏四海"[518]，一城系数省咽喉的重镇来说，还是过于狭促和闭塞了。

图 11-8　城西北静海寺，1842年中国近代史上第一个不平等条约《江宁条约》（《南京条约》）在此议约，这里可谓是中国近代史的开端

---

518　（明）顾起元. 客座赘语[M]. 孔一，校点，上海：上海古籍出版社，2021.

"太平之役,诸门饱经锋镝,谯楼多罹兵燹"[519],故同治中兴的时代,江宁城中多半在进行战后重建,如今我们能够看到的二百年以内的建筑物,绝大多数是同治、光绪年间的重建物。受此影响,直到光绪年间,南京才逐步向现代化城市规划靠拢。城市发展慢慢突破城垣的禁锢,开始向外拓展,或旧门新开,或增辟新门,特别是1899年南京开埠之后,沿江发展趋势渐强,古城风貌渐为改观。

1892年,除修治城垣雉堞、城楼墩台,府城十二门(除聚宝门)的城楼终于迎来整体重筑,均仿照淮安府城楼规制建上下两重,以砖砌墙,此次兴修花费甚巨,累计用银十万八千七百八十两;1895年,贯穿城区南北的江宁马路通车,连接了驻防城西边"小门"至城西北的仪凤门;1909年复开金川门,宁省铁路由此入城,这条从下关江边开往中正街的市内小铁路,是沪宁铁路的分支。

晚清半个世纪,应人口、交通、经济发展之需,先后有如下城门改易或增辟:

图 11-9 民国初年,保存较为完整的朝阳门外瓮城,此城筑于清代

---

519 朱偰. 金陵古迹图考 [M]. 北京:中华书局,2006.

朝阳门：同治四年（1865年）新筑长方形外瓮一座，瓮城稍偏东北，城门也开在瓮城东北处。

草场门：光绪三十四年（1908年），为方便交通运输，在城西定淮门、清凉门之间的城墙段，新开草场门直通外秦淮河码头。城门为单孔拱券结构，城门深约20米，宽约6米。得名于城内既有的大片草场。

小北门：草场门开辟同年，南京城北，今钟阜路与护城河交汇处，爱民桥以南，神策、金川两门之间又新开一座新城门，称小北门。此门又称四扇门，一度长期被讹传为钟阜门。

丰润门：北临玄武湖，介于太平门、神策门之间，坐东面西，单门洞，彩绘城楼。开筑于宣统元年（1909年）六月，曾为慈禧当局"出洋五大臣"之一、时任两江总督兼南洋通商大臣的端方，向朝廷申请在南京举办南洋劝业会获批——这是近代中国的第一次大型博览会，展馆兴筑工程在三牌楼、丁家桥一带。为方便劝业会举办时，中外参观者届时不必绕远路自太平门或神策门出城才能游览玄武湖，端方决定在丁家桥附近明城墙上开辟新门，然而未及完工，他即调任直隶总督，由张人骏继任两江总督，继续未竟之事业。次年六月，新门落成迎客，得名丰润。按照《新京备乘》的阐述："此门辟于陶斋（端方号陶斋），成于张人骏。张，丰润人，故以丰润为名。"[520] 此说广为流传，但新考却有新发现，"端方虽为旗人，出生地也在河北丰润。张人骏的手下命门名为'丰润'，倒并非为了阿谀上司，而是为了纪念端、张二位新门的开辟者"[521]。丰润门的意义不仅便捷了交通，让曾经的皇家禁地玄武湖成为中国近代市民公园的先驱，更在于让古城冲破禁锢，沐得新生。

---

520　陈诒勋,杜福堃.新京备乘[M].南京：南京出版社,2014.
521　李源.清末的两江总督与南京玄武门[J].江苏地方志,2010（2）：38-39.

图 11-10　鸟瞰玄武湖段城墙，远处的玄武门曾名丰润门，开设于清末

历史曾经见证洪武时代，南京城中洋溢着一种社会上升期特有的、各阶层皆欣欣向荣的景象。四重城垣作为国家性工程乃是这种繁荣的表达形式之一，由政治力量驱动前行，并一直延续到清朝。这是由根深蒂固的农业经济体制和高度集权的政治传统决定的。终清朝统治时期，南京城的地位、功能与城市形象，延续的是前明物质遗存，继承的是由国家政府主导、调度的传统。自上而下，时人尚不具备把城墙视作珍贵历史遗存的觉悟，留下了肆恣开发、疏于营缮的遗憾。

当政治驱力成强弩之末，走到近世末期的南京势必要挣脱旧制，方能在激烈的社会变革中立足。古老的明城墙一度成为南京城的空间阻碍与发展羁绊，尽管她曾是这座城市得天独厚自然地理条件的产物，全然履行着护佑之责，是其卓然历史地位的见证，但也付出了沉重的代价。尽管步履维艰，南京城墙终究伴随古都迈向复兴。

# 第12章 民国首都

在反对帝制、倡导革命的浪潮中，南京虽不是首义城市，却是民主共和的肇始之地。亚洲第一个民主共和国——中华民国于1912年1月1日在南京宣告成立。凭借着重要的历史地位、深厚的城市底蕴、形胜的地利条件，以及经济文化的地缘优势，南京被定为首都。历史再次给予南京新的机遇。

此后近四十年，南京既为全国政治中心，也是国际交往的形象窗口，古都面貌之维系、市政建设之改观均走在时代前列。近代城市理念时刻冲击着城墙的传统价值。这一时期，南京城墙历拆保之争，终得存续，或新开城门，或改易名称，以应时代之需。

图 12-1 民国首都南京在延续既有城池的基础上多有改筑，如图所示，城东南的大校场清晰可见，在明代皇宫遗址上改建的明故宫机场更是清清楚楚

然时值国际局势动荡、民族灾难深重的关口，南京城虽取得了若干现代化建设成就，却又为战争所阻，陷入浩劫。时局所迫，南京城墙这样一座古代军事防御工事，成为现代化机械火炮战争的亲历者、罹难者。"民国初年原有的南京明代城墙四重格局，除京城城垣基本保持原状外，其他

三圈城垣或已被改筑，或大部毁圮。"[522]

建筑是历史的媒介，城墙更是城市与建筑的结合体。在民国时代，承载着古都漫长记忆的明城墙，谱写了中华民族坚强御敌、实不可侮的壮烈之歌，在首都安全、城市景观、文化古迹诸多方面，也都体现出其应有的价值。

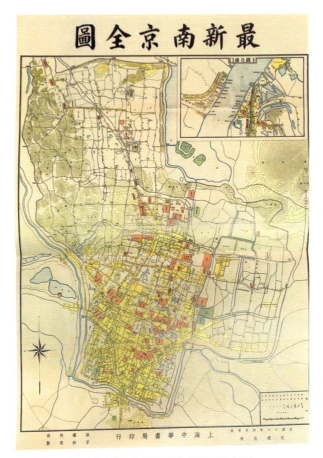

图 12-2　一九二七年上海中华书局出版的《最新南京全图》

---

522　杨国庆，王志高. 南京城墙志 [M]. 南京：凤凰出版社，2008.

## 12.1 民国肇基 经略伊始

1911年（清宣统三年）10月10日，武昌起义爆发，12月2日江宁府城为代表革命的江浙联军攻破，南京光复。12月29日，业已宣布脱离清政府统治的各省省代表齐聚南京，参与筹建中央临时政府。1912年1月1日，孙中山从上海乘坐火车抵达南京，自下关火车站（时称沪宁铁路南京车站）换乘小火车入城，在原两江总督府、太平天国天王府旧址的官署内就任临时大总统。

民国早期，革命果实为袁世凯窃取，二次革命爆发，中国陷入军阀混战时期，南京素有政治传统，又地处江南富庶地，且是当时全国为数不多的大城市，革命军和旧军阀争夺尤其激烈，其间城池屡遭兵火，原明代京城各城门及附近城垣成为攻防重点，时有损毁，但尚不损伤根本。

图12-3　1912年2月，清帝退位后第三天，民国临时大总统孙文率领共和民主人士赴明孝陵祭拜明太祖朱元璋

较之而言，1914年，冯国璋、韩国钧在南京主事期间，以便利交通和协助旗民生计为名，公开拆除部分地段城墙，推行"以工代赈"，反而对明城墙造成了更大、更持久的破坏。

图 12-4　民国初年，钟山上植被稀缺，明孝陵荒僻失修，这是长久以来疏于管理营缮的结果

以时人之思维，清王朝统治既已覆灭，南京城内的八旗驻防城也无存在的必要，于是，变卖城砖乃至竞相拆除驻防城、明皇城残垣的风潮在城内大行其道。"旗人星散，城郭为墟。城垣砖甓，拍卖盗取，狼藉不堪"[523]，正是当时这一恶性社会事件的写照。后来的扬子饭店、金陵大学北楼、鼓楼医院等建筑都曾以明城墙砖为建筑材料。原明故宫的玉陛、石狮、云龙鸟兽石饰一类文物珍品也被人以极其低廉的价格售卖。

这种情况一直持续到 1928 年国民政府定都南京。无怪乎朱偰在《金陵古迹名胜影集》中曾写道："余来金陵，适值新都建始之秋，街道改筑，房屋改建，地名改命，其间变化之繁，新旧递嬗之剧，实其他都城之罕有。新都之气象，固日新月异，然古迹之沦亡，文物之澌灭者，乃不可胜计。"[524]

诸如此类不和谐的声音并未阻碍南京朝向正确的道路前进：1920 年南京督办下关商铺局编制《南京北城区发展计划》，旨在改善城区内外环境，增强城北与城南老城区的联系；1925 年，南京市政筹备处成立；1926 年，南京城市发展史上第一个具有一定社会基础的城市发展规划《南京市政计划》出台。

图 12-5　民国时期鼓楼医院部分建筑使用南京城墙砖建造

523　陈诒绂, 杜福堃. 新京备乘 [M]. 南京：南京出版社, 2014.
524　朱偰. 金陵古迹名胜影集 [M]. 北京：中华书局, 2006.

## 12.2 拆保之争 城门启闭

民国时期，时人对城墙这一历史遗留物的认识和价值判断时有反复，历经波折。二十世纪以来，全国各地纷纷掀起拆城浪潮，南、北两京不可避免陷入巨大纷争。南京城为明太祖毕生基建之大成，地位本来特殊，底蕴尤其深厚，影响特别巨大，拆墙与保墙争论之激烈，前所未见。

1928年11月，决定拆除神策门至太平门之间城墙，拟用城砖建设军校学堂的消息一出，舆论大哗。徐悲鸿先发电报称此举为难以想象的愚昧，又从艺术的角度阐述："首都后湖自太平门至神策门、丰润门一带为宇内稀有之胜境，有人建议拆除此段城垣，务恳据理力争，留此美术历史上胜迹。"后又专门撰文痛斥曰："欲毁灭世界第一等之巨工，溯其谋乃利其砖。"《首都计划》的主持制定者美国建筑师墨菲也认为，拆毁象征中国的城墙将是巨大的错误。孙科向南京政府呈文，要求即行停止拆城工作。强烈的社会舆论下，拆除计划终于流产。

以1931年4月，南京执委会呈国民政府内政部暨中央执委会秘书处"严令人民不得毁伤本京城垣，并饬负责机关切实保护"之提案获批为界，此前处于"拆""保"激烈相持期，之后事态由"保"派占主导。《首都计划》对南京城墙亦有规划，提出了将墙体改造为环城大道的设想，幸得《首都计划》未竟全部实施而得以保存其原真性。南京城墙虽频遭侵袭，至今仍是世界上最长的古代城墙。

随着道路建设的需要。民国时期新开了六座城门：

海陵门：位于城西北仪凤门稍南，单孔城门，门前护城河被填平改筑成路以方便通行。1915年4月竣工，为了繁荣下关码头岸线特增开。因时任江苏民政长官的韩国钧是泰州人氏，故以泰州古称海陵命名该城门。

挹江门：系1928年为奉安大典筹备计，首都建设委员会工程处在原

图 12-6 1929年奉安大典举行前,挹江门被改造为连拱多跨式,这是南京内城第一个三孔城门

图 12-7　中山陵坐落于紫金山南麓，占地 8 万余平方米，是伟大的革命先行者孙文的陵寝

图 12-8　中山陵博爱坊今貌

图 12-9　中山陵音乐台，中山陵园最著名的附属建筑之一

海陵门狭促的基础上，拆垣复建的新门。改制为三孔多跨连拱复式券门。1929年6月1日，孙中山灵榇过挹江门入城，归葬紫金山。

中山门：与挹江门同期施工改建于1928年，亦是筹备奉安大典的工程之一。拆除原明京城东门朝阳门的单孔城门及外瓮，原址改筑全新三孔多跨连拱砖门，南北两侧各设登城步道一条。1937年12月，南京保卫战期间，中山门的中券和北券遭日军战火袭击后坍塌。城陷后，中山门见证了臭名昭著的松井石根入城式。中山门匾额多变，最初由谭延闿以颜体书写，与中山陵碑亭内石碑上巨幅金字"中国国民党葬总理孙先生于此"同期完成。1943年，汪精卫换上自己题写的"中山门"，1946年汪氏的题款被抹去。如今中山门匾额系1996年改建中山门隧道时，以东晋大书法家王羲之作品中集字替换而成。

玄武门：1928年在清代丰润门原址上改筑，由单门改为三门，并改称"玄武门"，理由是"玄武湖泽被民生，玄武门名副其实"[525]，门额上"玄武门"三字由蔡元培题写。

中华东门、中华西门：1933年落成，为配合中华门环门路工程而建，两门分别在中华门瓮城东、西两侧破墙而凿，城门高约12米，跨度约12米，制式相同，左右对称于中华门。当年的中华东门石质匾额原物现存南京城墙博物馆。

武定门：1933年建成，单孔过梁式样。介于中华门、雨花门与通济门之间，城门因临近武定桥得名。与新民门、汉中门基本同期修筑，是民国时期重要的新增城门之一。民国武定门无存，今门为南京市人民政府2010年复建的三拱券城门。连接武定门段城墙，长乐路南北两侧的明城墙从此连成一体，登城后可达东水关、中华门等名胜。

---

525 据国民政府内政部1928年7月公布的"国民政府第六九次委员会决议"改名。

图 12-10　1931 年的中华门，城楼巍然矗立，今中华东门和中华西门的位置已打开缺口，城门尚未修建

图 12-11　新民门最终落成于 1934 年，是南京仅存的牌坊式城门

汉中门：1934年建成，单孔过梁式样。原与武定门同期开工，后仅在汉西门北侧打开一豁口供往来出行，城门未修筑。后因此处正对江心洲夹江口，有容易登陆之顾虑，经南京警备司令部谷正伦勘察后，国民政府批准兴建。

新民门：位于金川门以西，因金川门铁路出入之需而计划增筑，施建过程类似汉中门，起初只在城墙上打开豁口，未及建城门，后补筑于1934年。新民门今犹存，是南京城中仅存的牌坊式城门。

中央门：位于神策门以西地段，1930年国民政府规划开辟南起鼓楼广场，北达中央门的子午路（今中央路），特决定开辟此门。城门现已不存，旧址现为交通枢纽，仅存地名。

雨花门：1936年，因市内小铁路南延沟通江南铁路，国民政府决定在中华门东石观音庙抵城墙处破墙开门，因临近雨花台而得名。现位于武定门和中华门之间，江宁路南北向穿门经雨花桥过秦淮河。

## 12.3　首都计划 咸与维新

作为民国开基之地和长期的政治中心，截至 1949 年，南京的市政建设取得了引人注目的成就。

民国伊始，政局不稳、财政维艰，首都城市面貌未有明显改观，尚处在下关开埠后的探索过渡期，真正步入建设繁荣期是在 1928 年之后。是年，国民政府定都南京，短时间内，城市人口从约 36 万增长至近 49.7 万，老旧的城建设施、街市住宅难以满足现代首都的需求，大规模改造迫在眉睫。为"缔造新都"，国民政府罕见地以国家名义相继成立专职机构"国都设计技术专员办事处"和"首都建设委员会"，专理新南京的设计事宜。

1929 年，国民政府延聘以美国著名建筑师亨利·墨菲（Henry Killam Murphy，1877—1954）为代表的一批专家，主持编制的《首都计划》颁行，各项市政工程、土木建设陆续展开，古城南京迈入了前所未有的发展阶段。

《首都计划》确定了首都界线[526]，对城市分区、中央政治区域统筹、建筑形式选择、道路系统规划、水道改良，车站、机场、港口之布局，皆有细致规划，甚至还对百年后南京城市人口分布及相应城市设施做了预案，号称"全部计划皆为百年而设，非供一时而用"[527]。既有宏观规划，又不乏微观探索，平面、立体兼顾，种种规划均基于对南京城自然条件、历史沿革、政治地位、社会发展的综合考量，并注入现代化城市设计理念，突破了南京明清以来的传统格局，初步规划了其作为现代化都市的蓝图。

依据《首都计划》的规划，南京城被分为如下七大区域：1. 中山门外、紫金山南麓的中央政治区；2. 鼓楼、傅厚岗一带的市级政务区；3. 长江两

---

[526]　《首都计划》规划国都界线西至和尚桥，东至青龙山，南至牛首山，北至常家营，界线全长 117.2 公里，面积为 855 平方公里。

[527]　林逸民《呈首都建设委员会文》。

岸及下关港口工业区；4.主干道两侧和明故宫、新街口一带商业区；5.鼓楼、五台山一带的文教区；6.山西路一带的新住宅区；7.城南旧商业居民区。

图 12-12　1929 年，国立中央大学北大楼，原为金陵大学钟楼，现称南京大学北大楼

图 12-13　修筑中的中山东路，远处可见明故宫的城门

事实上，受政治干扰、派系斗争、社会经济等诸多因素的影响，《首都计划》中工业区、中央政治区并未依计落实。由于 1937 年抗日战争全面爆发，日本侵略者对南京实施长达八年的反动统治，直到 1949 年国民党离开，上述计划也没有全然实施。

但在将近十年的时间里，全城近 50 条主次干道建成通车：中山路东起中山码头西迄中山陵，全长 20 千米，横贯全市，中央路、中正路、汉中路、山西路、中华路相继贯通，这些道路总长度累计达到 120 千米，道路最宽 40 米，道旁种植采购自上海法租界的青桐、刺槐和高大悬铃木，城市景观独树一帜；以现代广场新街口为中心，以山西路、鼓楼、仙霞路等环岛式交通广场为辅的城市道路系统趋于完善，极大改善了明清以来南京城内的道路交通状况，奠定了现代南京的城市骨架。

首都计划

较之城南力度不大的改造，二三十年代城北的开发速度加快，南京城整体发展有北迁趋势。兴建了数量可观的放射状道路，与城南横平竖直或沿山川走向的传统街道形成鲜明对比[528]，中山北路、中山路沿线布列着行政官署、金融中心、饭店戏院，繁盛一时。

南京保卫战

这期间，有 532 处新型民国建筑拔地而起，主要分布在中山路沿线，以及西康路、颐和路和紫金山周遭。[529] 纪念性建筑集中在钟山风景区，如中山陵、国民革命军阵亡将士公墓纪念建筑群、航空烈士公墓等；国民大会堂、中央体育场、紫金山天文台、国民政府中央研究院大楼、中央饭店是大型公共建筑的代表；特色官邸建筑最知名的当属有"远东第一别墅"之称的美龄宫（即国民政府主席官邸）和鼓楼偏西北侧颐和路、宁海路沿线约 69 万平方米的颐和路公馆区（即民国官府区、使馆区）；政府机构办公建筑则有国民政府考试院、励志社总社、中央博物院、中央监察委员

---

528　贺云翱，周行道. 文化南京：历史与趋势 [M]. 南京：江苏人民出版社，2020.
529　陈瑞芳. 南京民国建筑空间分布格局研究 [D]. 南京：南京大学，2016.

会大楼等，均采用传统的大屋顶宫殿样式，此系《首都计划》中明文确定的，政府办公建筑当以"中国固有之形式为最宜"，既表达了对华夏风格的继承与发扬，也是总设计师墨菲痴迷中国传统建筑的集中表达，而其中相当多一部分建筑是由以杨廷宝为代表的一批中国建筑师主持设计的，成果丰硕，影响深远，如实践行了《首都计划》序言之所倡："首都之于一国，故不唯发号施令之中枢，实亦文化精华之所荟萃。"[530] 后来，南京城被誉为一座巨大的中国近代建筑史博物馆，盖因上述建筑杰作的诞生。

"历史上绝大多数的中国城市都是政治城市或消费城市，市民化的生产城市很少。在城市规划方面，城市主要为统治者服务，而不以市民社会为出发点，故无论城市的功能设计，还是建筑布局，都较少考虑居民的需求。"[531] 作为民国时期中国最早、最重要的系统城市规划，以及南京城市发展史上第一部现代意义上的建设设计方案，《首都计划》的诞生，标志着以人为本的都市规划理念开始挑战集权至上的建筑传统，尽管政府对全部社会资源的调度依然强势，但自然科学的介入、普通民众的城居需求、民间经济活动对城市规划的影响力在增强。"本诸欧美科学之原则，吾国美术之优点"[532]，它较好地保留了中国传统营造的精华，并有选择地汲取了西方先进的建筑理念，无论是空间布局、人居理念方面，还是风格融汇诸方面均堪称典范。即便放在当时世界诸国大都市的规划阵列中，其也堪当先进，影响力更是相当深远。

---

530　国都设计技术专员办事处，编. 首都计划 [M]. 南京：南京出版社，2006.
531　董佳. 缔造新都：民国首都南京城市设计与规划政治——以 1928—1929 年的首都规划为中心 [J]. 南京社会科学，2012（5）：141-148.
532　国都设计技术专员办事处，编. 首都计划 [M]. 南京：南京出版社，2006.

图 12-14　中山码头始建于 1925 年，曾名"津浦铁路首都码头""下关码头"

图 12-15　航空烈士公墓位于钟山北麓，旨在纪念自淞沪抗战至 1945 年 9 月间牺牲的航空英烈

# 第13章 古都新貌

1949 年 4 月 23 日，中国人民解放军取得了渡江作战的伟大胜利，南京解放。

屡历兴替、惯看沉浮、浴火重生的南京，"翻过了作为中国古代、近代史上最后一个都城的历史，展开了崭新的一页"[533]。南京城墙最终卸除军事防御功能，褪去政治色彩，存废之争终有了定论，百余年来未解的历史问题，新时代交出了完满答卷。

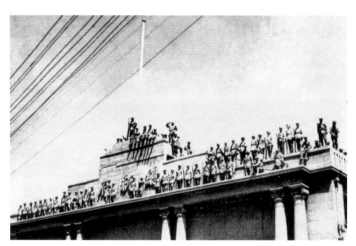

图 13-1　解放战争中最激动人心的一幕：人民解放军将红旗插上总统府

解放后，为了满足交通出行、防空疏散等需求，南京先后开通掩塞多年的定淮门、钟阜门、武定门和草场门；同期又增辟位于太平门、玄武门之间，鸡鸣寺后东北侧的解放门，还整修了解放门北侧、始筑于明初的"后湖小门"。

九十年代，获国家文物局批准，集庆路向西延伸穿越明城墙连通凤台路的工程完工，新辟的集庆门采用宋代过梁式四孔方形门券样式，开南京

---

533　苏则民. 南京城市规划史 [M]. 北京：中国建筑工业出版社, 2016.

图 13-2　长干门今貌

诸城门偶数门洞先例，风格独特，但为保持城垣整体风格统一，集庆门内部虽采用钢筋混凝土箱形梁板式结构，外部仍以条石、城砖砌筑[534]，由此经过的集庆路成为沟通新老城区的重要通道。

"碧瓦朱甍照城郭"的时代远去了，古老的明城墙渐与新都会的建设、发展融为一体。关于城墙保护与利用，过程虽然曲折，所幸，曾经认识不足、监督不力、管理不善、法制缺位种种弊端，正在被科学治理、以城养城、修旧如旧、合理开发、权威立法、扩大宣传等保护性措施取代。受惠于稳定的环境、持续发展的国民经济，全社会对城墙历史价值的认知有了质的飞跃。

神州大地曾经矗立的城垣何止千万，然而保留至今、体量相对完整且仍能以人居空间介入现代城市生活的城墙，全国目前尚存的不足20座。绝大部分古代城墙都已湮灭在历史进程中，泯于自然、毁于战乱的自不在

---

534　杨国庆，王志高. 南京城墙志 [M]. 南京：凤凰出版社，2008.

图 13-3 明故宫遗址鸟瞰

图 13-4 南京城墙前湖段缺口保护展示工程

少数，伴随着近现代城市化的人为破坏更甚。保护城墙，其实就是守护中国城市文明绵延五千年的证物，就是捍卫向世界展现华夏文明至博至精的一方阵地。

如今，南京城墙作为历史物证、建筑标本、文化遗产、军事遗存、爱国主义教育窗口等新定位日益深入人心。这座城市自上而下，从决策执行者、相关管理部门到普通民众，视明城墙为古都南京历史文脉标志的态度空前一致，对城墙的补救、保护、研究、探索、发扬，步履不停。正是由于这些努力，南京终于留存了当今世界保存最完整、规模最宏大的古代城墙。

在新时代，如何对待古物遗存甚至成为考量一座城市建设水平与昌明富力程度的标尺之一。1988年，南京明城墙入选"全国重点文物保护单位"，这座"砖石砌筑的史书"所蕴藉的历史、建筑、文化价值逐步得到应有的重视。

图 13-5　保护城墙是时代赋予南京的使命，也是古都人民义不容辞的责任

图 13-6　砖石累累，铭文历历，由城墙守护了千百年的南京城已是一座现代都会

　　2006 年，经过缜密的考察与筛选，江苏南京、陕西西安、湖北荆州、辽宁兴城四城市的城墙以"中国明清城墙"之名，被国家文物局列入中国申报世界文化遗产预备名单。而后，湖北襄阳、浙江临海、安徽寿县、安徽凤阳加入，又进一步壮大了明清城墙联合申遗的队伍。

　　所谓"中国明清城墙"，系指始建或成熟于明清时期并保存至今的城市城墙遗产。如我们所见，申遗阵列中的上述八座城墙，在地域分布上有南北之别，在规制上又有都城（南京城墙）、皇城（凤阳明中都皇城）、王城（西安城墙）、府城（临海城墙、荆州城墙、襄阳城墙）、州城（寿县城墙）、卫城（兴城城墙）之分，它们遥相呼应，彼此补充。这些城墙涵盖了传统中国关于军事防御、建筑艺术、城市布局、道路交通、人文景观、人居环境诸多方面成就，是古代劳动人民智慧与汗水的结晶。"代表着中央集权国家治理体系下的城市礼制差序格局建构，完整地构建了明清两代

图 13-7　南京城墙博物馆毗邻中华门瓮城,是中国规模最大的城墙专题类博物馆

长达五百多年的时间范围内，不同城市级别、不同地域范围，却具有内在关联性的中国城市制度体系。"[535]

以南京为牵头城市的申遗工作，目前正在国家文物局等相关单位的指导下，依照《世界文化遗产申报工作规程》和《中国明清城墙联合申遗总体工作计划》的要求，全面推进立法保护、本体保护、环境整治、学术研究、教育宣传等各项工作。

图 13-8　山、水、城、林，是这座古都永远的主题词，约两千五百载栉风沐雨，南京昂首向前

在南京，前人之所以垂后，后人之所以识古，皆由城墙。

公元前 472 年，越城始筑时，没有人能够预见，那座周长不足 1 千米、

---

[535] 担任《中国明清城墙申报世界文化遗产预备名录》文本编制工作的南京大学文化与自然遗产研究所所长贺云翱，在南京召开的 2014 中国明清城墙联合申遗工作会议上的讲话。

夯土而筑的小小军事堡垒，日后将增制为城分四重、冠绝天下的王者之城；或者成长为今时今日，雄踞东南，秀甲一方，拥有近千万人口的现代都会。

十朝为都，沉浮兴替，锻造出华夏历史时空中尤其坚韧、伟大的一座城市。她是祖先们胼手胝足建造起来的繁盛之城，是前辈们浴血奋战、代代相传的光荣之城，是士子文心用华彩典章浇灌出的文枢之城。南京城市演进的每一个历史阶段，城墙都扮演着无可取代的角色。

南京，这座历史上不止一次站在复兴中华潮头的城市，如今再换新颜，正以全面建设社会主义现代化历史文化名城和长江文都为奋斗目标，去芜存菁，聚能创新，迎向未来。

# 后记

南京，一座在长江滋养下崛起于历史舞台的城市，凭借雄丽秀美的山水和深厚的历史文化底蕴，当之无愧地成了中国四大古都之一，也是其中唯一一座位于南方的古都城市。

古往今来，无数英雄豪杰被南京优越的地理位置、雄秀的山川形胜以及独特的文化气质所吸引，在此雄心踌躇，建功立业，开创了一个个强盛的朝代，也将南京逐步雕琢打造成为走向世界的著名文化古都。从两千多年前夯土城墙围绕的军防小邑到亿万块砖石砌筑、四重城垣环抱的雄丽南都，南京在历史的风雨里屡仆屡起，历朝历代的建设者们在这片土地上烙下深深的城市印记，这些印记经过不断的叠压、打破和融合，奠定了如今这座中外闻名的历史文化名城的基本格调。

作为南京城墙保护管理的官方机构，近年来，南京城墙保护管理中心一直致力于南京城墙的基础研究工作，经过不断的探索，摸索出"4+1"的科研模式，并开辟打造出"城墙学"专业研究阵地，力促城墙研究视野从南京明代都城城墙逐步扩大至南京历代城市城墙、中国城墙乃至世界城墙。南京城墙的基础研究工作一直深深根植于南京城市历史文化的土壤，积极响应和配合政府建设魅力文化古都的相关政策和需要，以深挖南京城市文化内涵和赓续城市文脉为己任。在南京市及南京城墙大力开展"十四五"相关工作初年和全力冲刺申遗工作之际，中心开展的"南京城墙历史演变研究与复原展示"课题以及作为课题成果的本书，不仅是对南京城市历史演变历程一次全新的梳理，更是运用新兴融媒体技术结合传统图书来传承弘扬南京城市历史文化的一次生动尝试。

该课题作为南京市级专项课题，离不开南京市委市政府、南京市文化和旅游局的高度关注和大力支持；感谢国家新闻出版业科技与标准重点实验室——内容呈现与表达智媒体实验室、中国城墙研究院、南京城墙研究会、南京古都城墙保护基金会对本课题和书籍出版的支持和帮助；本课题各相关合作方和中心的研究人员在课题研究中尽心竭力，秉持着科学严谨的态度多方查证，顺利完成了课题研究；南京视距数字技术有限责任公司以高标准、高质量制作了精美的数字化复原视频，为本书锦上添花；东南大学出版社在本书的设计、编校过程中也付出了大量心血，在此也同样表以衷心感谢！

就在本书的编撰过程中，南京的城市考古也不时有着新的重磅发现，南京的建城历史也不断推前，这座城市还埋藏着数不尽的惊喜和深厚的历史文化，值得我们砥志研思、潜心挖掘。在南京市着力打造有地域特色的长江文都之际，我们希望能以此书重新深挖南京城的古都文脉，让公众更生动直观地理解南京历代城池及城墙的演变历程，以此深刻揭示和传承南京城市历史文化的魅力。

南京城墙保护管理中心<br>2022 年 9 月